옥중서신 주해

- 에베소서, 빌립보서, 골로새서, 빌레몬서 주해

철학 박사 김수홍 지음

도서
출판 언약

Exposition
of
the Prison Epistles

- Ephesians, Philippians, Colossians, Philemon

by

Rev. Soo Heung Kim, S.T.M., Ph.D.

Published by
Eonyak Publishing Company
Suwon, Korea
2024

"성경의 원어를 읽든지 혹은 우리 번역문을 읽든지,
성경을 읽는 것은 성부 하나님, 성자 예수님, 성령 하나님을 읽는 것이고,
본문을 아는 것이 하나님을 아는 것이며,
성경 본문을 붙잡는 것이 하나님을 붙잡는 것이고,
성경본문을 연구하는 것이 하나님을 연구하는 것(신학)이다".

■ 머리말

　　성경 주해에 관심을 갖고 연구하기 시작한 지 41년, 성경을 어떻게 주해할
까 고민하며 수많은 시간을 보냈다. 문법적 주해에 치중할까, 역사적 주해에
치중할까, 아니면 정경적 주해에 치중할까를 놓고 고민했다. 또한 주해의
길이에 대해서도, 즉 짧게 주해할까 길게 주해할까를 놓고서도 많은 생각을
했다.

　　그러던 어느 날 이 문제를 놓고 기도하던 중 하나님은 필자에게 누가복음
24:32의 말씀을 선명히 보여 주셨다. 예수님께서 부활하시던 날 엠마오를
향해 가던 두 제자는 예수님께서 성경을 풀어 주실 때에 그들의 마음이
뜨거웠었다고 증언했다. 필자는 이 말씀을 받은 날부터 기쁨을 감추지 못하고
예수님께서 필자에게 친히 성경을 풀어주시기를 간절히 기도하기 시작했다.
그리고 예수님께서 주시는 성경해석을 책에 기록하여 많은 사람들에게 공급
하기로 작정하고 하루하루 써나가기 시작했다.

　　물론 필자는 성경을 주해함에 있어서 다른 학자들의 건전한 깨달음을
높이 평가하고 인용하기도 한다. 다른 학자들의 건전한 깨달음도 그리스도께
서 풀어주신 것이니 말이다. 그러나 필자는 문법적 해석을 시도하고 역사적인
배경을 살피고 신학적 해석을 시도하면서도 늘 예수님께서 깨닫게 해주시는
것을 받아 내놓는 것이 최상의 주해가 되리라고 확신한다(마 22:29-33).

　　필자는 1970년대에 한국에서 5년간 목회한 후 미국으로 건너가 이민교회
에서 30년의 목회사역을 끝내고 다시 한국에 돌아와 현재는 합동신학대학원
대학교에서 성경신학을 강의해 오고 있다. 그러면서 이제는 한국 교회의
정화와 부흥을 위해, 멀리 해외에 흩어져 있는 동포들을 위해, 그리고 언젠가
는 공산정권으로부터 해방되어 자유롭게 주님을 믿게 될 저 북녘 땅에 있는

내 동포들을 위해 성경을 간결하고 쉽게 집필해 놓아야 한다는 사명감을 느껴왔다. 그러다가 이제 내 나이 70이 다 되어 더 이상은 늦출 수 없다는 생각에서 붓을 든 것이다. 나에게 앞으로 세월이 얼마나 남았는지 알 수 없으나 남은 시간 동안 최선을 다해 성경주해를 출판하여 후배들과 교우들에게 봉사하고자 한다. 모쪼록 이 책을 읽으시는 분마다 은혜의 샘을 만나시기를 바라는 마음 간절하다.

2012년 2월
수원 원천동 우거에서
저자 김수홍

▌일러두기
: 본 주해를 쓰면서 주력한 것

1. 성경을 성경으로 해석해야 한다는 원리를 따랐다. 따라서 외경이나 위경에서 는 인용하지 않았다.

2. 본 주해를 집필함에 있어 문법적 해석, 역사적 해석, 정경적 해석의 원리를 따랐다. 성경을 많이 읽는 중에 문단의 양식과 구조와 배경을 파악해냈다.

3. 문맥을 살펴 주해하는 일에 심혈을 기울였다.

4. 매절마다 빼놓지 않고 주해하였다. 난해 구절도 모두 해결하느라 노력했다.

5. 매절을 주해하면서도 군더더기 글이 되지 않도록 노력했다. 군더더기 글은 오히려 성경을 더 복잡하게 만들어 놓기 때문이다.

6. 절이 바뀔 때마다 독자의 편의를 위하여 한 줄씩 떼어놓아 눈의 피로를 덜도록 했다.

7. 본 주해를 집필하는 데 취한 순서는 먼저 개요를 쓰고, 다음 한절 한절을 주해했다. 그리고 실생활을 위하여 적용을 시도했다.

8. 매절(every verse)을 주해할 때 히브리어 원어의 어순을 따르지 않고 한글 개역개정판 성경의 어순(語順)을 따랐다. 이유는 우리의 독자들을 위해야 했기 때문이다.

9. 구약 원어 히브리어는 주해에 필요한 때에만 인용했다.

10. 소위 자유주의자의 주석이나 주해 또는 강해는 개혁주의 입장에 맞는 것만 참고했다.

11. 주해의 흐름을 거스르는 말은 각주(footnote)로 처리했다.

12. 본 주해는 성경학자들과 목회자를 위하여 집필했지만 일반 성도들도 얼마든지 이해할 수 있도록 평이하게 집필했다. 특히 남북통일이 되는 날 북한 주민들도 읽고 이해할 수 있도록 가능한 쉽게 집필했다.

13. 영어 번역이 필요할 경우는 English Standard Version(ESV)을 인용했다. 그러나 때로는 RSV(1946-52년의 개정표준역)나 NIV(new international version)나 다른 번역판들(NASB 등)을 인용하기도 했다.

14. 틀린 듯이 보이는 다른 학자의 주석을 반박할 때는 "혹자는"이라고 말했고 그 학자의 이름은 기재하지 않았다. 그러나 단지 필자와 다른 견해를 제시하는 학자의 이름은 기재했다.

15. 성경 본문에서 벗어난 해석들이나 주장들을 반박할 때는 간단히 했다. 너무 많은 지면을 쓰는 것은 바람직하지 않고 독자들을 피곤하게 만들기 때문이다.

16. 성경 장절(Bible references)을 빨리 알아볼 수 있도록 매절마다 장절을 표기했다(예: 창 1:1; 출 1:1; 레 1:1; 민 1:1 등).

17. 가능한 한 성경 장절을 많이 넣어 주해 사용자들의 편의를 도모했다.

18. 필자가 주해하고 있는 성경 책명 약자는 기재하지 않았다(예: 1:1; 출 1:1; 막 1:1; 눅 1:1; 요 1:1; 롬 1:1 등). 제일 앞의 1:1은 욥기 1장 1절이란 뜻이다.

19. 신구약 성경을 지칭할 때는 '성서'라는 낱말을 사용하지 않고 줄곧 '성경'이라는 용어를 사용했다. '성서'라는 용어는 다른 경건 서적에도 붙일 수 있는 용어이므로 반드시 '성경'이라는 용어를 사용했다.

20. 목회자들의 성경공부 준비와 설교 작성을 염두에 두고 집필했다.

21. QT에도 적절하게 사용할 수 있도록 주해했다.

22. 가정 예배의 교재로 사용할 수 있도록 쉽게 집필했다.

23. 오늘날 믿음을 잃은 수많은 젊은이들이 주님 앞으로 돌아오기를 바라면서 주해를 집필하고 있다.

옥중서신 주해 목차

에베소서 주해
Ephesians

총론

저작자 에베소서의 저작자는 바울이다.

1. 성경 자체가 에베소서의 저자를 바울이라고 말한다. 에베소서 1:1절은 "하나님의 뜻으로 말미암아 그리스도 예수의 사도 된 바울은 에베소에 있는 성도들과 그리스도 예수 안의 신실한 자들에게 편지한다"고 말한다. 다른 사람이 아니라 바울 자신이 에베소에 있는 성도들이면서 예수님과 연합되어 있는 믿는 자들에게 편지한다는 것이다. 또한 에베소서 3:1절도 "그리스도 예수의 일로 너희 이방을 위하여 갇힌 자 된 나 바울은 …"이라고 말한다.

2. 초대 교회 이후의 교부들 역시 본 서신이 바울의 저작임을 증명한다. 교회 역사가인 유세비우스(Eusebius, A.D. 260-339), 교부 오리겐(Origen, A.D. 210-250), 알렉산드리아의 클레멘트(Clement of Alexandria, A.D. 150-213, 엡 5:21-25을 인용하면서 바울이 그것을 썼다고 말했다), 터툴리안(Tertullian, A.D. 160-230, 엡 5:17을 바울의 말씀으로 알고 인용하였다), 이레니우스(Irenaeus, A.D. 140-200, 엡 5:13, 30을 인용하면서 "복된 바울이 에베소에 써 보낸 편지에 있는 말"이라고 하였다), 폴리캅(Polycarp, A.D. 69-155), 익나티우스(Ignatius) 등이

본 서신을 바울의 저작이라고 인정한다.

그럼에도 불구하고 바워(Baur)나 드 베테(De Wette) 같은 사람들은 본 서신은 바울이 아니고 후대의 어떤 사람이 골로새서를 보고 모방하여 쓴 것이라고 주장한다. 그러나 설령 에베소서가 골로새서와 비슷한 점이 많다고 하더라도, 그것이 곧 에베소서는 바울이 아니라 다른 누군가가 골로새서를 모방해 쓴 것이라는 주장은 설득력이 없다. 바울이 비슷한 환경에 있는 아시아의 두 교회에 두 개의 비슷한 메시지를 보냈을 수가 있다.

최근 들어 링컨(Andrew T. Lincoln)은 에베소서의 바울 저작을 부인한다. 그 이유는 첫째, 저자가 구체적인 고난에 대해 쓰지 않았고, 둘째, 수신자에 대한 자세한 지식이 없고, 셋째, 개인적인 인사가 빠져 있어서 독자들과의 친밀한 관계를 엿볼 수 없다는 것이다.[1] 그러나 바울이 에베소서에서 고난을 언급하지 않은 것은 아니다. 그는 에베소서에서 그 자신의 고난에 대해 언급한다 (1:1; 3:1; 4:1; 6:20). 사실 바울이 모든 서신에서 고난에 대해서 언급해야 할 이유는 없다. 또한 우리는 수신자에 대한 자세한 지식이 없다는 이유로 에베소서의 바울 저작을 부인해서는 안 된다. 바울이 에베소 교회에 대한 지식이 있었기에 하나님의 말씀을 써 보낸 것이 아닌가? 또한 에베소서에 개인적인 인사가 빠져 있다는 이유로 바울 저작을 부인해서도 안 된다. 로마서에도 개인적인 인사는 전혀 나오지 않는다. 그러다가 마지막 장에 가서 문안이 나온다. 에베소서에서 바울은 앞에서 간략한 인사를 한 후 뒤에 가서 두기고를 보내어 자신의 사정을 알리려는 계획을 밝히고 있다(엡 6:21-22).

다른 서신들과 형식이 다소 다르다는 이유로 에베소서의 바울 저작을 부인

---

1) Andrew T. Lincoln, *Ephesians*: Word Biblical Commentary, Vol. 42, (Dallas: Word Books, 1990), lx-lxi.

하는 것은 위험하다. 에베소서가 에베소 교회뿐만 아니라 라오디게아, 히에라볼리 등 다른 교회들에서 읽혀져야 할 회람서신임을 감안한다면, 그 형식이 다른 서신들과는 다를 수도 있다(아래 '편지를 쓴 이유' 참고). 그리고 특별히 바울이 아닌 다른 사람이 에베소서를 썼다고 가정한다면, 편지의 전달자였던 두기고가 다른 엉뚱한 사람이 바울의 이름을 빌려서 쓴 편지를 모르는 척하고 전달했겠는가? 두기고는 당시에 에베소서, 골로새서, 빌레몬서를 가지고 오네시모와 함께 로마를 떠나 소아시아 지방을 순행할 임무를 띠고 있었다(골 4:7, 9). 두기고는 바울이 로마 감옥에서 쓴 서신들을 들고 먼 길을 떠났을 것이다. 비록 에베소서가 바울의 다른 서신들과 비교해서 약간의 형식적인 차이가 있다고 해도, 에베소서 전체를 살필 때 그만한 내용을 바울 이외에 어떤 다른 사람이 쓰기는 어려웠을 것이다. 또한 다른 사람이 이 정도의 훌륭한 내용의 편지를 자기 이름으로 쓰지 않고 바울의 이름을 도용할 이유도 없었을 것이다.

기록한 장소 본 서신은 바울이 로마 감옥에서 2년 동안 셋집에서 전도하면서 기록한 것이다(행 28:30; 엡 3:1; 4:1; 6:20). 에베소서와 비슷한 시기에 기록된 빌립보서에 로마 이야기가 나오는 것을 보면, 에베소서가 로마 감옥에서 기록되었다는 것을 더욱 확신할 수 있다(빌 4:22).

기록한 때 바울은 본 서신을 주후 61-63년경에 기록했다(Alford).

편지를 쓴 이유 바울 사도는 에베소 교회의 어떤 특정한 문제 때문이 아니라 당시 소아시아에 흩어져 있는 여러 교회들의 전체적인 문제를 다루기 위해

이 서신을 썼다. 다시 말해, 바울 사도는 '그리스도 안에서의 만유의 통일'이라는 하나님의 계획에 대해 쓰기를 원했던 것이다. 바울은 본 서신을 통하여 소아시아의 모든 교회가 그리스도 안에서 하나임을 선포한다. 바울은 본 서신을 통하여 올바른 교회관에 대해 말한다. 즉 교회의 기원(起源), 교회를 설립하신 하나님의 목적, 교회의 본질에 대해서 서술함으로써 소아시아의 교인들이 민족적·사회적 차별을 비롯해 그 어떤 장벽도 철폐하고 일치·화합할 것을 강조한다.

내용 분해 본 서신의 내용을 분해하면 다음과 같다.

에베소서 주해를 위한 참고도서

1. 박윤선. 『바울서신 : 성경주석』. 서울: 영음사, 1985.

2. 이상근. 『옥중서신 : 신약성서주해』. 서울: 대한예수교장로회총회교육부, 1971.

3. 『에베소서·빌레몬서 : 호크마종합주석 8』. 강병도 편. 서울: 기독지혜사, 1992.

4. Abbott, T. K. *A Critical and Exegetical Commentary on the Epistles to the Ephesians and to the Colossians: The International Critical Commentary*. Edinburgh: T. & T. Clark, 1979.

5. Martin, Alfred. "Ephesians," *The Wycliffe Bible Commentary*, ed. Everett F. Harrison. Chicago: Moody Press, 1981.

6. Barclay, W. *The Letters to the Galatians and Ephesians: International Critical Commentary*. Edinburgh: St. Andrew Press, 1954.

7. Bengel, J. A. 『에베소서·빌레몬서: 벵겔신약주석』. 오태영 역. 서울: 도서출판 로고스, 1992.

8. Bruce, F. F. *The Epistles of Paul to the Ephesians, the Colossians*: NICNT. Grand Rapids: Eerdmans, 1979.

9. Calvin, John. *Galatians, Ephesians, Philippians and Colossians*: Calvin's New Testament Commentaries. Trans. T. H. L. Parker, Grand Rapids: Eerdmans, 1974.

10. Campbell Donald k. 『갈라디아서, 에베소서, 빌립보서, 골로새서』. 정민역 역. 서울: 도서출판 두란노, 1996.

11. Fausset, A. R. "I Corinthians-Revelation," *A Critical, Exegetical, and Practical Commentary on the Old and New Testaments*. Grand Rapids:

Eerdmans, 1989.

12. Foulkes, F. *The Epistle of Paul to the Ephesians*. London: Tyndale Press, 1978.

13. Hendriksen, William. *Exposition of Ephesians*: New Testament Commentary. Grand Rapids: Baker Book House, 1985.

14. Hodge, C. *A Commentary on the Epistle to the Ephesians*. Grand Rapids: Baker Book House, 1980.

15. Hoehner, Harold W. "Ephesians," *The Bible Knowledge Commentary*, Ed, by John F. Walvoord & Roy B. Zuck. Wheaton, Ill: Victor Books, 1987.

16. Ironside, H. A. 『갈라디아서, 에베소서』. 신성수, 이상원 공역. 서울: 복자서원, 1997.

17. Lenski, R. C. H. *The Interpretation of St. Paul's Epistles to the Galatians, to the Ephesians and to the Philippians*. Minneapolis: Augsburg, 1963.

18. Lightfoot, J. B. *Notes on the Epistles of St. Paul*. Grand Rapids: Baker Book House, 1980.

19. Lincoln, A. T. *Ephesians*: Word Biblical Commentary. Waco, Texas: Word Books, 1990.

20. Martin, Alfred. "Ephesians," *The Wycliffe Bible Commentary*. Chicago: Moody Press, 1962.

21. Martin, R. P. 『에베소서, 골로새서, 빌레몬서』. 김춘기 역. 서울: 한국장로교출판사, 2002.

22. Mitton, C. Leslie. *Ephesians*: New Century Bible Commentary. Grand

Rapids: Eerdmans, 1981.

23. Moule, H. C. G. *Ephesians Studies.* Fort Washington, PA: Christian Literature Crusade, 1937.

24. Wiersbe, Warren W. 『무장하고서 살라 : 에베소서 6장 강해』. 김동원 역. 서울: 도서출판 나침판, 1991.

25. Wood A. Skevington. "Ephesians," *The Expositor's Bible Commentary.* ed. Frank E. Gaebelein, Grand Rapids: Zondervan, 1978.

제1장

바울, 찬양하고 기도하다

I. 인사말 1:1-2

엡 1:1. 하나님의 뜻으로 말미암아 그리스도 예수의 사도 된 바울은.
바울은 에베소 교회에 자신을 소개하면서 "하나님의 뜻으로 말미암아 그리스도 예수의 사도된 바울"이라고 말한다(고후 1:1; 골 1:1). 그는 자신이 그리스도 예수의 "사도," 곧 '보내심을 받은 자'가 된 것은 하나님의 뜻에 의해 되었다고 말한다. 그는 갈라디아 사람들에게 자신을 소개할 때 "사람들에게서 난 것도 아니요 사람으로 말미암은 것도 아니요 오직 예수 그리스도와 및 죽은 자 가운데서 그리스도를 살리신 하나님 아버지로 말미암아 사도된 바울"이라고 소개했다(갈 1:1). 바울이 이렇게 자신을 '사도'라고 소개하는 이유는 자기가 예수님의 보냄을 받아 예수님을 전하는 것임을 밝히기 위해서다. 성경은 세상만사가 하나도 빠짐없이 다 하나님의 뜻에 의해 이루어진다고 말한다(단 4:24-27; 눅 2:6).

에베소에 있는 성도들과 그리스도 예수 안의 신실한 자들에게 편지하노니.

바울은 편지의 수신자를 두 가지로 묘사한다. 하나는 "에베소에 있는 성도들"이고 또 하나는 "그리스도 예수 안의 신실한 자들"이다. "성도들" 이란 '구별된 무리'란 말이다(롬 1:7; 고후 1:1). 즉 하나님의 택함을 받아 하나님을 위하여 구별된 무리라는 뜻이다. 그리고 "그리스도 예수의 신실한 자들"이란 '그리스도를 신뢰하는 자들'을 의미한다(고전 4:17; 엡 6:21; 골 1:2; 벧전 5:12; 요삼 1:5). 그러므로 "성도들"은 곧 "그리스도 예수의 신실한 자들"이다. 예수님을 위하여 구별된 사람들은 예수님을 믿는 사람들이 되어야 한다. 누구든지 하나님의 택함을 받고 세상으로부터 불려나와 구별된 성도라면 반드시 예수님을 믿는 신실한 사람들이 되어야 한다. 그저 교회에 출석하는 사람만 되어서는 안 된다. 주일을 지키고 헌금하는 것으로 그리스도 예수를 믿는 사람이 되었다고 생각해서는 안 된다. 우리는 예수님께 붙어 있어야 하고 예수님의 말씀에 귀를 기울이고 순종해야 한다.

엡 1:2. 하나님 우리 아버지와 주 예수 그리스도로 좇아 은혜와 평강이 너희에게 있을지어다.

바울은 편지의 수신자들을 위하여 다른 서신에서와 마찬가지로 "은혜와 평강이 있기를" 기원한다(갈 1:3; 딛 1:4). "은혜"란 '하나님의 호의(好意)' 로서 하나님의 자비와 긍휼과 사랑을 말한다. 에베소 교인들은 계속해서 하나님의 자비와 긍휼과 사랑이 필요했다. 여기에서 말하는 은혜는 믿는 자가 최초로 받는 구원의 은혜가 아니다. 에베소 교회의 교인들은 이미 구원의 은혜를 체험했다(1절). 그들은 이미 성도가 되었고 그리스도를 믿는 신실한 사람들이 되었다. 이미 구원의 은혜를 체험한 에베소 교인들에게 앞으로 계속해서 필요한 것은 하나님의 자비와 긍휼과 사랑이었다. 그리고 "평강"은 하나님의 은혜를 받은 자가 마음속에 가지는 기쁨 혹은 안정된 상태를 말한다. 평강은 은혜의 결과로 오지만, 바울은 이 평강이 임하도록 기원했다.

바울은 은혜와 평강이 "하나님 우리 아버지와 주 예수 그리스도로 좇아" 온다고 말한다. 하나님은 예수 그리스도를 통하여 은혜와 평강을 주신다. 모든 좋은 것은 아버지께서 주시되 중보자 되시는 예수님을 통하여 주신다(딤전 2:5). 오늘 불안의 시대를 맞이하여 우리는 우리 자신과 이웃들을 위하여 은혜와 평강을 기원해야 한다. 우리는 하나님의 은혜 속에서 살아야 하고 평강 중에 살아야 한다.

II. 성삼위의 구원에 대한 찬양 1:3-14

에베소 교인들에게 인사말을 끝낸 바울은 갑자기 장엄한 구원 찬송을 부른다. 그는 성부의 선택(3-6절), 성자의 구원 실시(7-12절), 그리고 성령님의 구원 적용 때문에 하나님을 찬양해야 한다고 권한다(13-14절).

1. 성부의 선택 1:3-6

앞에서 바울은 하나님께서 우리에게 하늘에 속한 신령한 복을 주셨다고 말했다(3절). 이제 그는 그 신령한 복이 무엇인지를 설명한다. 그 복은 다름 아니라 하나님께서 우리를 만세 전에 선택하시고(4절) 예정하신 것이다(5절). 또한 바울은 하나님께서 우리에게 놀라운 복을 주신 목적에 대해 말한다(6절).

엡 1:3. 찬송하리로다.

바울은 성삼위께서 이룩하신 구원 자체에 대하여 말하기에 앞서 먼저 하나님을 찬양할 때만 사용되는 "찬송하리로다"(Εὐλογητὸς)라는 말로써 찬양을 시작한다(고후 1:3; 벧전 1:3). "찬송하리로다"라는 말은 '찬송을 받으시기에 합당하다'는 말이다. 바울은 성삼위께서 이룩하신 구원을 생각할 때 우리가 마땅히 그분을 찬양해야 한다고 생각한 것이다. 그는 육체로는 감옥에 갇혀 있었으나 마음만은 성삼위께 가 있었다. 바울은 우리에게 신령한 복, 곧 예정과 택함의 복을 주신 하나님을 찬양하는 마음으로 가득 차 있었다. 우리의 몸이 어디에 있든지 우리의 마음은 우리에게 복을 주신 하나님께 가 있어야 한다.

하나님 곧 우리 주 예수 그리스도의 아버지께서 그리스도 안에서 하늘에 속한 모든 신령한 복으로 우리에게 복 주시되.

바울은 하나님께서 "그리스도 안에서 하늘에 속한 모든 신령한 복으로 우리에게 복 주셨으니" 우리가 그분을 찬양해야 한다고 말한다. "그리스도 안에서" 복을 주셨다는 것은 '그리스도와 연합된 상태에서' 복을 주셨다는 뜻이다. 하나님은 우리가 창세전에도 그리스도와 연합된 것으로 보신다(2:6, Bruce, A. A. Hodge, Legters, Lincoln). 다시 말해, 하나님은 창세전이나 후나 우리들을 그리스도 안에 포함된 것으로 보신다는 것이다.

하나님은 그리스도와 연합 상태에 있는 우리를 보시고 "하늘에 속한 모든 신령한 복으로 우리에게 복 주셨다." 하나님은 '하늘에 속한 모든 신령한 복,

곧 물질적인 복이 아닌 영적인 복을 우리에게 주셨다.' 즉 예정, 택하심, 양자
삼으심, 성화시키심 같은 복을 주셨다.

우리는 하나님께서 주신 영적인 복, 곧 예정하시고 선택하시고 불러
주시고 믿음을 주시고 성화시켜 주신 복에 대해서 마땅히 감사와 찬양을
돌려야 한다. 또한 하나님께서 물질의 복과 건강을 주시고, 아이들 잘
되게 해주시고, 사업이 번창하게 해주시는 것에 대해서도 감사와 찬양을
돌려야 할 것이다. 우리는 먼저 신령한 복을 주신 하나님을 찬양하고 감사해
야 하고, 또한 하나님께서 물질적인 복을 주신 것을 인하여 감사해야 할
것이다.

엡 1:4. 곧 창세전에 그리스도 안에서 우리를 택하사.

이 구절과 다음 절은 3절에서 말씀하는 "신령한 복"이 무엇인가를 설명해
준다. 신령한 복이란 다름 아니라 하나님께서 "창세전에(벧전 1:2) 그리스도
안에서 우리를 택하신" 것이다(살후 2:13; 딤후 1:9; 벧전 1:2; 2:9). 여기에서
"택하셨다(ἐξελέξατο)"는 말씀은 시제가 단순과거형이므로 하나님께서 단번
에 '선택하셨다'는 것을 뜻한다. 하나님은 '세상을 만드시기 전 그리스도
안에서, 곧 우리를 그리스도와 연합시켜서 선택하셨다.' 하나님은 세상을 만드
시기 전, 우리가 아직 세상에 태어나기도 전에 우리를 예수 그리스도 안에
두신 것이다. 하나님은 창세전에 예수 그리스도와 우리를 연합시키셨고, 예수
님께서 십자가에서 대속의 죽음을 죽으셨을 때 그 연합을 성취하셨으며, 그
후 성령이 오셔서 예수님과 우리를 영적으로 연합시키셨다.[2] 하나님께서

---

2) Legters는 '연합의 때'를 세 가지로 잡는다. 첫 번째는 창세전에 우리가 예수님과 합하게 되었고(계
13:8), 두 번째는 예수님께서 십자가에서 죽으신 때 우리가 예수님의 죽으심과 연합되었고, 세 번째는

창세전에 우리와 예수님을 연합시키셨다는 사실은 우리에게 엄청난 기쁨이요 위로다. 그러므로 우리는 감사하지 않을 수 없고 찬양하지 않을 수 없게 되었다.

   우리로 사랑 안에서 그 앞에 거룩하고 흠이 없게 하시려고.
하나님은 우리가 예수님의 "사랑 안에서 그 앞에 거룩하고 흠이 없게 하시려고" 우리를 택하셨다(눅 1:75; 엡 2:10; 5:27; 골 1:22; 살전 4:7; 딛 2:12). "사랑 안에서"란 말은 '그리스도 안에서'라는 말과 같은 뜻이다. 하나님께서 예수 그리스도와 우리를 연합시키신 것은, 적극적으로는 우리를 "거룩한" 자들이 되게 하고 소극적으로는 "흠이 없게" 하시기 위함이다. "거룩하게" 하시려고 택하셨다는 것은 하나님께서 우리를 구별하여 성령의 열매를 맺게 하고자 하신다는 의미이고, "흠이 없게 하시려고" 택하셨다는 것은 결점이나 흠점이 없는 깨끗한 사람들이 되게 하고자 하신다는 의미다(5:27). 우리는 그리스도의 역사로 점점 거룩해지고 있고 계속해서 흠이 없는 사람으로 변해 갈 것이다. 우리는 이 세상에서 완전한 사람들이 될 수는 없지만 완전을 향하여 전진해 가야 한다.

엡 1:5. 그 기쁘신 뜻대로 우리를 예정하사.
이 구절 역시 "신령한 복"(3절)이 무엇인가를 말한다. 신령한 복이란 다름 아니라 하나님께서 "그 기쁘신 뜻대로 우리를 예정하신" 것이다(롬 8:29-30; 엡 1:11). 하나님은 우리를 예정하실 때 그 근거를 하나님의 "기쁘신 뜻"에 두셨다(눅 12:32; 고전 1:21; 엡 1:9). 우리의 선(善)이나 의(義)가 아니라

성령이 오셔서 우리가 예수님을 구주로 믿는 때다. L. L. Legters, Union with Christ, 29-30.

그 기쁘신 뜻에 따라 우리를 예정하신 것이다. 하나님께서 우리를 선택하실 때 왜 하나님의 기뻐하시는 뜻대로 하셨는지에 대해서는 우리는 전혀 알지 못한다. 그때 우리는 세상에 있지도 않았다. 우리는 그저 하나님께서 우리를 사랑하셔서 선택하셨다는 것만을 알 뿐이다. 하나님은 우리를 사랑하시되 그 아들을 십자가에 내어주기까지 하셨다. 그러므로 우리는 하나님께 찬양을 드릴 뿐이다.

잠시 언급할 것은 택함이나(4절) 예정은(5절) 거의 같은 뜻이라는 것이다. 약간의 차이가 있다면, 예정은 선택과 유기 두 사건을 포함하고, 선택은 예정의 한쪽인 하나님의 택하신 사건만을 뜻한다. 결국 하나님의 예정하심과 선택하심은 같은 사건이다.

예수 그리스도로 말미암아 자기의 아들들이 되게 하셨으니.

여기에서 바울은 왜 하나님께서 우리를 예정하셨는지에 대해 말한다. 하나님은 우리를 "예수 그리스도로 말미암아 자기의 아들들이 되게 하시려고" 예정하셨다(요 1:12; 롬 8:15; 고후 6:18; 갈 4:5; 요일 3:1). 하나님은 우리에게 예수님의 십자가 공로를 입혀서 자기의 아들들이 되게 하시기를 원하셨던 것이다. 그러므로 창세전에 하나님은 우리를 거룩하고 흠이 없는 존재가 되게 하시려고 택하셨고(4절), 그리스도로 말미암아 자기의 양자들이 되게 하시려고 예정하셨다(5절).

엡 1:6. 이는 그의 사랑하시는 자 안에서 … 그의 은혜의 영광을 찬미하게 하려는 것이라.

여기에 하나님께서 우리를 예정하신 목적이 나온다. 하나님께서 우리를 예정하신 목적은 우리로 하여금 하나님의 "사랑하시는 자 안에서 우리에게 거저 주신 그의 은혜의 영광을 찬미하게 하려고" 하신 것이다. 하나님은 그의 "사랑하시는 자 안에서," 곧 '예수 그리스도 안에서' 우리에게 거저 주신 그 "은혜," 곧 '예정과 택함'의 영광스러움을 찬미하도록 우리를 예정하시고 선택하셨다는 것이다. 하나님의 목적은 분명하다. 우리는 하나님께서 우리에게 주신 놀라운 신령한 복을 밤낮으로 찬양해야 한다(계 5:12; 7:12).

2. 성자의 구원 실시 1:7-12

앞에서 바울은 성부의 예정과 선택 때문에 하나님을 찬양하는 것이 마땅하다고 말했다(3-6절). 이제 바울은 성자 예수 그리스도의 구원 실시 때문에 하나님을 찬양하는 것이 마땅하다고 역설한다. 구체적으로 말해, 하나님께서는 그리스도의 피로 말미암아 우리를 구속하여 주셨고(7절), 우주를 그리스도 안에서 통일하여 주셨고(8-10절), 우리로 하여금 그 안에서 기업이 되게 하여 주셨다(11절). 그러므로 우리는 하나님의 영광을 찬송하는 자들이 되어야 한다(12절).

엡 1:7. 우리가 그리스도 안에서 그의 은혜의 풍성함을 따라 그의 피로 말미암아 구속 곧 죄 사함을 받았으니.
바울은 그리스도께서 그의 피로 말미암아 우리를 "구속"하신 일, 곧 "죄 사함" 때문에 찬양해야 한다고 말한다. "구속"(τὴν ἀπολύτρωσιν)이란 '돈을 주고 노예를 빼내오는 것'을 말한다. 예수님께서 우리를 구속하셨다는 것은 예수님께서 피를 지불하시고 우리를 하나님의 진노에서 빼내신 것을 뜻한다. 우리는 지금 예수님의 죽으심 때문에 구속을 누리고 있고(행 20:28; 롬 3:24; 고전 1:30; 골 1:14; 히 9:12; 벧전 1:18-19; 계 5:9), 앞으로는 종말론적인 구속을 누리게 될 것이다(14절; 4:30; 롬 8:23). 또한 바울은 우리가 지금 누리고 있는 구속은 "죄 사함"과 똑같은 것이라고 말한다. "죄 사함"이란 '죄를 말갛게 씻는 것' 혹은 '죄로부터의 해방'을 뜻한다. 예수님은 그의 피로 우리를 하나님의 진노에서 빼내오셨고 죄로부터 해방을 주셨다.

바울은 우리가 예수님의 피로 말미암아 구속, 곧 죄 사함을 받은 것은 "그리스도 안에서" 이루어진 일이라고 말한다. 다시 말해, '그리스도와 연합된 상태에서' 이루어진 일, 곧 '그리스도를 믿는 믿음 중에' 된 일이라는 것이다. 그리스도를 떠나서는 구속도 없고 죄 사함도 없다.

바울은 또 우리가 그리스도 안에서 그리스도의 "은혜의 풍성함을 따라" 구속함을 받고 죄 사함을 받았다고 말한다. 그리스도께는 은혜가 풍성하다고 성경은 말한다(롬 2:4; 9:23; 엡 2:7; 3:8,16; 빌 4:19). 우리는 그리스도의 은혜의 풍성함을 믿고 의지해야 한다. 우리는 우리의 아무것이라도 내세우지 말고 전적으로 그리스도의 은혜만을 바라보고 기다려야 한다. 바리새인들은 자기들의 의(義)를 의지하다가 망했다. 바울 사도는 자신의 과거의 의(자랑거리)를 다 쓰레기로 여겼고 그리스도만을 의지했다(빌 3:1-12).

엡 1:8-10. 이는 그가 모든 지혜와 총명으로 우리에게 넘치게 하사 그 뜻의 비밀을 우리에게 알리셨으니 … 하늘에 있는 것이나 땅에 있는 것이 다 그리스도 안에서 통일되게 하려 하심이라.

이어서 바울은 그리스도께서 "하늘에 있는 것이나 땅에 있는 것" 즉 '우주'를 그리스도 안에서 "통일"하셨기 때문에 우리가 그분을 찬양해야 한다고 말한다

(고전 3:22-23; 11:3; 엡 2:15).

바울은 그리스도께서 우주를 통일하신 것을 우리에게 알려 주시기 위하여 "지혜와 총명으로 우리에게 넘치게 하사 그 뜻의 비밀(곧 우주 통일의 비밀)을 우리에게 알리셨다"고 말한다(롬 16:25-26; 엡 3:4, 9; 골 1:26). 그리스도는 우리에게 지혜와 총명을 넘치게 주셔서 그의 뜻의 비밀, 곧 그리스도 안에서 성취하신 하나님의 구원 계획을 알려 주셨다(3:3-10; 6:19). 다시 말해, 때가 차자 하나님은 아들을 보내셔서 "하늘에 있는 것이나 땅에 있는 것," 곧 '우주'의 통일에 대한 비밀을 우리에게 알려 주셨다. 그리스도께서 우주를 통일하시는 것이야말로 놀라운 구원이 아닐 수 없다. 모든 것을 하나로 통일하는 것이야 말로 위대한 통일이다. 그 안에서는 아무런 장벽도 없다. 유대인과 이방인의 장벽도 없고, 계급의 장벽도 없고, 지역주의도 없다. 지금은 모든 장벽이 철폐되고 있으며, 앞으로 완전히 철폐될 것이다.

엡 1:11. 모든 일을 그 마음의 원대로 역사하시는 자의 뜻을 따라 … 그 안에서 기업이 되었으니.

다음으로 바울은 그리스도께서 이룩하신 구원의 결과 "우리가 예정을 입어 그 안에서 기업이 된" 사실 때문에 우리가 그분을 찬양해야 한다고 말한다. 우리는 그리스도의 피로 구속을 받았고(7절), 우주의 통일이 그리스도 안에서 이루어지고 있다(8-10절). 뿐만 아니라 이제는 우리가 그리스도의 기업이 되었다(행 20:32; 26:18; 롬 8:17; 골 1:12; 3:24; 딛 3:7; 약 2:5; 벧전 1:4). 여기에서 "기업이 되었다"(ἐκληρώθημεν)는 것은 '기업을 얻다,' '제비를 뽑다'라는 낱말의 단순과거 수동태로서 '기업이 되다,' '몫을

받다'라는 뜻이다. 우리는 그리스도에 의해 수동적으로 그리스도의 소유가
된 것이다.

바울은 그리스도께서 "모든 일을 그 마음의 원대로 역사하셔서"(사
46:10-11) 우리를 예정하시고 또 소유를 삼으셨다고 말한다(Bengel,
Lincoln). 우리는 결코 우리 자신의 어떤 노력이나 공로로 인해 구원받은
것이 아니다. 순전히 그리스도께서 그 원대로 역사하셔서 우리를 기업 삼으신
것이다. 구원은 처음부터 끝까지 그리스도께서 이루신 역사다. 구약에서
하나님은 우리를 구원하시겠다고 여러 번 약속하셨고(사 53장), 실제로 그
말씀대로 구원을 이루시기 위해 예수님을 이 땅에 보내셨다(마 1:18-25).
또 예수님께서 십자가를 지실 때도 제자들은 다 도망하고 아무 돕는 자
없이 홀로 피를 흘리신 것을 보면, 구원은 예수님의 단독 사역이었음이
분명하다.

**엡 1:12. 이는 그리스도 안에서 전부터 바라던 우리로 그의 영광의 찬송이 되게
하려 하심이라.**
바울은 그리스도를 믿는 사람들은 모두 그리스도의 영광을 찬송하기 위해
존재해야 한다고 말한다(We should be to the praise of his glory). 바울은
그리스도의 구원을 찬양해야 하는 "우리"는 다른 사람들이 아니라 "그리스
도 안에서 전부터 바라던 우리"(We … who first trusted in Christ)이다.
다시 말해, '전부터 그리스도를 믿고 있었던' 사람들이라는 것이다. 그러므
로 여기에서 "우리"는 유대인 신자뿐 아니라 이방인 신자들까지 총망라한
다. 유대인 신자들뿐 아니라 이방인 신자들도 다 성부의 예정과 선택을
찬양해야 하고(6절), 성령을 받은 사람은 누구든지 다 성령의 인치심을

찬양해야 하는 것처럼(14절), 이 본문의 "우리"도 하늘 아래 믿는 사람을 다 포함한다.

오늘 우리도 그리스도를 믿을 뿐 아니라 찬양해야 한다. 소리로만 찬양하는 것이 아니라 행위로 그리스도를 드러내야 한다. 주일에 입으로 하나님을 찬양하는 사람은 많으나, 실제로 삶을 통해 그리스도를 드러내는 사람들은 심히 적다. 특별히 오늘날에는 교회에서 옛날보다 더 많은 찬양을 한다. 때로는 한 시간 혹은 그 이상 찬양을 하느라 떠들썩하지만 예수님을 확실히 믿고 또 그대로 보여 주는 신자는 별로 없다. 우리는 참으로 세상에 성삼위를 드러내야 한다.

3. 성령의 구원 적용 1:13-14

앞에서 바울은 성부의 예정과 선택 때문에 하나님을 찬양해야 할 것과(3-6절), 성자의 피로 말미암아 우리를 구속하신 일과(7절) 우주 통일을 성취하신 일(8-10절), 그리고 우리를 그리스도의 기업 삼으신 일(11절)을 인하여 하나님을 찬양하자고 역설했다(12절). 그리고 이제 바울은 우리는 성령의 인치심 때문에 하나님을 찬양해야 한다고 말한다.

엡 1:13. 그 안에서 너희도 진리의 말씀 곧 너희의 구원의 복음을 듣고 그 안에서 또한 믿어 약속의 성령으로 인치심을 받았으니.
바울은 "너희," 곧 에베소서의 수신자들도 "진리의 말씀 곧 너희의 구원의 복음을 듣고 그 안에서 또한 믿어 약속의 성령으로 인치심을 받았"으니 하나님을 찬양해야 한다고 말한다(고후 1:22; 고후 5:5; 엡 4:30). 수신자들은 "진리의 말씀, 곧 구원의 복음"3)을 듣고 예수님을 믿었으므로 약속의 성령으로 인치심을 받았다. 수신자들이 복음을 듣고 믿어 "인치심을 받았다"(ἐσφραγίσθητε)는 것은 그들이 구원의 복음을 듣고 그리스도를 믿었기 때문에 하나님께서 하나님의 소유임을 표시하기 위하여 성령으로 '도장을 찍으셨다는 것'(seal-ing)을 뜻한다.4) 하나님은 오늘도 새로 믿는 신자들이 구원의 복음을 듣고 믿는 것을 보시고 하나님의 소유로 확인하시기 위해서 "약속의 성령"으로 인을 쳐주신다.5)

"약속의 성령"이란 예수님께서 생전에 여러 번 약속하셨던 성령을 말한다 (요 14-16; 행 1:4-5). 예수님은 성령을 보내주시겠다고 약속하시고는 승천하신 후 10일 만인 오순절에 실제로 성령을 보내 주셨다.

구원의 복음을 듣는다는 것, 곧 진리의 말씀을 듣는 것은 얼마나 중요한지 모른다. 누구든지 예수님을 믿으려면 구원의 복음을 들어야 한다(롬 10:17). 듣지 않고는 예수님을 믿을 사람이 없다. 우리가 일단 진리의 말씀을 듣고

---

3) "복음"이란 말은 "진리의 말씀"이라는 말 이외에도 성경에서 여러 가지 다른 표현으로도 나타난다. 곧 '하나님의 말씀'(고전 14:36; 살전 2:13), '화해의 말씀'(고후 5:19), '생명의 말씀'(빌 2:16), '그리스도의 말씀'(골 3:16) 등으로 나타난다.

4) 인침에 대하여 A.B. Simpson은 말하기를 "인침이란 소유(ownership), 사실(reality), 확실성(certainty), 그리고 초상화(resemblance)를 위한 표지(mark)이다"라고 했다. A. B. Simpson, *The Holy Spirit: An Unfolding of the Doctrine of the Holy Spirit in the Old and New Testaments,* Vol. 2 (Harrisburg, Pa.: Christian Publications, n.d.), p. 145.

5) Lloyd-Jones는 주장하기를 "우리가 그리스도와 연합되었기 때문에 인치심을 받는 것이다"라고 했다. Martin Lloyd-Jones, *God the Holy Spirit* (Wheaton, Ill.: Crossway Books, 1997), p. 115. W. A. Mueller도 말하기를 "우리가 예수님과 강하게 그리고 영속적으로 연합되는 것은 성령님의 역사에 의해 되는 것인데 또 성령님에 의해서 인치심을 받아 우리는 우리의 최후의 구속의 날까지 간다"고 했다. W. A. Mueller, "The Mystical Union," *Christianity Today,* 30 March 1962, p. 23. Thomas G. Oden도 주장하기를 "성령님은 단 한 번의 세례를 통하여 믿는 자를 그리스도의 몸에 연합시키고 또 믿는 자는 회개하고 믿을 때 성령님 인침을 받는다"고 했다. Thomas C. Oden, *Life in the Spirit: Systematic Theology,* Vol. 3, (San Francisco: Harper, 1992), pp. 182-183.

믿으면 동시에 예수님과 연합되는데 바로 그때 성령님이 우리를 하나님의 소유로 확인하시기 위하여 인쳐 주시는 것이다. 그러므로 사람들이 구원의 복음을 듣도록 복음을 전하는 것은 아주 중요한 일이다. 복음 전파자의 사명만큼 중요한 것이 세상에 또 있겠는가?

엡 1:14. 이는 우리의 기업에 보증이 되사 그 얻으신 것을 구속하시고 그의 영광을 찬미하게 하려 하심이라.
"이는"(which)이라는 말은 앞 절에 나온 성령의 인침을 말한다. 성령의 인침은 곧 "우리의 기업에 보증이 되신다." 다시 말해, 성령의 인침은 우리의 기업을 위한 보증금(계약금) 역할을 한다는 것이다. 계약금을 지불하면 소유가 확실해지듯이 성령의 인침은 구원의 보증이 된다.

성령의 인침은 "그 얻으신 것을 구속하시는 날까지" 우리의 구원을 위한 보증이 된다(눅 21:28; 롬 8:23; 엡 4:30). 다시 말해, 성령님은 "그 얻으신 것,"(the purchased possession) 곧 예수님께서 보혈로 '얻으신 백성'을 완전히 구원하시는 그 날까지 우리의 구원을 보증하고 계신 것이다(행 20:28).

성령님은 지금도 우리의 마음속에 우리의 구원을 위한 계약금 형식으로 계시면서 우리의 구원이 확실히 이루어질 때까지 구원의 확신을 주시니 우리는 얼마나 감사한지 모른다. 성령님은 우리로 하여금 "그의 영광을 찬미하게 하신다."(6절, 12절; 벧전 2:9) 성령님은 우리로 하여금 하나님의 영광을 찬미하게 만들어 주신다. 지금뿐 아니라 앞으로도 하나님을 찬미하게 하실 것이다.

우리는 하나님께서 우리를 선택해 주시고, 그리스도를 보내셔서 피 흘려 구원을 성취하여 주시고, 성령님을 보내 주셔서 우리의 구원이 확실하다는 확신을 주신 사실을 인하여 하나님을 찬양해야 한다. 교회당에서 입으로만 찬미하는 것이 아니라 일상생활에서 하나님을 만백성에게 드러내야 한다. 잠시 내가 손해보는 듯한 때에도 하나님께 영광만 된다면 우리는 우리를 희생하고 하나님을 높이고 드러내야 한다. 그것이 바로 하나님의 소원이시다. 하나님이시여, 우리를 영광의 도구로 사용하소서!

III. 성도의 영적 성숙을 위한 바울의 기도 1:15-23

앞에서(3-14절) 성삼위의 놀라운 주권적인 구속 사역을 찬양한 바울은 이제 에베소 교인들의 신앙 성숙을 위해 기도한다(15-16절). 그는 교인들의 믿음과 사랑의 기쁜 소식을 전해 듣고 감사를 계속했다. 또한 그들의 신앙 성숙을 위해 간구했다. 먼저 바울은 에베소 교인들이 하나님을 더 잘 알기를 위해 기도했다(17절). 또한 그들이 영안이 밝아져서 성도의 소망이 무엇인가를 알고 성도들이 하나님의 백성 된 사실이 얼마나 영광스러운 일인가를 알며 성도에게 부어진 하나님의 엄청난 능력을 깨닫게 되기를 기도했다(19절). 그리고 이어서 그는 하나님의 능력이 얼마나 위대한가를 설명한다(20-23절).

엡 1:15-16. 이를 인하여 주 예수 안에서 너희 믿음과 모든 성도를 향한 사랑을 나도 듣고 너희를 인하여 감사하기를 마지아니하고 내가 기도할 때에 너희를 말하노라.
바울은 자신이 "이를 인하여," 즉 '성삼위의 놀라운 주권적인 구속사역을 인하여' 에베소 교인들이 주 예수를 믿고 또한 모든 성도들을 향하여 사랑을 실천하는 것을 전해 듣고(골 1:4; 몬 1:5) 감사하기를 그치지 않았고(롬 1:9; 빌 1:3-4; 골 1:3; 살전 1:2; 살후 1:3) 또한 그들을 위하여 간구한다고 말한다 (17-19절).

성삼위의 놀라운 주권적인 구속 사역은 에베소 교인들에게 주 예수에 대한 믿음을 일으켰다. 그리고 바울은 그들이 주 예수를 믿는 중에 모든 성도를 향한 사랑을 실천하여 항상 사랑해 온 사실을 듣고 기도할 때마다 하나님께 감사하기를 그치지 아니했다. 성삼위의 구속 사역은 듣는 이로 하여금 예수님을 믿게 만든다. 그리고 다른 사람을 사랑하게 만든다. 하나님의 선수적인 사랑의 구속 사역은 우리 인간으로 하여금 예수님을 믿게 하고 다른 신자들을 사랑하게 만든다. 그리고 하나님께서 하신 일을 듣고 감사하게 한다. 우리는 다른 사람들이 잘 된다는 소식을 듣고 시기하고 질투할 것이 아니라 그 모든 일을 하나님께서 하신 일로 알고 감사하기를 그치지 말아야 할 것이다. 그리고 다른 사람들의 부족함을 놓고 설왕설래 할 것이 아니라 그것을 메우기 위해서 기도해 주어야 한다.

엡 1:17. 우리 주 예수 그리스도의 하나님, 영광의 아버지께서 지혜와 계시의 정신을 너희에게 주사 하나님을 알게 하시고.

이제 바울은 "우리 주 예수 그리스도의 하나님, 영광의 아버지께" 기도한다. 하나님은 우리 주 예수 그리스도의 하나님이시고(요 20:17) 영광의 아버지시다. 그분은 영광스런 하나님이기 때문에 바울의 기도에 얼마든지 응답하실 수 있다. 오늘도 하나님은 우리의 기도에 모두 응답하신다. 응답하시지 않는 것은 우리의 기도가 하나님의 뜻에 어긋나기 때문이지 하나님의 능력이 부족하셔서

가 아니다.

바울이 에베소 교인들을 위해 드린 첫 번째 기도는 하나님께서 에베소 교인들에게 "지혜와 계시의 정신을 주사 하나님을 알게 하시기를" 바라는 기도였다(골 1:9). 하나님을 경험적으로 아는 것만큼 중요한 것은 없는데 그렇게 되기 위해서는 지혜와 계시의 정신이 필요하다.6) 인간의 지혜로는 하나님을 도무지 알 수가 없고 인간 중에 하나님을 보여 줄 사람도 없다. 우리가 하나님을 체험적으로 알기 위해서는 지혜의 정신(πνεῦμα), 즉 지혜의 성령이 필요하고 또 계시의 정신, 즉 계시의 성령(πνεῦμα)이 필요하다. 다시 말해, 하나님께서 행하신 사역의 비밀을 이해하게 해주는 성령이 필요하다는 것이다. 에베소 교인들은 이미 하나님을 알고 있었다(엡 1:1). 그러나 그들이 하나님을 보다 체험적으로 알기 위해서는 하나님께서 하신 일을 더 잘 깨닫게 해주시는 성령이 필요했다.

오늘 우리에게도 성령의 깨닫게 하시고 보여 주시는 역사가 필요하다. 오늘 우리도 하나님을 더 경험하기 위해서 지혜의 성령과 계시의 성령을 구해야 한다. 그리고 우리의 자녀와 부모님과 교우들을 위해서도 역시 지혜의 성령, 계시의 성령을 간구해야 한다.

엡 1:18-19. 너희 마음 눈을 밝히사 그의 부르심의 소망이 무엇이며 성도 안에서 그 기업의 영광의 풍성이 무엇이며 그의 힘의 강력으로 역사하심을 따라 믿는 우리에게 베푸신 능력의 지극히 크심이 어떤 것을 너희로 알게 하시기를 구하노라.

---

6) "지혜"란 하나님께서 행하신 사역을 이해하는 것을 뜻하고(엡 3:10; 5:15), "계시"란 하나님의 비밀을 깨달을 수 있도록 하나님께서 성령을 통하여 보여 주시는 것을 뜻한다.

앞 절에서 바울은 에베소 교인들이 하나님을 더욱 체험하기를 바랐다. 이제 그는 두 번째 기도에서 에베소 교인들이 "마음의 눈," 곧 영안 (spiritual eye)이 밝아져서(행 26:18) 다음 세 가지를 알게 되기를 간구한 다. 첫째, "그(하나님)의 부르심의 소망이 무엇인가"를 아는 것이다(2:12; 4:4). 다시 말해, '하나님의 부르심의 구체적인 소망이 무엇인가'를 알게 되는 것이다. 그들은 하나님께서 그들을 불러주셨기에 자신들이 앞으로 주 안에서 온전해질 것이고, 구원이 완성될 것이고, 만물이 주 안에서 통일됨으로써 자신들 또한 영화롭게 될 것이라는 소망을 가졌어야 했다(롬 8:30). 그러나 에베소 교인들은 믿음과 사랑은 있었으나(15절) 아직 소망 이 부족해 보였다. 그래서 바울은 에베소 교인들이 그들이 마땅히 가져야 하는 소망을 알게 되기를 간구했다. 오늘 우리도 미래에 펼쳐질 영광에 대한 분명한 소망을 가져야 한다. 우울증은 소망이 결여되었기 때문에 생기는 현상이다.

둘째, "성도 안에서 그 기업의 영광의 풍성이 무엇인가"를 아는 것이다. 그들은 하나님 기업의 영광을 알지 못했다. 에베소 교인들은 하나님의 기업 자체인 크리스천이 되는 것이 얼마나 영광스러운 일인지 잘 모르고 있었다. 그래서 바울은 에베소 교인들의 마음눈이 밝아져서 자신들이 하나님의 백성이 되었다는 사실의 영광스러움을 알게 되기를 기도했다. 혹자는 본 절에서 말하는 "기업"이 '우리의 구원' 혹은 '하나님 나라'라고 주장하고 있으나, 여기에서 말하는 "그 기업"은 곧 '하나님의 기업'이므로 '하나님의 백성들'로 보는 것이 자연스럽다. 그러므로 14절에서 말하는 "기업"은 "우리의 기업"이라고 표현되 어 있는 까닭에 '우리의 구원' 혹은 '우리의 하나님 나라'라고 보아야 한다. 그러나 본 절에서 말하는 "그 기업"은 '하나님의 기업'이므로 '하나님을 신앙하는 백성들'로 보는 것이 더 옳다.

오늘 우리는 눈을 밝히 떠서 우리가 하나님 백성이 된 것이 얼마나 영광스러운 일인지를 알아야 한다. 물질이나 세상적인 권세를 가진 것이 영광이 아니라 하나님의 자녀가 된 것이 영광임을 알아야 한다. 하나님의 영을 받아 하나님의 양자가 된 것만큼 영광스러운 일은 없다. 하나님께서 우리를 기업 삼으신 사실은 무한한 영광이 아닐 수 없다.

셋째, 하나님의 "힘의 강력으로 역사하심을 따라 믿는 에베소 교인들에게 베푸신 능력의 지극히 크심이 어떠한 것을 알게 하시는" 것이다. 바울 사도는 에베소 교인들의 마음눈이 밝아져서 하나님께서 에베소 교인들에게 얼마나 크게 능력을 베푸시는가를 알도록 기도했다.

하나님은 무능한 하나님이 아니고 하나님을 믿는 사람들에게 무한한 능력으로 역사하는 하나님이시다(3:7; 골 1:29; 2:12). 하나님은 에베소 교인들의 소망(19절 상반절)을 얼마든지 이뤄주시는 능력의 하나님이시다. 우리는 앞으로 우리가 온전해질 것이고, 온전히 구원을 얻게 될 것이고, 우주가 주님 안에서 통일됨으로써 영화롭게 될 것이라는 소망이 하나님의 위대한 능력으로 얼마든지 성취되리라는 것을 알아야 한다. 다시 말해, 우리는 마음눈을 밝히 떠서 우리의 소망을 이루실 하나님의 능력의 위대함을 깨달아야 한다. 바울은 하나님께서 에베소 교인들에게 베푸시는 능력이 얼마나 위대한지를 20절 이하에서 설명한다.

우리는 하나님의 능력의 위대함을 알아야 한다. 우주를 창조하신 하나님은 (창 1:1) 창세기 1:2 이하의 모든 이적을 베푸셨다. 하나님은 그리스도를 통하여 수많은 이적을 베푸셨고, 그리스도를 죽은 자 가운데서 부활시켜 승천케 하셨고, 지금은 온 우주를 통치하고 계시며, 앞으로 예수님을 재림하게 하실 것이다.

엡 1:20-22. 그 능력이 그리스도 안에서 역사하사 죽은 자들 가운데서 다시 살리시고 하늘에서 자기의 오른 편에 앉히사 … 모든 이름 위에 뛰어나게 하시고 또 만물을 그 발 아래 복종하게 하시고 그를 만물 위에 교회의 머리로 주셨느니라.

바울은 하나님의 "능력이 그리스도 안에서 역사하사" 다섯 가지 일을 이루셨다고 말한다. 첫째, 예수님을 "죽은 자들 가운데서 다시 살리셨다"(행 2:24, 33). 둘째, 예수님을 "하늘에서 자기의 오른편에 앉히셨다"(시 110:1; 행 7:55-56; 골 3:1; 히 1:3). 셋째, 예수님을 "모든 정사와 권세와 능력과 주관하는 자와 이 세상뿐 아니라 오는 세상에 일컫는 모든 이름 위에 뛰어나게 하셨다"(빌 2:9-10; 골 2:10; 히 1:4). 여기에 등장하는 네 가지 명칭, 곧 "정사와 권세와 능력과 주관하는 자"는 천사들의 여러 직분들이다(롬 8:38; 골 1:16; 2:15). 하나님은 예수님을 천사들 위에 그리고 이 세대뿐 아니라 오는 세대에 일컫는 모든 이름 위에 뛰어나게 하셨다. 넷째, "만물을 그 발아래 복종하게 하셨다"(시 8:6; 마 28:18; 고전 15:27; 히 2:8). 다섯째, 예수님을 "만물위에 교회의 머리로 주셨다"(엡 4:15-16; 골 1:18; 히 2:7).

하나님의 엄청난 능력, 곧 그리스도를 부활시키셔서 자신의 우편에 두시고, 그로 하여금 온 우주를 통치하게 하시고, 모든 이름 위에 뛰어나게 하시고, 만물을 그 발아래 복종하게 하시고, 그를 교회의 머리를 삼으신 능력은 우리의 마음눈이 밝아져야만 알 수 있는 것이다. 영안이 밝아지지 않으면 우리는 하나님의 능력의 위대하심을 알 수가 없다. 우리는 우리의 소망을 얼마든지 이루어지게 하실 수 있는 하나님의 능력을 앎으로써 소망을 든든히 가져야 한다. 우리는 우리의 마음의 눈이 밝아져서 우리의 소망과, 또한 그 소망을 능히 이루시는 하나님의 능력도 알기 위해서 기도해야 한다.

엡 1:23. 교회는 그의 몸이니 만물 안에서 만물을 충만케 하시는 자의 충만이니라.

이제 바울 사도는 자신이 앞 절에 말한 "교회"에 대해서 더 설명한다. 바울에 따르면, "교회는 그(그리스도)의 몸"이다(롬 12:5; 고전 12:12, 27; 엡 4:12; 5:23, 30; 골 1:18, 24). 바꾸어 말해 예수님은 교회의 머리이시라는 것이다. 예수님께서 교회의 머리가 되신 것은 그가 직접 교회를 시작하셨고(골 1:18) 부활의 첫 열매가 되셨기 때문이며(골 1:18), 또한 하나님께서 예수님 안에 "모든 충만"으로 영원히 거하게 하셨기 때문이다(요 1:16, 3:34; 골 2:9). 하나님은 예수님을 하나님의 신성으로 채우셨다(골 2:9). 예수님은 교회의 머리가 되시고 교회는 그의 몸이므로 예수님과 교회는 주종의 관계일 뿐 아니라 온전한 연합체이다.

그리고 바울은 교회가 "만물 안에서 만물을 충만케 하시는 자의 충만"(the fulness of him that filleth all in all)이라고 말한다. 다시 말해, 성도들의 모임인 교회는 '만물을 충만케 하시는 그리스도에 의해 충만케 된다'는 것이다. 그리스도는 만물 안에, 곧 우주 안에 내재하시면서 만물을 충만케 하시고 교회를 충만케 하신다는 것이다. 헬라어 순서대로 말하면, 그리스도는 교회를 충만케 하시고 만물을 충만케 하신다. 그리스도는 교회에 은사와 직분을 주셔서 몸 된 교회를 충만케 하시고(4:10-16), 더 나아가 은혜로써 만물을 충만케 하신다. 그러므로 교회가 그리스도와 그리스도의 능력으로 충만하지 않으면 만물도 충만할 수가 없다.

교회는 그리스도의 은혜로 충만해서 만물에게 그리스도의 은혜를 전달하는 기관이 되어야 한다. 교회의 일원인 우리 한 사람 한 사람은 그리스도로 말미암아 은혜가 넘쳐서 우주 안에 예수 그리스도를 전달하고 보여 주어야 한다. 교회에 은혜가 없으면 만물은 피폐해지고 만다. 교회에 은혜가 없으면 만물도 은혜가 말라서 교회를 해치게 마련이다. 앞으로 그리스도의 우주 통일이 이루어지는 날까지 우리 개인은 교회에 은혜가 충만하게 하고 만물에도 은혜를 전달하기 위해 애써야 할 것이다.

제2장

하나님의 긍휼에 의한 구원과
우주적 공동체로서의 교회

IV. 그리스도 안에서의 새 생명 2:1—10

앞에서 바울은 성삼위의 구원을 찬양하고(1:3-14) 성도의 영적 성숙을 위하여 기도했다(1:15-23). 이제 그는 유대인들과 이방인들을 위한 하나님의 새 생명 운동에 대해 말한다(2:1-10). 먼저 그는 유대인과 이방인들의 과거 생활의 비참상과(1-3절) 하나님의 긍휼과 사랑으로 새 생명을 주신 사실에 대해 말하고(4-6절), 이어서 하나님께서 그들을 구원해 주신 목적이 무엇인가를 설명한다(7-10절).

1. 유대인과 이방인들의 과거의 비참상 2:1-3

바울은 하나님께서 긍휼을 베푸셔서 유대인과 이방인들을 구원하신 사실에 대해 말하기에 앞서 유대인과 이방인들의 과거의 생활을 회고한다. 바울은 과거에는 이방인이나 유대인이나 똑 같이 하나님으로부터 멀리 떨어져 영적으로 죽은 상태에서 하나님의 진노 아래 있었다고 말한다.

엡 2:1. 너희의 허물과 죄로 죽었던 너희를 살리셨도다.

바울은 이방인이나 유대인이나 과거에 "허물과 죄로 죽었다"고 말한다. "허물"($\tau\text{о}\hat{\iota}\varsigma$ $\pi\alpha\rho\alpha\pi\tau\acute{\omega}\mu\alpha\sigma\iota\nu$)은 '바른 길에서 떨어진 것'을 뜻하고, "죄"($\tau\alpha\hat{\iota}\varsigma$ $\acute{\alpha}\mu\alpha\rho\tau\acute{\iota}\alpha\iota\varsigma$)는 '과녁에서 벗어난 것'을 뜻하는 단어들이다. 결국 "허물"이나 "죄"나 똑 같은 말이다. 이 두 낱말이 동의어로 쓰인 사실이 5절에서도 발견된다. 즉 5절은 "허물로 죽은 우리'라고 말씀함으로써 "죄'라는 단어가 없어도 똑같은 결과가 임한다는 것을 보여 준다. 둘 중에 한 단어만 써도 뜻에는 아무런 변함이 없다.

바울은 유대인들이나 이방인들 모두 과거에 허물과 죄 때문에 "죽었다"고 말한다(5절; 4:18). 다시 말해, '하나님으로부터 멀리 떠났다'고 말한다. 영적인 생명이 완전히 끊겨버린 상태에 있었다는 것이다.

바울은 본문에서 "너희"와 "우리"를 번갈아가면서 사용한다(2-3, 5절). 이것은 이방인이나 유대인이나 모두 하나님의 진노 아래 있었다가 똑같이 하나님의 은혜로 새 생명을 받았음을 보여 주는 것이다(요 5:24; 골 2:13).

엡 2:2-3. 그 때에 너희가 그 가운데서 행하여 이 세상 풍속을 좇고 공중의 권세 잡은 자를 따랐으니 곧 지금 불순종의 아들들 가운데서 역사하는 영이라. 전에는 우리도 다 … 다른 이들과 같이 본질상 진노의 자녀이었더니.

바울은 이방인이나 유대인이나 다 허물과 죄 때문에 하나님으로부터 멀어져 있던 때가 있었다고 말한다. 과거에 그들은 "그 가운데서 행하였다"(엡 4:22; 골 1:21; 3:7; 요일 5:19). 다시 말해, 그들은 '항상 허물과 죄 가운데서 살았다'는 것이다. 어쩌다가 죄를 지은 것이 아니라 늘 죄 속에서 살았다는 말이다. 그러면 서 그들은 "이 세상 풍속을 좇고 공중의 권세 잡은 자를 따랐다(엡 6:12)." 곧 그들은 '이 세상 죄악을 좇았고 또 세상의 권세를 잡은 자, 곧 사탄의 주장을 따라 살았다.' 지금도 여전히 사탄은 하나님께 불순종하는 사람들 가운 데 역사한다(5:6; 골 3:6). 사람들은 과거에 다 허물과 죄 가운데서 살면서 육체의 욕심을 따라 지내며 부패한 마음의 원하는 대로 삶으로써 세상에 태어날 때부터 별수 없이 하나님의 진노를 받아야 마땅했었다는 것이다(시 51:1; 롬 5:12, 14). 베드로 역시 과거의 죄악의 때를 기억하면서 지난 때의 죄악으로 벌 받기에 충분했다고 말한다(벧전 4:3). 우리는 영원한 진노 아래에서 천년만년 고생을 해도 할 말이 없는 죄인들이다. 지옥에 간다 해도 할 말이 없는 죄인들이 다. 우리는 다만 하나님의 긍휼 때문에 구원을 받고 매일 사랑을 받는 것이다.

2. 하나님의 긍휼과 사랑으로 구원하심 2:4-6

앞에서 바울은 유대인과 이방인의 과거의 비참상에 대해 말했다(1-3절). 이제 그는 하나님의 놀라우신 긍휼과 사랑으로 죄와 허물로 죽었던 사람들을 구원하신 사실에 대해 말한다(4-6절).

엡 2:4. 긍휼에 풍성하신 하나님이 우리를 사랑하신 그 큰 사랑을 인하여. 바울은 이방인이나 유대인이나 항상 죄 가운데서 살았지만 긍휼이 풍성하신 하나님께서 큰 사랑을 베푸셔서 우리를 구원하셨다고 말한다(시 136:1-26; 롬 10:12; 엡 1:7; 2:7). 긍휼에 풍성하신 하나님은 또한 실제로 사랑을 베푸시는 하나님이시라는 것이다.

혹자는 자신의 죄가 너무 커서 하나님도 외면하실 것이라고 말하기도 한다. 그리고 자기의 현재의 신앙생활로는 도무지 구원에 이를 수 없을 것이라고 말하기도 한다. 그러나 하나님은 긍휼에 풍성하시다. 그리고 하나님은 실제로 아들을 보내서서 대속의 죽음을 죽게 하심으로 우리를 구원해 주셨다. 하나님의 긍휼과 사랑은 우리의 죄와 허물을 덮고도 남음이 있다.

엡 2:5-6. 허물로 죽은 우리를 그리스도와 함께 살리셨고 (너희가 은혜로 구원을 얻은 것이라) 또 함께 일으키사 그리스도 예수 안에서 함께 하늘에 앉히시니. 바울은 하나님께서 죄와 허물 때문에 하나님으로부터 단절되었던 유대인과 이방인들(롬 5:6, 8, 10; 엡 2:1)을 구원하신 사실을 세 가지로 말한다. 첫째, 하나님께서는 그들을 "그리스도와 함께 살리셨다"(롬 6:4-5; 골 2:12-13; 3:1, 3). 둘째, 그들을 "함께 일으키셨고" 셋째, "그리스도 예수 안에서 함께 하늘에 앉히셨다"(1:20). 바울은 에베소 교인들이 믿는 순간 예수님과 연합되어 중생하고, 부활하고, 하늘에 앉히심을 받았다고 말하고 있는 것이다. 비록 성도들의 몸은 지상(地上)에 있지만, 예수님과 연합되어 있으므로 부활한 것이며 하늘에 앉히신바 되었다는 것이다.

바울은 그리스도와 함께 살리셨다는 말씀, 곧 성도들을 중생시키셨다는 말씀 뒤에 다음과 같은 설명문을 괄호 안에 넣고 있다. "너희가 은혜로 구원을 얻은 것이라." 하나님께서 그리스도와 함께 우리를 중생시키신 것은 순전히 하나님의 은혜로 말미암았다는 뜻이다.

비록 오늘 우리는 믿음이 약해진 시대에 살고 있지만, 만약 그리스도를 확실하게 구주로 믿는다면, 우리는 분명히 그리스도와 연합된 사람들이다. 우리는 그리스도와 연합되어 중생했고 부활했으며 하늘에 앉한바 되었다. 우리가 그리스도와 연합되었으므로 우리의 죄와 허물은 다 그리스도에게 전가되었고, 반대로 그리스도의 의(義)는 우리에게 전가되었다.

3. 하나님께서 구원하여 주신 목적 2:7-10

바울은 하나님께서 우리를 구원해 주신 목적은 우리에게 하나님의 은혜의 지극히 풍성함을 세세토록 보여 주시고(7-10a), 우리로 하여금 선한 일을 하게 하시기 위함이라고 말한다(10b).

엡 2:7. 이는 그리스도 예수 안에서 우리에게 자비하심으로써 그 은혜의 지극히 풍성함을 오는 여러 세대에 나타내려 하심이니라.
본 절은 하나님께서 우리를 구원해 주신 목적에 대해 말한다. 하나님께서 우리를 중생시키시고 부활시키셔서 천국에 앉히신(5-6절) 목적은 그리스도 예수를 통하여 "우리에게 자비"를 베푸시기 위함이다(딛 3:4-5). 다시 말해, 하나님의 "그 은혜의 지극히 풍성함을 오는 여러 세대에 나타내려 하심"이다. 하나님은 앞으로 오고 오는 미래의 무궁세대를 통하여 하나님의 그 은혜의 지극히 풍성함을 보여 주시기를 원하신다.

여기에서 "나타낸다"(ἐνδείξηται)라는 말은 가정법 단순과거 시상이다. 하나님께서는 앞으로 예수님의 재림 이후 그 은혜의 풍성함을 단번에 나타내실 것이란 뜻이다. 하나님은 단번에 천국의 영광을 보여 주신 후에 영원히 보여 주실 것이다. 하나님은 그 천국의 영광을 보여 주시기 위하여 우리를 중생시키셨고 부활시키셨으며 하늘에 앉혀 주셨다.

예수님을 믿는 자들은 지극한 복을 받은 사람들이다. 하나님께서는 현세에서도 우리에게 놀라운 은혜를 주실 뿐 아니라 앞으로 예수님께서 재림하신 후 천국의 놀라운 영광을 보여 주실 것이기 때문이다. 그러므로 우리는 세상 영광이나 세상의 모든 것을 배설물로 여기고(빌 3:7-8; 약 4:4) 예수님만 바라보면서 살아야 할 것이다(빌 3:14).

엡 2:8. 너희가 그 은혜를 인하여 믿음으로 말미암아 구원을 얻었나니.
바울은 앞 절에서 하나님의 은혜의 지극히 풍성함에 대해 말했다. 이제 본 절에서 그는 에베소 교인들이 "그 은혜," 곧 하나님의 그 크신 은혜 때문에 구원을 얻었다고 말한다. 다시 말해, 그들은 하나님의 "그 은혜를 인하여," 곧 "그 은혜의 지극히 풍성함" 때문에(7절) 구원을 얻었다는 것이다(행 15:11). 에베소 교인들은 은혜가 풍성하신 하나님을 "믿음으로 말미암아" 구원을 얻었다(롬 3:24; 엡 2:5; 딤후 1:9).

　비록 우리의 죄와 허물이 크지만, 하나님의 사랑과 긍휼과 자비가 크시기 때문에, 우리는 하나님을 믿음으로써 구원에 이른다(롬 4:16). 우리가 "구원"에 이른다는 것은 중생하고 부활하고 예수님과 함께 하늘에 앉게 되는 것을 의미한다(5-6). 우리는 우리의 의(義)와 선행이 아니라 하나님의 전적인 은혜를 의지하여 예수님을 믿어야 한다.

　이것이 너희에게서 난 것이 아니요 하나님의 선물이라.
　"이것," 곧 구원이 사람의 행위에서 난 것이 아니라 하나님의 선물이라는 것이다(마 16:17; 요 6:44, 65; 롬 10:14-15, 17; 엡 1:19; 빌 1:29). 여기에서 "이것"이란 단어가 믿음이 아니라 구원을 가리킨다고 말할 수 있는 이유는 다음과 같다. 첫째로 "이것"($\tau o \hat{v} \tau o$)이 헬라어에서 중성이기 때문에 앞에 나온 여성 명사 '믿음'($\pi i \sigma \tau \iota \varsigma$)이 아니라 '구원'이라는 단어를 받는다고 보아야 할 것이기 때문이다. 둘째로 "이것"(τοῦτο)을 구원으로 해석해야 다음 절과도 문맥이 통하기 때문이다. 곧 구원이 "행위에서 난 것이 아니니"(9절)라고 말해야 문맥에 맞지, 만약 "이것"(τοῦτο), 곧 '믿음'이 "행위에서 난 것이 아니니"라고 말하면 의미가 통하지 않기 때문이다. 구원은 우리에게서 난 것이 아니고 하나님의 선물이다. 하나님은 우리에게 엄청난 선물을 주셨다.

엡 2:9. 행위에서 난 것이 아니니 이는 누구든지 자랑치 못하게 함이니라. 구원은 "행위," 곧 "선한 일"(10절)에서 난 것이 아니라(롬 3:20; 4:1-5; 갈 2:16; 딛 3:5), 전적으로 하나님의 은혜요 선물이다(롬 3:27-28; 9:11; 11:6; 고전 1:29-31; 딤후 1:9). 하나님께서 그렇게 하신 이유는 누구든지 구원 받은 후 자랑하지 못하게 하시기 위함이다. 우리는 자신이 잘 해야 구원에 이르게 된다는 생각은 꿈에도 하지 말아야 한다. 우리 모두는 자력(自力)으로는 구원에 이를 수 없는 흉악한 죄인들이었다(롬 3:10-18). 우리는 항상 자신의 부족을 고백하면서 살아야 한다(시 32:5; 51:2; 잠 28:13; 요일 1:9).

엡 2:10. 우리는 그의 만드신 바라. 그리스도 예수 안에서 선한 일을 위하여 지으심을 받은 자니 이 일은 하나님이 전에 예비하사 우리로 그 가운데서 행하게 하려 하심이니라.
이제 본 절에서 바울은 우리가 구원을 받고 자랑하지 못할 이유에 대해 말한다. 그것은 그 구원이 우리가 선(善)을 행했기 때문에 온 것이 아니기 때문이다. "우리는 그의 만드신 바," 곧 "그리스도 예수 안에서 선한 일을 위하여 새로 지으심을 받았"기 때문에(시 100:3; 사19:25; 29:23; 요3:3, 5; 고전 3:9; 고후 5:5, 17; 엡 4:24; 딛 2:14) 선을 행할 수 있었던 것이다.

우리가 "그의 만드신바" 되었다는 것은 우리가 하나님에 의해서 거듭났다는 뜻이다. 즉 우리는 하나님에 의해서 새로운 피조물이 되었다는 것이다(고후 5:17). 따라서 우리가 "그의 만드신바"라는 말씀은 하나님의 첫 창조가 아니라 재창조를 언급하는 말이다. 또한 "선한 일을 위하여 지으심을 받았'다는 것도 우리가 하나님에 의해서 새 창조, 곧 새 피조물이 되었음을 뜻한다(롬 2:7; 13:3; 고후 5:10; 9:8; 갈 6:10; 살전 5:15).

사람이 새로 빚어지지 않고는 선한 일을 하지 못한다. 우리의 선함이란 모두 다 더러운 옷 같을 뿐이다(사 64:6). 여기에서 "선한 일"은 여러 가지로 설명할 수 있지만, 중요한 것으로는 하나님의 은혜의 영광을 찬미하는 것(1:6; 1:12; 1:14), 그리스도의 풍성을 사람들에게 전하는 것(3:8), 사랑 안에서 참된 것을 하는 것(3:15), 그리고 서로 인자하게 하는 것(4:32) 등이다. 우리 모두는 새로 지으심을 받았기에, 다시 말해, 하나님에 의해 구원을 받았기에 선을 행할 수 있는 사람들이 되었다. 그러므로 우리는 자신을 자랑할 수가 없고 하나님만 자랑해야 한다.

하나님은 우리가 선을 행할 수 있도록 모든 일을 미리 "예비"해 주신다. 우리가 선을 행할 수 있도록 일거리도 주시고 환경도 주시고 능력도 주셔서 선을 행하게 하신다. 하나님은 항상 우리의 선한 일을 예비해 주신다. 하나님은 요셉을 애굽에 보내서서 국무총리가 되어 이스라엘을 굶주림에서 구하게 하셨고, 모세에게 출애굽의 사역을 감당하게 하셨으며, 여호수아에게 가나안 정복의 사명을 주셔서 일하게 하셨다. 하나님은 각 성도에게 사명을 주셔서 능히 일을 할 수 있게 하신다. 하나님은 우리를 구원하시기도 하며 선을 행하게도 하신다.

V. 그리스도의 화목운동 2:11-19

앞에서 바울은 이방인들의 어제의 어두움(1-3)과 오늘의 복(4-10절)을 극명하게 대조했다. 이제 그는 어제의 비참상(11-12절)과 오늘의 복(13-22절)을 또한 극명하게 대조한다.

1. 이방인의 어제와 오늘 2:11-13

바울은 먼저 이방인들의 과거의 비참상을 말하고(11-12절), 다음으로 오늘의 복에 대해 말한다(13절).

엡 2:11. 그러므로 생각하라. 너희는 그 때에 육체로 이방인이요 손으로 육체에 행한 할례당이라 칭하는 자들에게 무할례당이라 칭함을 받는 자들이라.

바울은 구원받은 에베소 교인들에게 자신들이 구원 받기 이전의 형편을 "생각"하면서 하나님께 감사하며 찬양하도록 권고한다. 바울은 11절-12절에서 그들의 구원받기 전의 형편을 일곱 가지로 말한다. 첫째, 그들은 육체로 "이방인"이었다. 그들은 유대인들에게 이방인 취급을 받았다(고전 12:2; 엡 5:8; 골 1:21; 2:13). 둘째, 그들은 믿기 전에 "무할례당이라고 칭함을 받았다." 다시 말해, 할례 없는 사람이라는 조롱을 받으며 살았다. 하나님께서 아브라함에게 할례를 명하신 후 유대인들은 남자 아이들이 태어 난지 8일 만에 생식기의 머리 부분의 표피를 잘랐다(창 17:9-14). 유대인들은 할례 받은 것을 선민의 표식으로 삼았으며, 할례 받지 않은 이방인들을 할례 없는 사람들이라고 조롱했다(삿 15:18; 삼하 1:20).

엡 2:12. 그 때에 너희는 그리스도 밖에 있었고 이스라엘 나라 밖의 사람이라. 약속의 언약들에 대하여 외인이요 세상에서 소망이 없고 하나님도 없는 자이더니.

셋째, 그들은 "그리스도 밖에 있었다(χωρὶς Χριστοῦ)." 그들은 창세전에 그리스도 안에서 택함을 받았지만(1:4), 실제로 성령으로 말미암아 그리스도와 연합되기 전에는(1:1), 다시 말해, 예수님을 믿기 전에는 그리스도 밖에서 소망 없이 살고 있었다. 넷째, 그들은 "이스라엘 나라 밖의 사람들"이었다(겔 13:9; 요 10:16). 그들은 영적 이스라엘, 곧 신령한 교회 밖에서 살았던 사람들이었다.7) 그래서 그들은 영적 이스라엘 사람들이 누리는 선민으로서의 특권을 누리지 못했다(신 33:27-29; 사 63:9; 겔 16:6-14; 롬 9:4-5). 다섯째, 그들은 "약속의 언약들에 대해 외인"이었다. 그들은 하나님께서 아브라함에게 하신 언약(창 15:7-21; 17:1-22), 이삭과 야곱에게 하신 언약(창 26:3-4; 28:13-15), 모세에게 하신 언약(출 24:1-8), 그리고 다윗에게 하신 언약(삼하 7:1-29) 등 메시야 중심 언약과는 아무런 상관이 없는 사람들이었다. 여섯째, 그들은 "세상에서 소망이 없는" 사람들이었다(살전 4:13). 그들은 세상에서 온전하여지리라는 소망도 없었고, 영생의 소망, 곧 천국의 소망도 없는 사람들이었다. 일곱째, 그들은 "하나님도 없는 자"였다(갈 4:8; 살전 4:5). 그들은 하나님을 알지 못한 사람들이었다. 따라서 하나님의 보호도 받지 못하고 복도 받지 못하고 비참하게 살았던 사람들이었다.

오늘 우리 성도들도 과거를 생각하며 더욱 하나님께 감사하고 찬양을 돌려

---

7) 11절은 이방인들이 육체적인 측면에서 이방인이었으며 육신적으로 무할례당이었던 것을 말하고, 12절은 이방인들에 대해서 언급할 때 영적인 측면에서 언급한다. 즉 이방인들이 과거에 그리스도를 믿지 않던 시절, 교회에 몸담지 않았던 시절, 약속의 복을 받지 못하던 시절, 소망이 없던 시절, 그리고 하나님을 믿지 않던 시절이 있었음에 대해서 말한다. 그러므로 12절에서 말씀하는 "이스라엘 나라 밖의 사람"이라는 말은 이스라엘 국경 밖에 살고 있는 사람이라는 뜻이 아니라 '영적인 이스라엘 나라 밖의 사람, 곧 우주적인 교회 밖의 사람'이라는 뜻으로 보아야 한다.

야 할 것이다. 1885년 우리나라에 복음이 들어오기 전의 비참했던 시절과 개인적으로 예수님을 믿지 못했던 때를 생각하면서 감사와 찬양을 돌려야 할 것이다.

엡 2:13. 이제는 전에 멀리 있던 너희가 그리스도 예수 안에서 그리스도의 피로 가까워졌느니라.

바울은 에베소 교인들이 "이제는" 완전히 달라졌다고 말한다. "전에" 그들은 그리스도를 믿지 못한 채 그리스도 밖에서 살았고 우주적인 교회 밖에서 살았으며 약속의 언약들에 대하여 외인이었고 세상에서 소망이 없고 하나님도 없이 살던 사람들이었는데(11-12), 이제는 완전히 달라졌다는 것이다. 완전히 달라진 것은 그들이 "그리스도 예수 안에서," 곧 '예수님과 연합함으로' "그리스도의 피로" 하나님과 가까워졌기 때문이다(갈 3:28). 그들은 과거에는 하나님과 멀리 떨어져 살았는데, 이제는 그리스도의 십자가 대속의 보혈로 하나님과 가까워지게 되었다.

　　에베소 교인들은 그리스도의 피로 하나님과 가까워졌을 뿐 아니라(롬 5:10; 엡 1:7; 골 1:20-22; 히 10:19-22) 유대인과도 가까워지게 되었다. 우리 모두는 그리스도의 피 때문에 하나님께 나아갈 수 있게 되었고(히 4:14-16) 다른 사람들과도 가까워지게 되었다. 그리스도의 화목운동은 우리를 수직적으로 하나님과 가까워지게 하고 수평적으로 사람들과 가까워지게 한다.

2. 유대인과 이방인의 화목 2:14-15

엡 2:14-15. 그는 우리의 화평이신지라. 둘로 하나를 만드사 중간에 막힌 담을
허시고 원수 된 것 곧 의문에 속한 계명의 율법을 자기 육체로 폐하셨으니
이는 이 둘로 자기의 안에서 한 새 사람을 지어 화평하게 하시고.

바울은 예수 그리스도의 피가 유대인과 이방인 사이를 가깝게 만드셨다고
구체적으로 말한다. "그(예수 그리스도)는 우리(유대인과 이방인)의 화평이신
지라(미 5:5; 요 16:33; 행 10:36; 롬 5:1; 골 1:20). 둘로 하나를 만드사
중간에 막힌 담을 허셨다"는 것이다. 둘을 하나로 만드신 방법은 "중간에
막힌 담," 다시 말해, 서로 "원수 되게 만든 것," 좀 더 구체적으로 "의문에
속한 계명의 율법"이라는 것을 자기 육체로 폐지하심으로써 된 것이다(롬
8:3; 고후 5:21; 갈 3:13). 여기에서 "의문에 속한 계명의 율법"은 유대인과
이방인을 갈라놓은 담이고 서로 원수 되게 만든 것이다. "의문에 속한 계명의
율법"(the law of commandments contained in ordinances)이란 "의문,"
곧 '율법 조문'에 포함되어 있는 "계명의 율법"이란 뜻이다. 다시 말해, 계명의
율법이라는 것, 곧 계명들이라고 하는 율법이 유대인과 이방인을 갈라놓은
담이었고 서로 원수 되게 한 것이었다. 모세의 절기들, 할례, 음식물에 대한
규정들이 유대인과 이방인을 갈라놓았고 서로의 감정이 통하지 않게 원수
되게 만든 것이었는데, 예수님께서 십자가에서 그 모든 율법을 이루심으로
결국 그것을 폐지시키심으로써 이제는 유대인과 이방인이 서로 가까워지게
되었다.

예수님께서 이렇게 율법을 완성하셔서 폐지하신 목적은 "둘"(유대인과
이방인)로 하여금 "자기의 안에서," 곧 예수님을 믿게 하심으로써 하나의 새로

운 공동체를 이루어 화평하게 하시려는 것이었다(고후 5:17; 갈 3:28; 6:15; 엡 4:24; 골 3:11). 예수님은 통일을 이루시는 분이시다. 예수님은 부부간의 화합을 이루시고, 상하의 화합을 이루시고, 지역주의를 타파하시고, 모든 갈등을 해결하시는 분이시다.

3. 유대인과 이방인이 함께 하나님과 화목하게 되었음 2:16-19

엡 2:16. 또 십자가로 이 둘을 한 몸으로 하나님과 화목하게 하려 하심이라. 원수 된 것을 십자가로 소멸하시고.

앞 절에서 바울은 예수님의 십자가로 인해 유대인과 이방인이 화평하게 된 것에 대해 말했다. 이제 그는 본 절에서 예수님이 십자가로써(롬 6:6; 8:3; 골 2:14, 20) 유대인과 이방인을 한 몸, 곧 한 공동체로 만드셔서(엡 4:4; 골 1:18) 하나님과 화목하게 하신 것에 대해 말한다. 예수님은 유대인과 이방인을 원수 되게 했던 율법(15절)을 십자가로 폐지시키셔서 모두가 하나님과 더불어 화목하게 하셨다.

예수님의 십자가 죽음은 위대한 것이다. 사람과 사람을 화목시키시고 사람들과 하나님을 화목 시키신다. 오늘도 그리스도의 죽음이 전파되는 곳마다 화목이 이루어진다. 하나님의 화목이 이루어지고 사람들과의 화목이 이루어진다.

엡 2:17. 또 오셔서 먼 데 있는 너희에게 평안을 전하고 가까운 데 있는 자들에게 평안을 전하셨으니.

앞에서 바울은 그리스도의 십자가 죽음으로 유대인과 이방인이 한 공동체가 되어 하나님과 화목하게 된 것에 대해 말했다. 이제 그는 그리스도께서 부활승천하신 후 성령으로 "오셔서(요 14:18) 먼 데 있는 너희(이방인)에게 평안을 전하시고 가까운 데 있는 자들(유대인들)에게 평안을 전하신" 것에 대해 말한다 (사 57:19; 슥 9:10; 행 2:39; 10:36). 성령님은 오순절에 예수님을 대신하여 오셔서 이방인들과 유대인들에게 평안의 복음을 전하셨다. 이방인들과 유대인들은 오순절에 사도들을 통하여 전파된 화평의 복음을 듣고 하나님께 가까이 나아가게 되었다.

오늘도 성령님은 우리를 사용하셔서 하나님과 사람을 화목하게 하는 복음을 전하기를 원하신다. 우리는 성령님을 힘입어 십자가 화목의 복음을 널리 외쳐야 할 것이다.

엡 2:18. 이는 저로 말미암아 우리 둘이 한 성령 안에서 아버지께 나아감을 얻게 하려 하심이라.

성령님께서 오셔서 사도들과 성도들을 통하여 이방인과 유대인에게 평안의 복음을 전하신 목적은 "저로 말미암아," 곧 '예수 그리스도의 공로로 말미암아' 이방인과 유대인이 한분 성령님의 믿게 하시는 역사 안에서 아버지께 나아가게 하시기 위해서라는 것이다(요 10:9; 14:6; 롬 5:2; 엡 3:12; 히 10:19-20). 전도자들은 성령님을 힘입어 예수 그리스도의 복음을 전함으로 사람들을 성령님의 믿게 하시는 역사에 의하여 하나님께 나아가게 하여야 할 것이다(고전 12:13; 엡 4:4). 그러므로 전도자들은 성령님을 힘입기 위해서 끊임없이 기도해야 한다.

엡 2:19. 그러므로 이제부터 너희가 외인도 아니요 손도 아니요 오직 성도들과 동일한 시민이요 하나님의 권속이라.

바울은 예수 그리스도의 대속의 죽음과 성령님의 역사로 말미암아 이방인들이 그리스도를 믿게 되었으므로 에베소 교인들이 "이제부터 외인도 아니요 손도 아니요 오직 성도들과 동일한 시민이요 하나님의 권속"이라고 말한다. 즉 그들은 이제 하나님의 백성들과 가까워졌고 또한 하나의 공동체가 되어 하나님께 함께 나아갈 수 있게 되었으므로 '외지인이나 손님격이 아니고 하나님의 백성들과 동일한 천국 시민이 되었고(빌 3:20) 하나님의 권속, 곧 하나님의 가족'이라는 것이다(요 1:13; 갈 4:7; 6:10).

오늘도 민족이 다르고 국가가 다를지라도 예수 그리스도를 믿으면 아무도 외인이나 손님도 아니고 모두 천국 시민이고 하나님의 가족이다. 예수 그리스도로 인해 장벽은 완전히 철폐되었다. 아직도 무슨 차별을 한다면 육적(肉的)인 신자에 머물고 있는 것이다(고전 3:1-3).

VI. 우주적인 교회의 성장 2:20-22

엡 2:20. 너희는 사도들과 선지자들의 터 위에 세우심을 입은 자라. 그리스도 예수께서 친히 모퉁이 돌이 되셨느니라.

바울은 "너희," 곧 '이방인 교회'는 "사도들과 선지자들의(고전 12:28; 엡 4:11) 터 위에(마 16:18; 갈 2:9; 계 21:14) 세우심을 입게" 되었다고 말한다(고전 3:9-10; 엡 4:12). 다시 말해, 이방인 교회도 역시 사도들과 신약 시대의 선지자들이 전한 그리스도의 터 위에 건립되었다는 것이다(고전 3:11). 사도들과 신약 시대의 선지자들은 다른 것이 아니라 그리스도를 전파하였다. 그리스도가 전파되는 곳마다 그리스도가 터가 되어 교회가 세워졌다. 그리스도는 교회의 든든한 터가 되신다.

혹자는 여기에서 "터"를 사도들과 선지자들 자신이라고 설명한다. 그러므로 이방인 교회는 사도들과 선지자들이 터가 되어 세워졌다는 것이다. 그러나 설령 그렇게 해설하더라도 사도들과 선지자들이 전한 그리스도가 터가 되는 셈이 된다. 누구든지 교회를 세울 때는 그리스도를 잘 전해야 한다. 그리스도를 잘 제시하고 가르쳐야 교회가 잘 세워진다. 그리고 교회가 성장되어 가는 중에도 역시 그리스도를 잘 제시해야 교회가 든든히 성장한다.

또한 바울은 교회의 "터"가 되시는 예수님을 또 다른 말로 설명한다. 곧 그리스도 예수는 교회의 "모퉁이 돌"이라는 것이다(시 118:22; 사 28:16; 마 21:42). "모퉁이 돌"은 건물의 벽과 벽을 연결하는 돌인데 건물의 기초석이다. 예수님을 "모퉁이 돌"이라고 한 것은 예수님께서 교회의 터, 곧 기초가 되신다는 것을 표현하기 위한 것이다. 예수님은 유대인 정치 지도자들과 종교 지도자들이 버린 돌로서 우주적인 교회의 모퉁이의 머릿돌, 곧 기초석이 되셨다(마 21:42). 모든 교회는 기초를 잘 닦아야 한다.

본문에 나오는 "선지자들"은 다른 사람들이 아니라 신약 시대에 있었던 선지자들이다. 본문의 어순으로 보아도 "선지자들"이란 말이 "사도들"이란 말 다음에 나오는 것을 보면 신약 시대에 있었던 직분들임을 알 수 있다. 만약에 그들이 구약 시대에 있었던 선지자들이었다면, 아마도 '선지자들과 사도들'이라고 표현되었을 것이다. 성경에 따르면, 초대교회 안에는 선지자들이 있었다(행 11:27; 13:1-2; 15:32; 고전 14장; 엡 3:5; 4:11; 살전 5:20). 사도들과 선지자들은 터를 닦은 이들이었다. 그들은 건물의 기초석을 놓은 이들이었다.

오늘도 우리는 예수님의 터 위에 교회를 세워야 한다.

오늘날의 교회들은 교회를 시작할 때 터를 잘 닦지 못하여 훗날 문을 닫는 것을 볼 수 있다. 혹은 사람들의 교제 장소로 혹은 회의 장소로 혹은 정보 제공 장소로 출발해서 세월이 지났을 때 무너지는 사례들을 경험하게 된다. 교회를 시작할 때는 교역자들과 성도들이 터를 잘 닦아야 한다.

엡 2:21. 그의 안에서 건물마다 서로 연결하여 주 안에서 성전이 되어가고. 바울은 본문에서 두 가지를 말한다. 하나는 예수님 안에서 우주적인 교회가 서로 연결하여 가고 있다는 것이고(엡 4:15-16), 다른 하나는 우주적인 교회가 예수님 안에서 하나님이 거하실 성전이 되어 가고 있다는 것이다(고전 3:17; 6:19; 고후 6:16). 그러므로 하나는 우주적인 교회 곧 모든 크리스천들이 서로 연합되어 가고 있다는 것이고, 다른 하나는 모든 크리스천들이 예수님 안에서 점점 성화되어 하나님이 거하실 성전이 되어 가고 있다는 것이다. 수평적으로는 서로 연합되어 가고 있고, 수직적으로는 하나님께서 거하실 성전이 되어가고 있음을 말하는 것이다.

본문의 "건물마다(πᾶσα οἰκοδομη)"는 '건물 전체'(all the building),' 곧 모든 크리스천들을 지칭한다. 모든 크리스천, 곧 우주적인 교회는 지금도 서로 연합하여 하나가 되어가고 있다.

여기에서 "연결하여 (συναρμολογουμένη)"라는 말은 현재분사이므로 모든 크리스천들은 지금도 계속해서 끊임없이 연합되어 가고 있음을 의미한다. 이런 연결, 곧 성도간의 연합은 인위적인 노력으로 되는 것이 아니라 "그 안에서(in whom)," 곧 예수님 안에서 이루어진다. 다시 말해, 예수님께서 주시는 생명의 공급을 받아서 성취되는 것이다. 예수님과 연합된 성도는 반드시 다른 성도와 연합된다. 예수님과의 연합이 없는 인간들만의 인위적인 연합은 머지않아 깨어지고 만다. 오늘날 무슨 단합대회라고 하는 것들이 쉽게 깨어지는 것은 예수님과의 연합이 없기 때문이다.

또 본문의 "주 안에서 성전이 되어간다"는 말은 모든 크리스천이 예수님과의 연합으로 하나님이 거하실 성전이 되어가고 있음을 의미한다. "성전($ναὸν$ $ἅγιον$)"이란 교회의 건물이 아니라 '지성소'를 지칭한다. 즉 '하나님께서 거하실 장소'를 의미하는 것이다. 이렇게 모든 크리스천들이 점점 하나님께서 거하실 성전이 되어가는 것은 "주 안에서" 이루어지는 것이다. 그들은 예수님과 연합되었기 때문에 성전이 되는 것이다. 다시 말해, 예수님께서 공급하시는 생명과 힘으로 성전이 되어가는 것이지 결코 윤리나 도덕으로 되는 것이 아니다. 우리는 매일같이 주님으로부터 은혜를 받고 힘을 받고 성화되어 하나님이 거하실 처소가 되어가야 한다.

엡 2:22. 너희도 성령 안에서 하나님의 거하실 처소가 되기 위하여 예수 안에서 함께 지어져 가느니라.

여기에서 "너희도"는 '에베소 교인들도'라는 뜻이다. 바울은 앞 절에서는 우주적인 교회 혹은 보편적인 교회가 주 안에서 서로 연합하여 가며 또 성전이 되어 가고 있는 것을 언급했고, 이제 본 절에서는 에베소 교인들이 "성령 안에서 하나님의 거하실 처소가 되기 위하여 예수 안에서 함께 지어져가고 있음"에 대해 말한다(벧전 2:5).

여기에서 "함께 지어져가느니라($συνοικοδομεῖσθε$)"라는 말은 현재 시상이다. 에베소 교회도 하나님께서 거하실 처소, 곧 하나님께서 거하실 장소가 되기 위해서 계속해서 건축되어간다는 것이다. 이렇게 에베소 교회가 교회다운 교회, 곧 하나님께서 거하실 장소가 되어가는 것은 인위적인 노력을 통해서가 아니라 "성령 안에서" 이루어진다. 성령께서 성화시켜 주셔서 가능하다는 말이다. 또한 그것은 "예수 안에서" 이루어지는 것이다. 그것은 예수님과 연합되었기에 가능한 것이고 예수님께서 생명을 공급하시고 힘을 주셔서 가능한 것이다.

그러므로 이방교회나 그 어떤 교회라도 성령님의 거룩하게 하시는 역사와 예수님께서 공급하시는 생명 때문에 하나님께서 거하실 처소로 건축되어 가는 것이다. 그러므로 교회는 항상 성령 충만과 예수님의 은혜를 간구해야 한다.

제3장

바울의 사역과 기도

VII. 바울의 사역 3:1-13

　　앞에서 바울은 하나님께서 그리스도 안에서 유대인과 이방인을 화목시키시
고(2:11-15) 유대인과 이방인을 한 공동체로 만드셔서 하나님께 나아가게 하신
것에 대해(2:16-19), 그리고 그 우주적인 교회가 성장하고 있는 것에 대해 말했다
(2:20-22). 이제 그는 자신이 그 우주적인 교회를 위하여 사역하고 있다고 주장한
다(3:1-13). 먼저 그는 자신이 사도로서 하나님으로부터 비밀을 받았고(1-6절),
이 비밀의 일군이 되었다고 주장한다(7-9절). 또한 그는 천사들도 교회를 통하여
이 복음을 처음으로 깨닫게 되는 것에 대해(10-11절), 그리고 마지막으로 성도가
담대히 하나님께 나아갈 수 있게 된 것에 대해 말한다(12-13절).

1. 하나님께서 바울에게 복음을 주시다 3:1-6

　　앞에서 바울은 하나님께서 그리스도의 화목 운동으로 우주적인 교회를

시작하시고(2:11-20) 그리스도 안에서 교회를 성장시켜 주신 것에 대해 말했다
(2:21-22). 이제 그는 그 교회를 위하여 하나님께서 자신에게 복음을 주신
것에 대해 말한다. 먼저 그는 자신이 이방인을 위해 복음을 전파하다가 감옥에
갇힌 사실을 언급한다(1절). 그리고 이어서 자신이 영원 전부터 감추어 있던
복음을 받았으며(2-5절) 이 복음 때문에 이방인들이 복을 받았다고 말한다(6
절).

엡 3:1. 이러하므로 그리스도 예수의 일로 너희 이방을 위하여 갇힌 자 된
나 바울은 ….
바울은, 하나님께서 그리스도의 화목사역으로 말미암아 교회를 시작하셨으므
로, 이제 자신이 이방 교회를 위하여(골 1:24; 딤후 2:10) 그리스도의 복음을
전파하는 일 때문에 갇힌 것(행 21:33; 28:17, 20; 엡 6:20; 빌 1:7, 13-14,
16-17; 골 4:3, 18; 딤후 1:8; 2:9; 몬 1:9)을 영광스럽게 여긴다. 하나님께서
이방인 교회를 위하여 하신 은혜로운 일을 생각할 때, 바울은 자신이 예수님의
복음 전파를 위해서 갇힌 것을 영광스럽게 생각한다는 것이다. 바울은 이방인이
율법이 아니라 예수님을 믿음으로 말미암아 구원을 받는다고 전파하다가 갇히
게 되었다.

　　우리는 하나님께서 그리스도를 통하여 행하신 엄청난 은혜의 일을 생각하고
희생을 감수해야 한다. 감옥에 갇히는 일이 작은 일은 아니지만 하나님께서
주신 은혜에 비하면 작은 일이다. 우리는 하나님의 은혜를 생각하면서 우리가
해야 할 수고를 아끼지 말아야 한다.

　　여기에서 주의할 것은 1절에는 동사가 없다는 점이다. 바울은 이방인 신자들
을 위해 기도를 시작하면서 2절부터 13절까지의 삽입구를 넣은 후, 다시 14절부

터 이방인 신자들을 위한 기도를 계속한다. 2-13절의 삽입구를 후대의 어떤 사람이 삽입했다고 말하는 것은 잘못이다. 바울은 이방인 신자들을 위해서 기도하려다가 자신이 하나님으로부터 이전 시대에는 숨겨졌다가 신약 시대가 되어 계시로 받게 된 복음을 생각하면서 감격에 겨웠던 것이다(2-6절). 이어서 그는 자신이 이 복음의 사역자가 된 것과(7-11절) 이방인 신자들이 이 복음 때문에 받게 된 복에 대해 언급하고는(12-13절), 다시 기도를 계속해 나간다 (14-21절).

엡 3:2. 너희를 위하여 내게 주신 하나님의 그 은혜의 경륜을 너희가 들었을 터이라.

바울은 에베소 교인들이 하나님께서 자기에게 알려 주신 "하나님의 그 은혜의 경륜을 들었을 것이라"고 말한다. 이것은 혹시 듣지 못한 사람도 있을지 모른다는 것을 암시하는 것이다. 바울이 에베소 지방에서 3년이나 말씀을 증거할 때에 아시아에 사는 자는 유대인이나 헬라인이나 다 그가 전하는 하나님의 말씀을 들었을 것이다(행 19:1-20; 20:31). 그러나 그가 에베소서를 쓴 때는 그 후로 세월이 얼마간 지난 상태였으므로 새로 믿기 시작한 사람들은 못 들었을 수도 있을 것이다.

　　아무튼 에베소 교인들 중에 많은 사람들은 하나님께서 바울에게 주신 그 "은혜의 경륜"(the dispensation of the grace of God)에 대해 들었을 것이다. "경륜"이란 '하나님의 계획 혹은 경영'을 뜻한다. 하나님은 바울에게 그 은혜의 계획을 주셨고 바울은 그것을 에베소 교회에 전달했으므로 에베소 교인들은 이미 그것을 듣게 되었다.

　　그러면 "그 은혜의 경륜"이란 구체적으로 무엇인가. 혹자는 바울이 그것을 하나님으로부터 받은 사도직 자체라고도 하고, 하나님의 경륜을 따라 바울에게 사도직을 주었다는 사실을 가리킨다고도 한다. 그러나 다음 절에서 말하는 대로 "그 은혜의 경륜"이란 다름 아니라 '비밀(3절),' 곧 '복음(6절)'을 지칭한다. 이 복음으로 말미암아 이방인들이 "그리스도 안에서 함께 후사가 되고 함께 지체가 되고 함께 약속에 참예하는 자가 되었다(6절)." 에베소 교인들은 이미 바울 사도를 통하여 "은혜의 경륜," 곧 '은혜의 복음'을 들었다.

오늘 우리도 전도자들을 통하여 혹은 성경을 통하여 은혜의 복음을 들었다. 우리는 그 은혜의 복음을 듣고 성령의 역사로 말미암아 거듭나고 의롭다함을 받았으며 하나님의 양자가 되었다. 그리고 우주적인 교회 안에 들어와 함께 후사가 되고 한 지체가 되고 구원에 참예하는 성도가 되었다.

엡 3:3. 곧 계시로 내게 비밀을 알게 하신 것은 내가 이미 대강 기록함과 같으니.
본 절에서 바울은 하나님께서 자기에게 주신 "그 은혜의 경륜"(2절)에 대해 구체적으로 언급한다. 은혜의 경륜이란 다름 아니라 하나님께서 계시(행 22:17, 21; 26:17-18; 갈 1:12)로 알려 주신 "비밀"을 일컫는다(롬 16:25-26; 골 1:26-27). 곧 '하나님께서 계시로 바울에게 비밀, 곧 복음을 알게 하신 것'이다. "계시로"란 말은 '하나님께서 알려 주심으로써'(by revelation)라는 뜻이다.

바울은 하나님께서 알려 주신 복음을 이미 "대강 기록하였다." "대강(in few words)", 곧 몇 마디로 이미 앞 절에서 기록하였다(1:9-10; 2:13-22).

엡 3:4. 이것을 읽으면 그리스도의 비밀을 내가 깨달은 것을 너희가 알 수 있으리라.
바울은 에베소 교인들이 자신이 대강 기록한 하나님의 비밀, 곧 복음을 읽으면 자신이 "그리스도의 비밀"을 깨달은 것을 알 수 있을 것이라고 말한다(고전 4:1; 엡 6:19). 성경을 읽는 것은 중요하다. 읽음으로써 깨달음에 이르기 때문이다. 우리가 성경을 읽을 때에 성령님이 역사하심으로 우리의 심령이 열려 깨달음에 이르게 된다.

엡 3:5. 이제 그의 거룩한 사도들과 선지자들에게 성령으로 나타내신 것같이 다른 세대에서는 사람의 아들들에게 알게 하지 아니하셨으니.
하나님께서는 구약 시대의 이방인들에게는 그리스도의 비밀(4절; 롬 16:25), 곧 은혜의 복음을 "그의 거룩한 사도들과 선지자들에게 성령으로 나타내신 것같이" 그처럼 밝게 나타내지 않으셨다(행 10:28; 롬 16:25; 엡 3:9). 구약 시대에도 하나님께서 이방인들이 복음으로 말미암아 구원받을 사실에 대해서 말씀은 하셨으나(창 12:3; 시 72:8, 11; 사 19:18; 미 4:1), 신약 시대의 거룩한 사도들과 선지자들에게처럼 확실하게 말씀하시지는 않으셨다(2:20 주해 참조). 그러므로 에베소 교인들은 바울의 복음의 메시지를 잘 귀담아 들어야 했다. 우리는 여기에서 계시의 점진성을 볼 수 있다. 하나님께서는 자신의 뜻을 사람들에게 단번에 나타내시지 않고 점차적으로 드러내시기 때문이다.

바울이 사도들과 선지자들을 언급할 때 "거룩한" 사도들과 선지자들이라고 표현한 것은 하나님께서 그들에게 계시를 주시려고 구별하셨다는 것을 의미한다(벧후 1:21). 하나님께서는 사람을 쓰실 때 구별해서 쓰신다.

엡 3:6. 이는 이방인들이 복음으로 말미암아 그리스도 예수 안에서 함께 후사가 되고 함께 지체가 되고 함께 약속에 참예하는 자가 됨이라.
하나님께서 이렇게 신약의 사도들과 선지자들에게 은혜의 복음을 나타내신 것은, 다름 아니라, 이방인들이 우주적인 교회의 크리스천들과 함께 천국 백성이 되고(갈 3:28-29) 함께 우주적인 교회의 회원이 되며(2:15-16) 또 함께 구원의 언약에 참예하는 자(갈 3:14)가 되게 하기 위해서다. 여기에서 세 개의 "함께"라 는 말은 이방인들에게 기쁨을 주는 "함께"이다. 우리도 우리나라에 복음이 들어온 때로부터 우주적인 교회의 성도들과 함께 참예하는 복을 받았다. 그리고 이제는 부끄러울 것이 없는 천국 백성, 교회의 회원, 구원의 자녀들이 되었다.

2. 복음의 일군이 되다 3:7-9

하나님께서는 바울에게 복음을 주시고 그 복음을 전하는 일군이 되게 하셨 다(7절). 하나님은 바울이 복음의 일군의 역할을 잘 감당하게 하시기 위해서 낮은 마음을 주셨고(8절), 그를 통해 영원전의 비밀인 복음이 세상에 드러나게 하셨다(9절).

엡 3:7. 이 복음을 위하여 그의 능력이 역사하시는 대로 내게 주신 하나님의 은혜의 선물을 따라 내가 일군이 되었노라.
바울이 일군이 된 것은 복음 전파를 위해서였다(롬 15:16; 골 1:23, 25). 하나님 은 바울로 하여금 복음 전파를 잘 감당하도록 "능력"을 주셨다(롬 15:18; 엡 1:19). 하나님의 능력이 역사하지 않으면 복음을 전파할 수가 없다. 오늘도 능력을 받지 못한 사역자들은 복음을 전파할 수가 없다. 바울이 이렇게 복음 전파자가 된 것은 "하나님의 은혜의 선물을 따라" 된 것이었다(롬 1:5). 바울은 과거에 그리스도의 교회를 박해한 자였기에 도저히 복음을 전파할 수 없는 사람이었음에도 불구하고, 하나님께서는 은혜로 그를 선택해 주셨고 능력을 주서서 복음을 전파하게 하셨다(행 9:15; 22:21; 26:16-18; 엡 1:6-7). 누구든지 예수님을 전파하는 사역자가 되었다면, 그것은 하나님의 은혜의 선물을 따라 된 것이고, 또 그 사명을 잘 감당하려면 하나님의 능력을 받아야 한다.

엡 3:8-9. 모든 성도 중에 지극히 작은 자보다 더 작은 나에게 이 은혜를 주신 것은 측량할 수 없는 그리스도의 풍성을 이방인에게 전하게 하시고 … 비밀의 경륜이 어떠한 것을 드러내게 하려 하심이라.
하나님은 바울에게 지극히 낮은 마음을 주셨다. 하나님은 바울에게 자신이 "모든 성도 중에 지극히 작은 자보다 더 작은" 사람이라는 의식을 주셨다(고전 15:9-10; 딤전 1:13, 15). 바울은 과거에 자신이 성도들을 핍박하였고 스데반이 순교할 때 가편 투표를 했던 것으로 인해 견딜 수 없는 죄의식을 갖게 되었다. 게다가 하나님은 바울이 이런 겸손함을 계속해서 갖도록 하기 위해서 그에게 사단의 사자도 주셨다(고후 12:7).

하나님께서 이런 바울에게 "이 은혜," 곧 '복음 전파자의 직분'(사도직)을 주신 목적은 첫째 "측량할 수 없는 그리스도의 풍성을 이방인에게 전하게" 하시기 위함이었다(갈 1:16; 2:8; 딤전 2:7; 딤후 1;11). 다시 말해, 한계를 알 수 없는 그리스도의 구원의 은혜를 전파하게 하시기 위함이었다(1:7; 골 1:27). 그리스도 안에는 무한한 사랑과 긍휼과 구원의 은총이 있다. 예수님은 우리가 아직 죄인이었을 때 우리를 위해 죽으셨다(롬 5:8).

낮은 마음의 소유자가 아니면 그리스도의 이런 풍성함을 전할 수가 없다. 우리에게 낮은 마음이 없으면, 우리는 예수님을 의지하지 않고 자신의 신학적 지식이나 세상 지식, 혹은 자신의 능력이나 말 주변 같은 것을 의지한다. 또한 복음을 전파하고 나서 마치 자신이 잘나서 복음을 전파한 줄로 여긴다. 그렇기 때문에 하나님은 복음 전파자들에게 겸손 의식을 주신다.

둘째로, 하나님께서 바울 사도에게 복음 전파자의 직분을 주신 목적은 영원 전부터 감취였다가 드러나게 된 "비밀의 경륜이 어떠한 것을 드러내게 하려 하심"이다(롬 16:25; 고전 2:7; 엡 3:5; 골 1:26). 이 두 번째의 목적은 첫 번째의 목적과 똑같다. 하나님께서 바울에게 복음 전파자의 직분을 주신 것은 만물을 창조하신 하나님의 권능으로 감추어 두셨다가 때가 되어 창조의 권능으로(요 1:3; 골 1:16; 히 1:2) 드러내신 "비밀의 경륜(the dispensation of the mystery, 그러나 KJV는 the fellowship of the mystery로 되어 있음)"이 어떠한 것을 드러내시기 위함이었다(엡 1:9; 3:3). 하나님은 이 "비밀의 경륜,"[8] 곧 '복음의 계획,' 다시 말해, '복음을 통하여 나타나는 구원의 계획'을 사도들과 선지자들, 그리고 전파자들을 통해서 드러내셨다. 지금도 우리는 하나님의 창조의 권능을 힘입어 이 복된 소식을 드러내야 할 것이다.

3. 교회의 사명 3:10-11

엡 3:10-11. 이는 이제 교회로 말미암아 하늘에서 정사와 권세들에게 하나님의 각종 지혜를 알게 하려 하심이니.

본 절은 헬라어 '히나'(ἵνα-, '…하기 위하여')로 시작하는 문장이므로 앞에 나온 내용(8-9)의 목적을 말해 주는 것으로 볼 수 있다. 즉 바울은 앞에서(8-9) 자신이 사도가 된 것은 이방인들에게 그리스도의 은혜의 풍성함을 전하고

---

8) "비밀의 경륜"이란 '복음의 계획'이라고 해석된다. "비밀"은 하나님 속에 감취였다가 나타난 '복음'을 말한다. 그리고 "경륜"이란 '하나님의 계획'을 말한다. 그래서 "비밀의 경륜"이란 '복음의 계획,' 혹은 '복음을 통하여 나타난 하나님의 구원 계획'을 말한다.

비밀의 경륜, 곧 복음을 통한 구원 계획을 드러내기 위한 것이라고 하였는데, 그 목적은 "교회로 말미암아 하늘의 정사와 권세들에게 하나님의 각종 지혜를 알게 하려 하심이라"는 것이다(롬 8:38; 엡 1:21; 골 1:16; 벧전 3:22). 즉 이제 교회의 사명은 하늘의 천사들에게 하나님의 각종 지혜를 알리는 것이라는 뜻이다(고전 2:7; 딤전 3:16).

우주적인 교회에는 하나의 큰 사명이 있다. 그것은 "하늘에서 정사와 권세들," 곧 '하늘의 선한 천사들에게' 하나님의 여러 가지 지혜를 알게 하는 것이다 (롬 8:38; 엡 1:21; 골 1:16; 벧전 3:22). 선한 천사들은 사람을 구속하시는 하나님의 계획을 알기를 간절히 소원하고 있으므로(벧전 1:12) 교회는 그 천사들에게 그리스도를 통하여 완전히 계시된(2:6-10) 하나님의 구원 계획을 알려 주어야 한다.

곧 영원부터 우리 주 그리스도 예수 안에서 예정하신 뜻대로 하신 것이라.
교회를 통한 하나님의 구원 운동은 "영원부터 우리 주 그리스도 예수 안에서 예정하신 뜻"(According to the eternal purpose which he purposed in Christ Jesus our Lord)에 의한 것이다(1:9). 하나님은 영원 전에 교회를 통하여 사람들을 구원하실 계획을 세우셨다. 그리고 하나님은 그 계획을 우리 주 예수 그리스도 안에서 세우셨다. 다시 말해, 하나님은 역사가 시작되고 난 후에 교회를 통한 구원 계획을 세우신 것이 아니라, 영원 전에 예수 그리스도 안에서 세우신 것이다. 즉 하나님은 창세전에 예수 그리스도와 우리를 연합시키셔서 구원하시기로 하셨다(1:4 참조). 그리고 우리를 구원하시려고 계획하실 때 우리를 위한 예수 그리스도의 십자가를 예정하셨던 것이다.

하나님께서 예수 그리스도 안에서 세우신 구원 계획을 따라 지금 교회가 수행해야 하는 일은 하나님의 구원을 위한 각종 지혜를 널리 천사들에게 알게 하는 것이다. 우리는 하나님의 그리스도 십자가를 통한 구원은 미련한 것이 아니라 하나님의 지혜라는 사실을 널리 알려야 한다(고전 1:18-25).

영원 전에 우리를 구원하실 계획을 세우신 하나님은 이 땅에 교회를 세우셨으며 우리로 하여금 교회의 회원이 되게 하셨다. 그러므로 우리는 십자가를 통한 하나님의 구원의 지혜와 능력을 만방에 알려야 한다.

4. 성도는 담대하게 하나님께 나아가게 되었다 3:12-13

엡 3:12. 우리가 그 안에서 그를 믿음으로 말미암아 담대함과 하나님께 당당히 나아감을 얻느니라.

바울의 사명 수행 때문에(8-9절), 그리고 교회의 사명 수행 때문에(10-11절) 우주적인 교회의 교인들, 곧 유대인 신자들이나 이방인 신자들 모두가 "그 안에서 그를 믿음으로 말미암아 담대함과 하나님께 당당히 나아감을 얻게" 되었다. 다시 말해, '예수님과 연합된 중에서 예수님을 믿는 믿음을 가지고 담대함'으로 하나님의 보좌 앞에 나아가게 되었다는 것이다(2:18). 여기에서 "담대함"(παρρησίαν)이란 그리스도와 연합된 신자들이 그리스도를 믿는 중에 하나님 앞에서 두려움이나 부끄러움이 없어진 상태를 말한다(히 4:16). 그리스도와 연합된 신자들은 그리스도의 십자가 대속을 믿는 중에 하나님 앞에서 아무런 두려움 없이 담대한 마음으로 하나님께 나아가야 한다. 하나님께서 우리로 하여금 담대한 마음을 가지고 하나님 앞에 나아가게 하셨는데 우리가 두려워하고 주저한다면, 그것은 하나님의 선하신 의도를 왜곡하는 것이다. 우리는 하나님 앞으로 담대히 나아가야 한다.

그리고 여기에서 "당당히"(ἐν πεποιθήσει)라는 말은 '확신 있게,' '소신 있게'라는 뜻이다. 예수님과 연합된 신자들은 하나님께서 자신을 물리치지 않으신다는 확신을 가지고 하나님 앞에 나아가야 한다. 하나님은 우리들의 공동의 아버지이시므로(마 7:10, 11; 롬 8:15; 갈 4:6) 우리가 그 앞으로 나아옴을 절대로 물리치지 않으신다.

엡 3:13. 그러므로 너희에게 구하노니 너희를 위한 나의 여러 환난에 대하여 낙심치 말라 이는 너희의 영광이니라.

본 절은 2-12절의 내용에 대한 결론이다. 앞에서 바울은 자신이 하나님의 계시에 의하여 복음을 깨달았고(2-5절), 자신이 전하는 복음 때문에 이방인들도 유대인 신자들과 함께 천국의 후사와 교회의 회원과 구원에 참예하는 사람들이 되었고(6절), 자신은 이방인을 위한 복음의 사자가 되었고(7-9절), 자신과 교회가 하나님의 구원을 천사들에게 알리게 되었고(10절), 유대인 신자들과 이방인 신자들 모두 담대하게 하나님께 나아가는 복을 받게 되었다고(12절) 말했다. 그리고 이제 그는 "그러므로" 이방인 신자들에게 간절히 "구한다." 바울이 이방인 신자들에게 부탁하는 것은 "너희를 위한 나의 여러 환난에 대하여 낙심치 말라"는 것이다(행 14:22; 빌 1:14; 살전 3:3). 바울은 이방인 신자들을 위해서 여러 가지 환난을 당했는데 그것은 바로 2-12절의 내용과 같은 위대한 일들을 위해 당한 환난이므로 에베소 교인들은 그런 소식에 낙심하지 말아야 한다는 것이다. 바울의 환난 소식은 복음의 패배가 아니라 승리를 위한 환난이므로 그들은 조금도 위축되거나 절망하지 말아야 했다. 바울의 환난은 곧 에베소 교인들의 영광과 직결된다는 것이다. 그래서 바울은 "이는 너희의 영광이니라"고 말한다(고후 1:6). 다시 말해, 바울의 감옥 생활은 복음의 승리를 의미한다(빌 1:12-26).

전도자의 환난은 성도들의 영광을 의미한다. 전도자가 기도하느라 고생하고 말씀 전하느라 고생하고 복음을 위한 각종 환난을 당하면, 교인들의 영혼이 잘 되고 교회도 영적으로 성장한다. 한 사람 교역자의 환난은 여러 교인들의 영혼과 안녕에 크게 유익하다. 전도자는 교인들을 향하여 "너희를 위한 나의 여러 환난에 대하여 낙심치 말라 이는 너희의 영광이니라"고 말해야 한다.

VIII. 바울의 기도 3:14-21

앞에서 바울은 자신이 하나님으로부터 복음을 받아(1-6) 복음 전파자가 된 것에 대해(7-11절) 그리고 성도들의 복됨에 대해 말했다(11-12절). 이제 그는 이방인 성도들을 위해 기도한다(14-21절). 바울은 복음 전파자로서 성도들이 성령으로 말미암아 속사람이 강건하기를 기도하고(14-16절), 그리스도께서 그들의 마음에 계시기를 기원하며(17절), 그리스도의 사랑을 더욱 깨닫기를 위해 기도한다(18-19). 그리고 마지막으로 송영한다(20-21절).

1. 성도들의 속사람이 강건하기를 기도함 3:14-16

엡 3:14-15. 이러하므로 내가 하늘과 땅에 있는 각 족속에게 이름을 주신 아버지 앞에 무릎을 꿇고 비노니.
바울은 자신이 하나님으로부터 복음을 받고 또 복음의 사역자가 되었으므로 (2-13절) "하늘과 땅에 있는 각 족속에게 이름을 주신 아버지 앞에 무릎을 꿇고 빈다"(1:10; 빌 2:9-11). 바울은 하나님께 기도하기 전에 먼저 기도를 들으시는 하나님이 어떤 분이신지에 대해 말한다. 하나님은 "하늘과 땅에 있는 각 족속에게 이름을 주신 아버지"이시다. '하나님은 하늘에 있는 각계각층의 천사들과 땅위에 있는 각계각층의 인간들에게 이름, 곧 특질(特質)을 주신 아버지시다.'9) 하나님은 우리 공동의 아버지로서 각 종족에게 특질을 주셨기에 우리들에게 또한 모든 복을 주실 수 있는 분이시다. 특질을 주신 아버지는 복도 주신다.

바울은 유대인이나 이방인 모두에게 특질을 주신 아버지 앞에 "무릎을 꿇고" 간절히 기도했다(눅 22:41; 행 7:60; 20:36; 21:5). 유대인 신자들은 오늘 본문처럼 무릎을 꿇고 기도를 한 때도 있었지만 때로는 서서 기도를 했으며(막 11:25; 눅 18:11) 때로는 엎드려서 기도하는 때도 있었다(스 10:1; 눅 18:13).

우리는 우리들에게 특질을 주신 아버지께 간절히 기도하여 우리들의 심령이 달라지고 믿음이 강화되며 이웃에 대한 사랑이 깊어질 뿐 아니라, 나아가 그리스도의 사랑을 더욱 깊이 깨달아야 할 것이다. 오늘 우리는 우리의 기도가 간절한지 살펴야 할 것이다.

엡 3:16. 그 영광의 풍성을 따라 그의 성령으로 말미암아 너희 속사람을 능력으로 강건하게 하옵시며.

바울 사도의 첫 번째 기도는 에베소 교인들의 "속사람이 능력으로 강건해지기"를 위한 것이었다(롬 7:22; 고후 4:16). "속사람"이란 신자가 하나님으로부터 받은 새 생명, 영원한 생명, 영적인 생명을 지칭한다. 신자의 속사람은 중생하기

---

9) 박윤선 박사는 에베소서 3:15에 기록된 "이름"을 '특질'이라고 해석한다. *바울서신: 성경주석*, (서울: 영음사, 1985), p. 149.

전의 겉 사람과 대조를 이루는 생명이다(롬 7:22; 고후 4:16). 바울은 에베소 교인들의 속사람이 "그의 성령으로 말미암아 능력으로 강건해지기"를 위해 기도한다(6:10; 골 1:11). 다시 말해, '신자들의 속에 내주하시는 성령의 능력을 부여받아서 강건해지기'를 위해 기도한다.

바울은 그렇게 기도하면서 "그 영광의 풍성을 따라," 곧 '하나님의 사랑의 풍성, 은혜의 풍성, 지혜의 풍성'을 기준으로 삼는다(롬 9:23; 엡 1:7; 빌 4:19; 골 1:27). 하나님은 사랑이 풍성하시며 은혜도 풍성하시고 자비도 풍성하시며 지혜도 풍성하시고 능력도 풍성하시다. 한 마디로 말해 하나님은 모든 면에 완전하시다. 바울은 하나님의 완전하심에 근거해 에베소 교인들의 속사람이 강건하여지도록 기도하고 있다.

우리는 우리 자신이 하나님의 영광의 풍성에 이를 수 있도록 기도해야 한다. 우리가 기도 생활을 할 때 하나님의 완전함이 우리의 기준과 목표가 되어야 한다. 다시 말해, 우리의 속사람이 성령의 능력을 받아서 강건해지도록 기도할 때 하나님의 완전함을 기준삼아 기도해야 한다는 것이다. 사실 우리는 우리의 한 생애 동안 하나님의 완전함에 이를 수 없다. 그러나 우리의 기준만큼 은 하나님의 영광의 풍성에 두어야 한다.

2. 그리스도께서 그들의 마음에 계시기를 기도함 3:17

엡 3:17. 믿음으로 말미암아 그리스도께서 너희 마음에 계시게 하옵시고. 바울 사도의 두 번째 기도는 에베소 교인들의 믿음으로 말미암아 그리스도께서 그들의 마음에 내주하시기를 위한 것이었다(요 14:23; 엡 2:22). 이 기도는 처음으로 예수님을 영접하기를 바라는 기도가 아니다. 에베소 교인들은 이미

예수님을 영접해서 예수님 안에서 살고 있었다(1:1, 15). 그러므로 바울의
이 기도는 이제 에베소 교인들의 예수님에 대한 믿음이 더욱 견고해져서 예수님
께서 그들의 마음에 계시면서 그들을 더욱 주장하시고 인도하시기를 바라는
기도였다.

이 기도는 앞 절의 기도와 같은 내용이다. 앞 절에서 바울은 성령의 역사로
말미암아 에베소 교인들의 속사람이 튼튼해지기를 위해 기도했는데, 본 절에서
는 예수님을 믿는 그들의 믿음이 더욱 강화되어 예수님의 내주를 보다 확실히
느끼며 더욱 예수님의 주장과 인도를 받기를 위해 기도한다. 성경에 따르면,
성령의 내주는 예수님의 내주와 똑같은 것이다(요 14:20).

우리는 우리 안에 계신 성령께서 능력을 부여하심으로 속사람이 튼튼해지기
를 위해 기도할 뿐 아니라, 그리스도를 믿는 믿음이 더욱 강화되어 예수님의
주장과 인도를 받기를 위해서도 기도해야 할 것이다.

너희가 사랑 가운데서 뿌리가 박히고 터가 굳어져서.

바울은 셋째로 에베소 교인들이 그리스도의 "사랑 가운데서 뿌리가 박히고
터가 굳어지기"를 위해 기도한다(골 1:23; 2:7). 많은 학자들은 여기에서의
"사랑"을 하나님께 대한 사랑, 형제자매들에 대한 사랑, 이웃 사람들에 대한
사랑, 원수들에 대한 사랑이라고 정의한다. 그러나 우리는 이 "사랑"을 그리스도
의 "사랑"이라고 정의하는 것이 더 나을 것이다. 이유는 다음 절(18절)과의
관계 때문이다. 다음 절에 보면 "모든 성도와 함께 그 넓이($\tau\grave{o}$ $\pi\lambda\acute{a}\tau o\varsigma$)와
길이($\mu\hat{\eta}\kappa o\varsigma$)와 높이($\mathring{\upsilon}\psi o\varsigma$)와 깊이($\beta\acute{a}\theta o\varsigma$)가 어떠함을 깨달을 수 있게 해주시
며"라는 말씀이 나오는데 "그 넓이와 길이와 높이와 깊이"라는 말의 선행하는
말은 본 절의 "사랑"이다. 그러므로 만약에 이 "사랑"이 하나님께 대한 사랑,
사람에게 대한 사랑이라면, 하나님께 대한 사랑 혹은 사람에 대한 사랑의

넓이와 길이와 높이와 깊이가 어떠함을 깨닫게 해주시기를 기도한다는 것은
이치에 맞지 않는다. 바울이 에베소 교인들로 하여금 에베소 교인들의 하나님께
대한 사랑 그리고 성도들을 향한 사랑의 넓이와 길이와 높이와 깊이를 깨닫게
해주시기를 기도할 필요가 있었겠는가. 그러므로 우리는 여기에서의 "사랑"을
'그리스도의 사랑'으로 보는 것이 옳을 것이다. 우리가 하나님께 그리스도의
사랑의 그 넓이와 길이와 높이와 깊이를 깨닫게 해주시기를 기도하는 것은
당연한 것이다.

　　바울은 에베소 교인들이 원수까지도 사랑하시는 그리스도의 사랑 안에
뿌리가 박히고 터가 굳어지기를 위해 기도한다. 곧 식물의 뿌리가 땅 속 깊이
박히는 것처럼, 그리고 집이 기초 위에 굳게 세워지는 것처럼 그리스도의
사랑 안에 깊이 박히고 그 사랑 위에 든든히 서기를 기도한다.

　　바울이 에베소 교인들이 그리스도의 사랑 속에 깊이 뿌리박고 또 그 사랑
위에 든든히 서도록 기도했던 것처럼, 우리도 그리스도의 사랑 속에 깊이
뿌리박고 또 그 사랑 위에 든든히 서서 흔들리지 않도록 기도해야 할 것이다.

3. 그리스도의 사랑을 더욱 깨닫기를 기도함 3:18-19

엡 3:18-19a. 능히 모든 성도와 함께 지식에 넘치는 그리스도의 사랑을 알아
그 넓이와 길이와 높이와 깊이가 어떠함을 깨달아.
우리말 개역 성경의 번역은 헬라어 원문과 다르다. 헬라어 원문은 ἵνα ἐξισ-
χύσητε καταλαβέσθαι σὺν πᾶσιν τοῖς ἁγίοις τί τὸ πλάτος καὶ μῆκος
καὶ ὕψος καὶ βάθος, γνῶναί τε τὴν ὑπερβάλλουσαν τῆς γνώσεως ἀγάπην
τοῦ Χριστοῦ'[10])(May be able to comprehend with all saints what [is]

the breadth, and length, and depth, and height; And to know the love
of Christ, which passeth knowledge)로 되어 있다. 우리말 개역 성경 번역을
헬라어 원문 순서대로 번역하면 "모든 성도와 함께 그 넓이와 길이와 높이와
깊이가 어떠함을 깨달을 수 있게 해 주시며 또 지식에 넘치는 그리스도의
사랑을 알아"가 된다.

바울 사도의 네 번째 기도는 에베소 교인들이 모든 성도들과 함께 그리스도
의 사랑이 어떠함을 깨닫고 또 그리스도의 사랑을 체험적으로 알게 되는 것이다
(1:18-19). 바울은 에베소 교인들 한 두 사람만이 아니라 모든 성도들이 그리스
도의 사랑의 "넓이," 곧 유대인이나 이방인 모두를 품으시는 그 넓은 사랑과
"길이," 곧 영원무궁하게 지속되는 그 사랑과 "높이," 곧 너무 고상하여 원수까
지도 포용하는 사랑과 "깊이," 곧 그 사랑이 한없이 깊어서 어떠한 죄인에게라도
미치는 사랑을 파악하게 되기를 기도한다. 그리스도의 사랑은 너무 대단하기
때문에 우리가 기도하지 않고는 다 이해할 수가 없다.

바울은 또 에베소 교인들이 우리 인간의 지식을 뛰어넘는 그리스도의 사랑
을 체험하게 되기를 기도한다. 이 기도는 위의 18절의 기도와 대동소이하다.
그러나 그리스도의 사랑은 우리 인간의 지식으로는 다 헤아릴 수 없는 정도의
사랑임을 강조한다는 점에서 다르다. 우리는 우리의 머리를 가지고 그리스도의
사랑의 모든 방면을 알려고 할 것이 아니라, 기도해야 그 모든 것을 알 수
있는 줄 알고 기도에 힘써야 한다. 우리는 우리의 자녀와 배우자, 그리고 가족과
친척과 교우들 모두가 그리스도의 사랑의 풍성을 알도록 기도해야 할 것이다.

---

10) Trinitarian Bible Society 발행 The Greek Text Underlying the English Authorised Version
of 1611 에는 마지막 두 단어가 바뀌어 있다. 즉 "높이와 깊이"가 "깊이와 높이"로 되어 있다.

엡 3:19b. 하나님의 모든 충만하신 것으로 너희에게 충만하게 하시기를 구하노라.
바울의 다섯 번째 기도는 에베소 교인들이 하나님의 충만하신 것으로 가득하게
되는 것이다(요 1:16; 엡 1:23; 골 2:9-10). 바울은 18-19절 상반절에서 에베소
교인들이 지식에 넘치는 그리스도의 사랑과 그 사랑의 넓이와 길이와 높이와
깊이가 어떠한지를 깨닫게 되기를 위해 기도했는데, 이제는 그들이 하나님의
충만하신 것으로 가득하게 되기를 위해 기도한다. 다시 말해, 하나님이 사랑으로
충만하신 것처럼 에베소 교인들도 하나님의 사랑을 향해 나아가기를 위해
기도한다.

　　예수님은 제자들에게 "하늘에 계신 너희 아버지의 온전하심같이 너희도
온전하라"고 부탁하신다(마 5:48). 마태복음 문맥에서 예수님의 이 말씀은
제자들이 하나님의 사랑의 온전함에까지 이르러야 할 것을 부탁하시는 내용이
다. 바울은 에베소서 4:13에서 "그리스도의 장성한 분량이 충만한 데까지
이르라"고 권고한다. 우리는 하나님의 충만한 분량에 이르기까지 성장해 나가도
록 기도해야 한다.

4. 송영 3:20-21

엡 3:20-21. 우리 가운데서 역사하시는 능력대로 우리의 온갖 구하는 것이나
생각하는 것에 더 넘치도록 능히 하실 이에게 … 영광이 대대로 영원무궁하기를
원하노라. 아멘.
바울은 지금까지 에베소 교인들을 위하여 기도하였는데(16-19절), 그가 그렇게
할 수 있었던 것은 하나님은 "우리의 온갖 구하는 것이나 생각하는 것에 더
넘치도록 능히 하실 분"이시기 때문이다(롬 16:25-26; 유 1:24). 바울은 하나님

이 우리의 기도하는 것이나 생각하는 것 이상으로 더 넘치도록 주시는 분이시기 때문에 그에게 영광을 돌린다(고전 2:9).

하나님께서 그렇게 하실 수 있는 것은 그렇게 하실 만한 "능력"이 있으시기 때문이다. 하나님의 능력은 추상적인 능력이 아니라 "우리 가운데서 역사하시는 능력"이다(3:7; 골 1:29). 다시 말해, 그분의 능력은 '우리 안에서 역사하시는 구체적인 능력'이다. 하나님의 능력은 예수님 안에서 역사하셔서 예수님을 부활시켰고 우리 안에서 역사하셔서 우리를 영적으로 소생시키신다. 하나님의 능력은 우리를 새롭게 하시고 우리에게 소망을 주시고 기도할 수 있게 해주신다.

바울은 기도한 것 이상으로 그리고 생각하는 것 이상으로 넘치게 주시는 하나님께 감사와 찬송을 돌리면서 "교회 안에서와 그리스도 예수 안에서 영광이 대대로 영원무궁하기를" 기원한다(롬 11:36; 16:27; 히 13:21). 혹자는 "교회 안에서와 그리스도 예수 안에서"를 조화시켜 '그리스도 안에 있는 교회 안에서'로 해석하기도 하고 '교회 안에서 그리스도를 통하여'로 해석하기도 하지만, 우리 한글 개역판대로 "교회 안에서와 그리스도 안에서"로 보는 것이 타당하다. 교회는 그리스도의 몸으로서(1:23) 하나님의 영광이 나타나는 곳이기 때문에 우리는 교회 안에서 하나님께 영광을 돌리는 것이 마땅하다. "하나님의 영광은 하나님께서 구속하신 교회 안에서 영원토록 나타난다."[11] 그러므로 우리는 교회 안에서 영원토록 하나님께 영광을 돌려야 한다. 바울은 "그리스도 예수 안에서" 하나님께 영광을 돌린다. 하나님은 그리스도 예수 안에서 우리에게 엄청난 은혜를 주시기 때문에 우리는 그리스도 예수 안에서 영광을 돌려야 하는 것이다. 이것에 대해 헨드릭센(William Hendriksen)은 다음과 같이 말한

---

11) Alfred Martin, "The Epistle to the Ephesians," *The Wycliffe Bible Commentary,* ed. Everett F. Harrison, (Chicago: Moody Press, 1981), p. 1309.

다. "경의와 찬양을 하나님께 돌려야 하는 이유는 하나님께서 주시는 놀라운 속성들, 곧 능력(1:19, 20), 지혜(3:10), 긍휼(2:4), 사랑(2:4), 은혜(2:5-8) 등 때문이다. 이런 속성들은 몸 된 교회 안에서 그리고 그리스도 예수 안에서 나타난다."12) 그러므로 우리는 교회 안에서 그리고 그리스도 안에서 영원토록 하나님께 영광을 돌려야 한다.

바울이 하나님께 감사와 찬양을 돌리면서 교회 안에서 하나님에게 영광이 대대로 무궁하기를 기원한 것은 의미가 깊다. 에베소서 1-3장은 교회가 무엇인가를 다루는 부분이기 때문에 그가 여기에서 교회 안에서 하나님에게 영광이 대대로 무궁하기를 기원하는 것은 당연하다. 우리는 교회 안에서 하나님께 영원토록 영광을 돌려야 한다.

바울은 이 송영을 "아멘"으로 마친다. 이 말은 히브리어로서 '진실로 그렇습니다.' '그것은 진실입니다.' '그대로 되어야 합니다'라는 뜻이다(고전 14:16; 갈 1:5). 우리가 기도를 마칠 때는 항상 "아멘"으로 마쳐야 한다. 이유는 우리의 진심을 가지고 마쳐야 하기 때문이다.

---

12) William Hendriksen, *Exposition of Ephesians:* New Testament Commentary, (Grand Rapids: Baker Book House, 1985), p. 175.

제4장

교회의 일치의 근거와 성도의 새 삶의 원칙

IX. 교회의 일치를 위한 권면 4:1-16

바울은 4장에서부터 에베소 교인들에게 실천적인 교훈을 준다. 먼저 바울은 하나님의 부름을 받아 교회 안으로 들어온 성도들이 부름을 받은 자로서 합당하게 살아가기 위해 필요한 다섯 가지 덕목(1-3절)과 성도들이 하나가 되어 살아야 할 일곱 가지 이유에 대해 말한다(4-6절). 그리고 교회가 하나가 되도록 하기 위하여 예수님께서 하신 일과(7-14절), 교회가 하나 되게 하기 위해 직분자들과 성도들이 해야 할 일들에 대해 말한다(15-16절).

1. 일치를 위해 필요한 다섯 가지 덕목 4:1-3

엡 4:1. 그러므로 주 안에서 갇힌 내가 너희를 권하노니 너희가 부르심을 입은 부름에 합당하게 행하여.

바울은, 자신이 앞에서 그들을 위하여 기도했고(3:14-19) 하나님께서는 성도들이 기도한 것 이상으로 주실 것이 확실하기 때문에(20-21절), 이제 에베소 교인들에게 부르심을 입은 부름에 합당하게 행하라고 부탁한다.

"그러므로"라는 말에 대하여 혹자는 지금까지의 교리 전체(1장-3장)에 입각하여 이제는(4장 이후) 실천할 것을 권하는 것으로 보기도 한다. 그리고 이것은 로마서 12:1에 나오는 "그러므로"라는 말에 의해 뒷받침된다고 말한다. 다시 말해, 로마서도 1장-11장까지는 교리를 말씀했고 12장 이후에는 실천을 권고하기 위하여 12장 초두에 "그러므로"를 썼다는 것이다. 그러나 로마서 12장 초두의 "그러므로"도 로마서 11:33-36의 송영, 곧 하나님의 위대하심을 찬양하는 말씀 뒤에 나오는 것으로 보는 것이 더 좋을 것이다. 다시 말해, 바울은 에베소 교인들이 자신들에게 복을 주시는 하나님의 위대하심을 생각하고 신자다운 삶을 살아야 하는 까닭에 "그러므로"라고 쓴 것으로 보는 것이 더 옳을 것이다.

바울은 자신이 "주 안에서 갇힌" 사람이라고 말한다(3:1; 몬 1:9). '주님 때문에 갇히게 되었다'는 것이다. 주님을 전파하다가, 주님께 충성하다가 로마 옥에 갇혔다는 것이다. 그런 일로 인해서 갇힌 바울이 에베소 교인들에게 합당한 삶을 "권한다." 바울은 에베소 교인들을 향하여 "부르심을 입은 부름에 합당하게 행하라"고 권고한다(빌 1:27; 골 1:10; 살전 2:12). 에베소 교인들은 하나님께서 악한 세상으로부터 불러내어 유대인 신자들과 함께 하나의 우주적인 교회 안으로 들어가게 해주셔서 거룩한 백성이 되게 하신 부름에 걸맞게 살아야 한다는 것이다.

엡 4:2. 모든 겸손과 온유로 하고 오래 참음으로 사랑 가운데서 서로 용납하고. 바울은 에베소 교회 교인들에게 일치를 위한 덕목 중 제일 중요한 덕목인

"겸손"을 권장한다(행 20:19; 갈 5:22-23; 골 3:12-13). 교회의 일치에 제일 필요한 것은 겸손이다. 겸손이란 첫째, 자신을 피조물과 죄인으로 아는 심리 자체이다. 우리는 하나님으로부터 의롭다함을 받았지만 아직도 윤리적으로는 부족한 사람들이다. 곧 심령에 의로움이 없고 죄밖에 없는 가난한 사람들이다 (마 5:3). 둘째, 겸손은 남을 나보다 낮게 여기는 심리이다(빌 2:3). 예수님은 자신을 비어 종의 형체를 가지시고 십자가 대속의 수모를 당하셨다(빌 3:5-8). 우리는 예수님을 본받아 남을 생각해 주어야 한다. 우리는 우리 자신의 학식이나 기술이 이웃 사람보다 나을지라도 인격적으로는 우리의 이웃을 나보다 낮게 여겨야 한다. 우리는 겸손하기 위해서 성경을 보고, 기도하는 중에 성령의 조명에 의하여 우리 자신을 피조물과 죄인으로 볼 수 있어야 한다.

둘째 덕목은 "온유"이다. "온유"(πραΰτητος)는 '부드러움(mildness),' '정중함(gentleness)'을 뜻한다. 온유란 어떤 환경에서도 이웃을 향하여 친절하고 부드럽게 대하는 마음 자세를 말한다. 온유란 결코 성격의 나약함을 의미하지 않는다. 우리가 이웃에게 큰 상처를 받았을 때에도 반격하지 아니하고 계속해서 이웃에 대해서 부드럽게 대하는 것은 교회의 일치에 필수적이다.

셋째 덕목은 "오래 참음"이다. 교회 공동체 안에서 오래 참는 것은 참으로 필수적인 덕목이다. 우리는 이웃의 나에 대한 잘못이나 나쁜 감정에 대해 오래 참아야 한다. 하나님은 인간들에 대해서 오래 참으신다(롬 2:4; 9:22; 딤전 1:16; 벧전 3:20; 벧후 3:9, 15). 우리는 우리의 이웃 사람들에 대해서 오래 참아야 한다(고전 13:4; 고후 6:6; 갈 5:22; 골 3:12; 딤후 4:2). 오늘 우리는 오래 참는 덕이 결여된 시대를 살아가고 있다. 걸핏하면 싸움을 일으키고 사람을 죽이기까지 한다. 우리는 성령의 충만을 구하여 참는 덕을 발휘해야 할 것이다.

넷째 덕목은 "사랑 가운데서 서로 용납하는 것"이다. "용납한다"(forbear)
는 말은 '관용한다'는 뜻이다. 다른 말로 해서 '남의 잘못이나 허물을 덮어주는
행위'를 말한다. 바울은 남의 잘못을 용납할 때는 "서로" 해야 한다고 말한다.
잘못을 저지르지 않은 쪽이나 저지른 쪽 모두 관용의 덕을 발휘해야 한다는
것이다. 그리고 바울은 서로 용납하는 행위는 "사랑 가운데서" 해야 한다고
말한다. 다른 말로 해서 사랑으로 용납해야 한다는 것이다. 즉 사랑이 관용의
원동력이 되어야 한다. 우리는 사랑을 가지고 남의 약점이나 잘못을 마치
내 것인 양 생각하고 상대방을 받아 주어야 한다. 오늘 우리는 너무 차디찬
시대를 살아가고 있다. 우리 모두는 그리스도께 기도하는 중에 사랑을 구하여
다른 사람들을 용납하면서 살아야 할 것이다.

엡 4:3. 평안의 매는 줄로 성령의 하나 되게 하신 것을 힘써 지키라.
다섯째 덕목은 "평안의 매는 줄로 성령의 하나 되게 하신 것을 힘써 지키는
것"이다(골 3:14). 여기에서 "평안의 매는 줄"이라는 원어(τῷ συνδέσμῳ τῆς
εἰρήνης)는 '평화의 매는 줄'이라고 번역된다. 그리고 "평화의"(τῆς εἰρήνης)
라는 속격은 동격적 속격으로서 '평화라고 하는' 뜻으로 보아야 하고 이 낱말을
"매는 줄"이라는 말과 합치면 '평화라고 하는 매는 줄'이라고 해석된다. 다시
말해, 하나님과 사람 사이의 평화는 하나님과 인간 사이의 매는 줄이고, 유대인
과 이방인 사이의 평화는 유대인과 이방인 사이의 매는 줄이며, 사람과 사람
사이의 평화도 인간을 매는 줄이라는 것이다. 예수님은 십자가로 하나님과
인간을 화해시키셨고(2:14), 유대인과 이방인 사이의 장벽을 허물어서 화해시
키셨으며(2:15-18), 개인과 개인을 화해시키셨다. 평화는 하나님과 인간, 민족
과 민족, 그리고 개인과 개인을 매는 줄이 되었다.

그리고 이 평화라고 하는 것은 "성령께서 하나 되게 하신 것"이다. 곧 '성령께서 하나 되게 하신 사업, 혹은 열매'이다. 평화는 예수님께서 이룩하신 사업이지만 또한 성령께서 하신 사업이시다. 즉 평화는 예수님께서 승천하셔서 성령님을 보내사 이룩하신 사업이시다(2:17). 우리는 성령님께서 하나 되게 하신 것, 곧 평화를 "힘써 지켜야" 한다. 여기에서 "힘쓰다"(σπουδάζοντε)라는 말은 현재분사형으로서 계속해서 힘쓸 것을 말한다. 성도는 교회의 일치를 위해서 계속해서 평화를 지켜야 한다. 그렇지 않으면 일치가 깨질 수 있다.

2. 하나가 되어야 할 일곱 가지 이유 4:4-6

엡 4:4. 몸이 하나이요 성령이 하나이니 이와 같이 너희가 부르심의 한 소망 안에서 부르심을 입었느니라.

교회의 일치를 이루어야 첫 번째 이유는 "몸이 하나"이기 때문이다(롬 12:5; 고전 12:12-13; 엡 2:16). 다시 말해, 교회가 하나이기 때문이다. 우주적인 교회는 지구상에 하나뿐이다. 여러 곳에 흩어져 있는 교회들은 다 우주적인 교회에 속한 지교회(枝敎會)들이다. 우리는 한 몸 된 우주적인 교회 안에서, 그리고 지교회 안에서 일치를 이루어야 한다.

교회의 일치를 이루어야 하는 두번째 이유는 "성령이 하나"이기 때문이다 (고전 12:4, 11). 성도는 모두 한 분 성령님의 중생시키는 역사에 의해서 영원한 천국의 생명을 받았고(요 3:5), 한 분 성령님의 주장과 인도를 받고 살고 있다(엡 5:18). 그러므로 우리 모두는 일치를 이루고 살아가야 한다.

교회의 일치를 이뤄야 할 세 번째 이유는 성도는 "부르심의 한 소망 안에서 부르심을 입었기" 때문이다(1:18). 성도는 자신들이 주 안에서 온전하여지리라는 소망, 자신의 구원이 완성될 것이라는 소망, 만물이 주 안에서 통일될 것이기 때문에 자신들 역시 영화롭게 되리라는 소망(롬 8:30), 그리고 자신들 역시 똑같은 기업을 누리게 되리라는 소망을 갖고 있다(벧전 1:3-4). 우리는 한 소망 안에서 부르심을 입었기에 일치를 이루어야 한다.

엡 4:5. 주도 하나이요 믿음도 하나이요 세례도 하나이요.
교회의 일치를 이루어야 할 네 번째의 이유는 "주도 하나이시기" 때문이다(고전 1:13; 8:6; 12:5; 고후 11:4). 우리가 믿는 주님은 똑같은 분이시다(롬 10:9; 14:8-9; 고전 8:6; 12:3; 빌 2:9-11). 다시 말해, 우리를 위하여 죽으시고 또 우리를 인도하시는 분은 동일하시다. 우리의 주님이 다르다면 혹 모르지만, 고금동서의 주님이 똑같은 분이시고 동서양의 주님이 똑같은 분이시니, 성도는 마땅히 일치를 이루어야 한다.

교회의 일치를 이루어야 할 다섯 번째 이유는 "믿음도 하나"이기 때문이다 (유 1:3; 엡 4:13). 주 되신 그리스도가 한 분이시니 그 주님을 믿는 믿음도 하나가 되어야 한다. 믿음의 적고(마 6:30; 8:26; 14:30; 16:8) 큰 것(마 15:28)의 차이는 있으나 믿음의 질은 똑 같다. 우리가 혹시 공자나 마호메트를 믿는다면 그 믿음의 질이 전혀 다를 것이나, 한 분 예수 그리스도를 믿는다면, 우리는 모두 동일한 믿음을 갖고 있는 것이다. 동일한 한분을 믿는 사람들은 반드시 일치를 이루어야 한다.

교회의 일치를 이뤄야 할 여섯 번째 이유는 "세례도 하나"이기 때문이다(갈 3:27-28). 여기에서 "세례"는 성도가 예수 그리스도의 몸과 연합되었다는 뜻으로 받는 물세례를 뜻한다. 다시 말해, 성도가 그리스도의 죽음과 부활에 참여하며 성령으로 인침 받고 예수 그리스도와 연합되었다는 뜻으로 받는 물세례를

말한다. 한 분 예수 그리스도를 믿는다는 표시로 받는 세례가 똑같은 세례이므로
성도는 하나가 되어야 한다(고전 12:13; 갈 3:27-28).

엡 4:6. 하나님도 하나이시니.
교회가 화목하고 일치를 이루어야 할 일곱 번째 이유는 "하나님도 하나이시기"
때문이다(신 6:4; 말 2:10; 고전 8:6; 12:6). 성도들이 믿는 하나님이 한분이시므
로 그들은 행동원리가 같아야 하고 교회 안에서 하나가 되어야 한다.

곧 만유의 아버지시라 만유 위에 계시고 만유를 통일하시고 만유 가운데
계시도다.

바울은 위에서 언급한 하나님에 대해 좀더 상세하게 설명한다. 하나님은
"만유의 아버지시라"는 것이다. 하나님은 모든 사람들의 아버지시고 모든 성도
의 아버지시라는 것이다. 하나님께서 우리 모든 성도의 아버지신고로 우리는
하나가 되어야 한다.

그리고 하나님은 "만유 위에 계시고 만유를 통일하시고 만유 가운데 계시
다." 하나님은 만물과 성도들을 초월해 계시고 또 만물과 성도들을 주관하시고
만물과 성도들 안에 내재해 계신다(롬 11:36). 그러므로 하나님은 교회를 초월
하여 계시며 교회를 주관하고 계시며 또한 교회 안에 내재(內在)하신다. 그러므
로 하나님을 믿고 섬기는 모든 교회는 하나가 되어야 한다.

오늘 우리 한국인들만큼 분열이 심한 민족은 없다. 외국에 흩어져 살고
있는 사람들까지도 외국에서 서로 싸운다. 우리나라 사람들이 모인 곳은 자연히
전쟁터가 된다. 그리고 교회도 싸움판이라고 해도 과히 틀린 말은 아니다.
우주적인 교회가 하나이고 성령님이 한분이시며 소망도 하나이고 주님도 하나
이시고 믿음도 하나이고 세례도 하나이며 또 하나님도 하나이신데 성도가

이렇게 서로 싸우고 갈라지는 것은 부끄럽기 짝이 없는 일이다. 이런 모습을 하고 무슨 복을 구하며 무슨 큰 부흥을 기대할 수가 있겠는가. 우리는 성령의 하나 되게 하신 것을 힘써 지켜야 할 것이다.

3. 교회가 하나가 되도록 예수님께서 하신 일 4:7-14

바울은 지금까지 교회가 하나 되게 하기 위하여 성도들에게 필요한 덕목들을 열거하고(1-3절) 하나가 되어야 할 이유 일곱 가지를 말씀한 후(4-6절), 이제 예수님께서 승천하셔서 성령을 보내 주심으로 많은 직분자들을 세우신 것을 말씀하고(7-14절), 또한 성도 각 개인이 교회의 하나 됨을 위해서 힘써야 할 일들에 대해 언급한다(15-16절).

엡 4:7. 우리 각 사람에게 그리스도의 선물의 분량대로 은혜를 주셨나니.
교회의 하나 됨을 위하여 예수님께서 은사를 주신 것을 말한다. 바울은 예수님께서 "우리 각 사람에게 그리스도의 선물의 분량대로 은혜를 주셨다"고 말한다(롬 12:3, 6; 고전 12:11). '우리 각 사람, 곧 에베소 교인들 모두에게 그리스도께서 주시기를 원하시는 선물의 분량에 따라 은혜, 은사를 주셨다'는 것이다. 여기에서 바울이 말씀하는 "은혜"란 11절이 보여 주는 대로 '은사'를 지칭한다. 예수님은 에베소 교인뿐 아니라 우리 모두에게 주시기를 원하시는 은사의 분량대로 은사를 주셨다. 각 사람에게 임하는 구원의 은혜는 동일하지만 은사는 사람에 따라 각각 달라서 어떤 사람에게는 이런 은사를 또 어떤 사람에게는 저런 은사를 주셨다. 예수님은 우리들에게 혹은 말씀의 은사를, 혹은 병 고치는 은사를, 혹은 방언의 은사를 주셨다. 이렇게 서로 다른 은사를 주신 것은 우리로

하여금 서로 갈라져서 싸우게 하시기 위해서가 아니라 그 은사를 가지고 서로 도우면서 살게 하시기 위함이다. 그러므로 우리는 하나가 되어야 한다. 만일 하나가 되지 못하고 싸우고 분열한다면, 우리는 심각한 불이익을 당하게 될 것이다.

엡 4:8. 그러므로 이르기를 그가 위로 올라가실 때에 사로잡힌 자를 사로잡고 사람들에게 선물을 주셨다 하였도다.

앞에서 바울은 예수님께서 성도들에게 은사를 주신 것에 대해 말했고, 여기에서는 구약성경 시편 68:18을 예수님에게 적용하면서 예수님께서 승천하셔서 하신 일 두 가지에 대해 말한다.

바울은 구약 성경을 인용하기 위해 "그러므로 이르기를"(διὸ λέγει)이라고 말한다. 곧 '성경이 말씀하시기를,' 혹은 '하나님이 말씀하시기를'이라는 뜻이다. 바울은 예수님께서 승천하실 때 첫째로 "사로잡힌 자," 곧 '사단'을 사로잡으신 후(삿 5:12; 골 2:15), 둘째로 하나님 보좌에 오르셔서 성도들에게 은사를 주셨다고 말한다. 예수님은 구약 성경의 말씀을 모두 이루셨다(마 5:17-18).

엡 4:9-10. 올라가셨다 하였은즉 땅 아랫 곳으로 내리셨던 것이 아니면 무엇이냐 … 이는 만물을 충만케 하려 하심이니라.

여기에서 바울은 앞에서 말씀한 시편 68:18이 예수 그리스도에 대한 예언임을 설명한다. 바울은 예수님께서 "올라가셨다 하였은즉 땅 아랫 곳으로 내리셨던 것이 아니면 무엇이냐. 내리셨던 그가 곧 모든 하늘 위에 오르신 자"라고 말한다(요 3:13; 6:33, 62). 곧 '승천하신 예수님께서 사람의 몸을 입고 이 땅에 내려오셨던 것이 분명하고 또 성육신하셔서 고난 당하셨던 예수님께서 하나님 우편으로 승천하신 분'이라고 말하고 있는 것이다(행 1:9, 11; 딤전 3:16; 히 4:14; 7:26; 8:1; 9:24). 바울은 예수님께서 승천하신 목적이 "만물을 충만케 하려 하심이라"고 말한다. 다시 말해, '만물, 곧 교회에 복을 넘치게 하시려는 것'이라고 한다. 여기에서 "만물"은 '우주 안에 있는 만물'(all things) 을 지칭하지만, 다음 문맥에 의하여(11-16절) 더욱 직접적으로 '교회'를 지칭한 다. 그러나 만물을 배제하는 것은 아니다. 예수님은 교회를 충만케 하시고 만물을 충만케 하시기를 원하신다(1:23). 예수님은 승천하셔서 교회에 복을 넘치게 주신다. 예수님은 승천하신 후 성령을 보내셔서 성도들에게 놀라운 은사를 주심으로써(11-13절) 교회에 영적인 복을 넘치게 하신다.

오늘도 예수님은 성령님을 통하여 우리들에게 넘치게 복을 주고 계신다. 예수님께서 승천하신 목적이 바로 만물을 충만케 하려 하심이니, 우리 성도들은 충만을 구하여 먼저 은혜가 넘쳐야 하고 다음으로 세상을 충만케 해야 할 것이다(1:23). 사람들은 지금 메마른 세상을 살아가면서 아우성치고 있다. 사랑 이 메말라 있고 인정이 메말라 있고 복이 메말라 있다. 물질문명만 꽃피어 있을 뿐 모든 방면에서 아우성이다. 우리는 예수님으로부터 생명과 능력과 기쁨과 평강을 충만히 받아서 세상을 충만하게 해야 한다.

엡 4:11. 그가 혹은 사도로, 혹은 선지자로, 혹은 복음 전하는 자로, 혹은 목사와 교사로 주셨으니.

여기에서 바울은 예수님께서 승천하셔서 만물, 곧 교회를 충만케 하시기 위하여 성령을 보내어 교회의 직분자들을 세우신 것에 대해 말한다. 예수님은 성령님을 통하여 어떤 사람들은 사도로 혹은 선지자로 혹은 복음 전하는 자로 혹은 목사와 교사로 세우셨다. "사도"란 예수님으로부터 '보냄을 받은 자'라는 뜻인데 1) 세례 요한의 때로부터 예수님과 동행한 자(행 1:21), 2) 예수님께서 친히 임명하신 자(막 3:14), 3) 주님의 부활을 친히 목격한 자(행 1:21), 4) 부활하신 주님을 증거한 자를 지칭한다(행 14:4; 15:5, 8-9; 갈 1:19). 또한 사도는 교회를 설립하고 섬긴 자들이다. 사도는 예수님의 열두 사도 외에 바울, 그리고 넓은 의미의 사도로서 바나바(행 14:14)와 실라(살전 1:1; 2:6) 등이 있었다.

"선지자"는 초대교회에 잠시 존재했던 직분으로 사도들과 함께 교회를 위하여 매우 중요한 역할을 감당했다. 그들은 예언도 했고(행 11:27-28; 21:9-11), 하나님의 말씀을 전달해서 사람들로 하여금 죄를 깨닫게 하기도 했으며(고전 14:24), 교인들을 권면하기도 했다(행 15:32).

"복음 전하는 자"는 여러 곳을 다니며 복음을 전하는 사람들이었는데 빌립(행 21:8)과 디모데(딤후 4:5) 등이 있었다.

"목사와 교사"(τοὺς ποιμένας καὶ διδασκάλους)는 헬라어에서 한 개의 정관사(τοὺς)로 묶여 있기 때문에 한 개의 직분이면서 두 가지 기능을 하는 직분으로 볼 수도 있다. 그러나 두 직분의 역할이 서로 비슷하기 때문에 한 개의 관사로 묶었을 수도 있다는 주장이 더 설득력이 있어 보인다(Lincoln). 목사는 양무리(행 20:28; 벧전 5:2)를 맡아서 영(靈)의 양식으로 먹이고 돌보며 외부의 위험으로부터 교인들을 보호하는 직분이고, 교사는 목사와 거의 비슷하게 복음을 가르치는 일을 하는 직분이다(롬 12:7). 교회 안에 더 많은 직분들이 있음에도 불구하고(고전 12:29-31), 바울이 이 다섯 가지 직분만 열거한 것은 이 직분들이 특별히 교회에 은혜를 전달하여 충만하게 하는 일에 중요한 역할을 했기 때문인 것으로 보인다.

엡 4:12. 이는 성도를 온전케 하며 봉사의 일을 하게 하며 그리스도의 몸을 세우려 하심이라.

앞 절에서 바울은 예수님께서 성령을 통하여 교회의 직분자들을 세우신 것에 대해 말했다. 이제 본 절에서 그는 직분을 세우신 목적 세 가지에 대해 말한다. 직분을 세우신 목적은 첫째, "성도를 온전케 하는 것"이다(고전 12:7). "성도를 온전케 한다"(καταρτισμὸν)는 것은 '성도를 강력하게 만든다,' 혹은 '성도를 완전하게 만든다'는 뜻이다. 즉 복음을 전하여 성도를 영적으로 강력하게 만드는 것을 말한다. 모든 직분자들은 성도들에게 복음을 전하여 강하게, 완전하게 만들어 주어야 한다. 둘째, "봉사의 일을 하게 하는 것"이다. 모든 직분자들은 성도를 힘 있게 하여 봉사의 일을 하게 해야 한다. 다시 말해, 일반 성도들로 하여금 하나님의 사역과 섬기는 일을 잘 감당하도록 해야 한다. 성도가 힘이 없어서 봉사를 하지 않는다면, 그것은 곧 직분자들이 자신들의 직분을 잘 감당하지 않았다는 표시이다. 셋째, "그리스도의 몸을 세우려 하심"이다(고전 14:26). 모든 직분자들은 성도들에게 복음을 전파하여 강하게 할 뿐 아니라, 섬김의 삶을 살게 함으로써 그리스도의 몸(1:23; 골 1:24)된 교회를 질적으로 향상시켜 나아가야 한다. 그래서 교회가 믿음 충만, 생명 충만, 은혜 충만, 기쁨 충만, 능력 충만에 이르게 해야 한다.

엡 4:13. 우리가 다 하나님의 아들을 믿는 것과 아는 일에 하나가 되어 온전한 사람을 이루어 그리스도의 장성한 분량이 충만한 데까지 이르리니.

본 절은 앞 절의 목표를 말한다. 곧 직분자들이 그리스도의 몸 된 교회를 세우는 목표가 무엇인지를 보여 준다. 그것은 첫째, "하나님의 아들을 믿는 것과 아는 일에 하나가 되어 온전한 사람을 이루는" 것이다(골 2:2). 다시

말해, '예수님을 믿는 일에 일치가 되고 또 예수님을 경험적으로 아는 일에
일치가 되어 온전한 사람, 곧 성숙한 사람이 되는 것'이다(고전 14:20; 골
1:28). 결코 고린도 교회와 같이 어린 아이의 상태에 있어서는 안 된다는
것이다. 그러므로 직분자들은 성도들을 복음으로 가르쳐서 그리스도를 철저히
믿고 체험적으로 알게 해서 성숙한 그리스도인들이 되게 해야 한다. 여기에서
그리스도를 믿는 것과 아는 것은 똑같은 내용이다. 이유는 그리스도를 믿게
되면 알게 되고, 알게 되면 믿게 되기 때문이다.

둘째, "그리스도의 장성한 분량이 충만한 데까지 이르는 것"(unto the
measure of the stature of the fullness of Christ)이다. 교회의 직분자들은
교회가 그리스도로 충만하기를 목표해야 한다. 직분자들은 교회가 그리스도의
속성과 능력으로 충만케 되게 해야 한다. 여기에서 주의할 것은 그리스도로
충만한 것이 곧 성령으로 충만한 것이고, 성령으로 충만한 것이 곧 그리스도로
충만한 것이라는 점이다. 그 이유는 그리스도께서는 성령으로 역사하시기 때문
이다(롬 8:9-11). 직분자들은 그리스도께서 교회 전체, 곧 모든 성도들을 주장하
시고 인도하시게 해야 한다.

오늘 교회가 그리스도의 속성과 능력으로 충만한가. 오히려 물량주의가
주장하고 세속화되고 음란이 팽배해 있지 않은가? 무서울 정도로 영적으로
침체되어 있지 않은가. 직분자들은 더욱 기도하여 힘을 얻어 그리스도를 전함으
로 교회가 그리스도로 충만케 해야 할 것이다.

엡 4:14. 이는 우리가 이제부터 어린 아이가 되지 아니하여 사람의 궤술과
간사한 유혹에 빠져 모든 교훈의 풍조에 밀려 요동치 않게 하려 함이라.
본 구절은 헬라어 본문에 의하면 "하기 위하여(ἵνα)"라는 단어로 시작한다.

그러므로 본 절은 앞 절의 목적을 말한다. "그리스도의 장성한 분량이 충만한 데까지 이르러야" 하는(13절) 것은 성도들이 더 이상 "어린 아이" 상태, 곧 '영적으로 미숙한 상태에' 머물러 있지 않아야 하기 때문이다(사 28:9; 고전 14:20). 성경에서 "어린 아이"는 때로 영적으로 유치한 상태에 있는 성도들을 지칭한다(고전 3:1-4; 13:11; 히 5:13). 성도가 그리스도를 목표하고 성장해야 하는 이유는 계속해서 아이 상태에 머물러서는 안 되기 때문이다. 그리스도를 믿는 믿음이 성장하지 않고 또 그리스도를 경험적으로 아는 영적 지식이 성장하지 않으면, 비록 나이는 성인이라 할지라도, 영적으로는 아이에 머물러 있게 된다(히 13:9).

영적으로 유치한 상태에 있으면 "사람의 궤술과 간사한 유혹에 빠져 모든 교훈의 풍조에 밀려 요동"하기 마련이다(마 11:7). 영적으로 성장하지 않으면 '사람들의 속임수와 간교한 꾐에 빠져서 모든 그릇된 사조에 밀려 이리저리 흔들리게 된다.'(롬 16:18; 고후 2:17). 성도는 그렇게 되지 않기 위하여 그리스도를 목표 삼아 성장하고 그리스도를 아는 경험적 지식을 늘려가야 한다. 바로 이러한 성장을 위해서 그리스도께서는 교회에 직분자들을 세워서 성도들을 양육하고 계신다.

사람들은 자기나 자기 아이의 키가 크지 않을 때는 크게 염려하면서도 자기의 신앙이 그리스도에게까지 성장하지 않는 데 대해서는 그다지 염려하지 않는다. 우리는 우리의 믿음이 성장하고 그리스도를 아는 것에서 성장하여 세상 풍조와 이단에 흔들리지 않아야 한다.

4. 교회가 하나 되도록 직분자들과 성도들이 할 일 4:15-16

엡 4:15. 오직 사랑 안에서 참된 것을 하여 범사에 그에게까지 자랄지라. 그는
머리니 곧 그리스도라.

본 절은 앞 절에서 언급된 영적인 어린 아이 상태를 탈피하는 방법, 곧 교회
성장의 방법에 대해 말한다. 교회, 곧 성도들이 성장하기 위해서는 "사랑 안에서
참된 것을 하여 범사에 그에게까지 자라야" 한다(슥 8:16; 고후 4:2; 엡 4:25;
요일 3:18). 여기에서 "참된 것을 하여"(ἀληθεύοντες)라는 말은 '참된 것을
말하여'라는 뜻이다. 교회가 성장하려면 교인들이 참된 것을 말해야 한다.
참된 것을 말한다는 것은 첫째, 솔직해야 함을 말한다(25절) 그리고 둘째,
복음을 선포하는 것을 지칭한다.

성도는 그리스도의 복음을 선포하되 "사랑 안에서" 해야 한다. 다시 말해,
사랑하는 뜻으로 복음을 선포해야 한다. 고린도전서 14:1에서 바울은 "사랑을
따라 구하라"고 권고한다. 곧 예언을 하든지 혹은 방언을 하든지 무엇을 하든지
사랑이라는 동기로 해야 한다는 것이다. 사랑이라는 동기로 하지 않으면 아무
유익이 없다(고전 13:1-3). 사랑하는 마음이 없이 복음을 선포하는 것은 별로
유익을 끼치지 못한다.

교회는 성장하되 "머리"되시는 "그리스도"에게까지 자라야 한다(2:21; 골
1:18). 성도들의 성장의 목표는 그리스도이다. 바울은 자신이 푯대 되시는
그리스도를 향하여 좇아간다고 말한다(빌 3:14). 오늘 우리는 사랑의 동기로
그리스도를 전하여 놀랍게 성장해야 할 것이다.

엡 4:16. 그에게서 온 몸이 각 마디를 통하여 도움을 입음으로 연락하고 상합하여 각 지체의 분량대로 역사하여 그 몸을 자라게 하며 사랑 안에서 스스로 세우느니라. 앞 절에서 바울은 성도들이 사랑하는 마음으로 복음을 선포하여 성장할 것을 권고했다. 본 절에서 그는 온 교회가 성장하려면 직분자들과 성도들이 힘써야 할 것이 있다고 말한다. 바울 사도에 의하면, 온 교회가 성장하기 위해서는 첫째, 머리 되시는 그리스도로부터 몸에 해당되는 교회가 "각 마디를 통하여 도움을 입음으로 연락하고 상합해야" 한다(골 2:19). 다시 말해, 교인들이 자신들의 머리 되시는 그리스도로부터 각 마디(every joint), 곧 직분자들이나 성도들을 통하여 도움을 받아서 "연락하고 상합해야" 한다. 여기에서 "연락하고 상합한다"는 말은 동의어로서(Bruce) '긴밀하게 연합한다'는 뜻이다. 그러므로 교회가 성장하려면 각 마디가 되는 직분자들이나 성도들을 통하여 도움을 받아 서로 연합해야 한다는 것이다. 상호 연합이 없이는 성장하지 못한다.

둘째, "각 지체의 분량대로," 곧 '각 지체들이 받은 달란트대로(마 25:14-30), 곧 각 지체들이 받은 능력의 분량대로' 역사하여 그 몸을 자라게 해야 한다. 자라게 하되 사랑 안에서 몸 자체를 세워나가야 한다. 15절에서 강조한 것처럼 각 지체들은 사랑하는 동기를 가지고 몸을 성장시켜 나가야 한다. 각 지체는 각자 받은 은사의 분량대로 충성하여 몸을 자라게 해야 한다. 각 지체는 능력의 원천되시는 그리스도로부터 능력을 공급받아서 각자 나름대로 충성하여 몸 된 교회를 성장시켜 나가야 한다.

X. 옛 생활과 새 생활 4:17-32

지금까지 바울은 교회가 하나가 되어야 할 것을 권면했다(1-16절). 이제 그는 에베소 교인들에게 옛 생활을 버리고 새 생활을 영위할 것을 권고한다. 바울은 먼저 옛 사람을 벗어버리라고 말하고(17-22절), 다음으로는 새 사람을 옷 입으라고 권고한다(23-24절). 그런 다음 새 생활의 이모저모에 대해 말한다 (25-32절).

1. 옛 사람을 벗어버려라 4:17-22

엡 4:17. 그러므로 내가 이것을 말하며 주 안에서 증거하노니 이제부터는 이방인이 그 마음의 허망한 것으로 행함 같이 너희는 행하지 말라.

앞에서(15-16절) 바울은 자신이 에베소 교인들이 성장하되 그리스도에게까지 성장할 것을 권고했다. "그러므로" 그는 이제 에베소 교인들에게 자신의 계속되는 말과 증거를 잘 들을 것을 권고한다.

바울은 "내가 이것을 말하겠다"고 말한다. 곧 '내가 지금부터 앞으로 권면할 것'을 말하겠다는 것이다. 그리고 지금부터 "주 안에서 증거하겠다"고 말한다. "주 안에서 증거한다"는 것은 '예수 그리스도께서 증거하시는 것과 똑같은 증거를 한다'는 뜻이다. 바울은 예수님의 권위를 빌려 에베소 교인들에게 증거하는데 "이제부터는 이방인이 그 마음의 허망한 것으로(in the vanity of their mind) 행함 같이 행하지 말라"고 권고한다(2:1-3; 4:22; 롬 1:21; 골 3:7; 벧전 4:3). 다시 말해, '이제부터는 이방 사람들이 그 마음의 허망한 것, 곧 그들의 마음의 허무한 중에서 행함같이 행하지 말라'는 것이다. 이방 사람들은

공허한 마음을 따라 생활하는 것이 특징이다. 그러나 그리스도에게까지 성장해
야 하는 에베소 교인들은 허무한 마음을 가지고 살아서는 안 된다. 하나님을
모르는 이방 사람들에게는 허무밖에 없다. 그들이 의미 있고 보람 있다고
하는 것들도 모두 공허하고 허무할 뿐이다. 지금도 이방인들이 행하는 일들을
보라. 그들 자신은 자기들이 행하는 일들에 엄청난 의미를 부여하지만, 사실
그들은 얼마나 어리석고 허무한지 모두 불쌍하기만 하다.

**엡 4:18. 저희 총명이 어두워지고 저희 가운데 있는 무지함과 저희 마음이
굳어짐으로 말미암아 하나님의 생명에서 떠나 있도다.**
본 절과 다음 절에서 바울은 이방인들이 허무하게 살게 된 이유에 대해서
언급한다. 이방인들이 허무한 삶을 살게 된 첫째 이유는, "저희 총명이 어두워졌
기" 때문이다. 이방 사람들은 우상숭배의 죄 때문에 마음이 어두워져서 허무하
게 살아간다(롬 1:21). 그들은 대낮에도 영적으로 어두워서 더듬는 삶을 살게
되었으니 허무하지 않을 수 없다. 이방인들이 허무한 삶을 살게 된 두 번째
이유는, "저희 가운데 있는 무지함과 저희 마음이 굳어짐으로 말미암아 하나님
의 생명에서 떠나"게 되었기 때문이다(갈 4:8; 엡 2:12; 살전 4:5). 여기에서
"무지함"이란 하나님을 모르는 것을 뜻한다. 그리고 "마음이 굳어짐"이란 우상
숭배와 온갖 죄들 때문에 '마음이 돌같이 단단해진 상태, 완악한 상태'를 말한다.
이방 사람들은 하나님을 모르고 우상숭배를 하여 마음이 돌같이 단단해져서
하나님의 생명을 떠나 있게 되니 허무한 삶을 살게 되었다. 이방인들의 마음이야
말로 하나님을 향한 무지 그 자체이다. 그리고 그들의 마음은 돌같이 단단해지고
완악해져서 하나님의 생명에서 천리만리 떨어져 있다. 그러므로 그들은 공허한
삶을 영위하는 수밖에 없게 되었다.

엡 4:19. 저희가 감각 없는 자 되어 자신을 방탕에 방임하여 모든 더러운 것을 욕심으로 행하되.

이방인들이 허무한 삶을 살게 된 세번째 이유는, "저희가 감각 없는 자 되어 자신을 방탕에 방임하여 모든 더러운 것을 욕심으로 행하기" 때문이다(딤전 4:2). "감각 없는 자 되었다"는 것은 '죄에 대해 더 이상 부끄러워할 줄 모르는 상태, 곧 양심에 찔림을 받지 못하는 상태, 양심이 화인(火印) 맞은 상태'가 되었다는 말이다. 이방인들은 양심이 화인 맞은 상태, 곧 양심에 가책을 느끼지 못하는 상태가 되었기 때문에 결과적으로 "자신을 방탕에 방임한다"(롬 1:24, 26; 벧전 4:3). 다시 말해, 자신을 방종에 내어 맡긴다는 것이다. 이방인들이 자신을 방종에 내어 맡기기 때문에 하나님도 이방인들을 아예 포기하신다는 것이다(롬 1:24-32).

그리고 이방인들은 양심이 화인 맞은 결과 "모든 더러운 것을 욕심으로 행한다." "모든 더러운 것을 욕심으로 행한다"는 것은 '모든 부도덕한 일들을 욕심껏 행한다'는 뜻이다. 양심이 화인 맞아 감각이 없는 사람이 되면 세상에 모든 더러운 일들을 욕심껏 행하게 된다.

이방인들은 이처럼 양심의 가책을 느끼지 못한 채 자신들을 방종에 내어맡기고 모든 더러운 일들을 욕심껏 행하기 때문에 허무한 삶, 의미 없는 삶을 살게 된다. 결국 허무의 원인은 그들 자신에게 있는 것이다. 그들은 양심의 무감각과 그로 인한 방탕으로 인해 세월을 허무하게 보내게 된다.

우리는 지금 의미 있는 삶을 살고 있는가. 만일 자신이 의미 없는 삶을 살고 있다고 느낀다면, 우리는 먼저 자신의 양심이 화인 맞지나 않았는지, 자신이 세상 돌아가는 대로 살고 있지나 않은지, 그리고 더러운 일들을 행하고 있지나 않은지 깊이 살펴야 할 것이다. 우리는 더러운 옛 사람을 버리고 새 사람을 옷 입고 의미 있는 삶을 살아야 할 것이다.

엡 4:20. 오직 너희는 그리스도를 이같이 배우지 아니하였느니라.

우리 개역 성경에는 헬라어 원문에 있는 "그러나"(δὲ)라는 말이 생략되어 있다. 여기에서 "그러나"는 앞 절들(17-19절)에서 묘사된 이방인들의 허무한 삶과는 전혀 다른 그리스도인들의 삶을 소개하기 위해 쓰인 단어이다. "그러나 너희는 그리스도를 이같이 배우지 아니하였느니라." 여기에서 "너희"는 앞절의 "저희," 곧 이방인들과 반대되는 그리스도인들, 즉 에베소 교회의 성도들을 지칭한다. 에베소 교인들은 "그리스도를 이같이 배우지 아니하였다"는 것이다. "그리스도를 배운다"는 말은 그리스도에 대해서 배우는 것을 말하기보다는 그리스도의 인격을 배우는 것을 뜻한다. 그리스도를 체험적으로 알고 닮아가는 것을 뜻한다(Lincoln). 우리는 그리스도를 체험적으로 알아서 이방인들의 삶의 방식을 완전히 탈피해야 할 것이다.

엡 4:21. 진리가 예수 안에 있는 것같이 너희가 과연 그에게서 듣고 또한 그 안에서 가르침을 받았을진대.

바울은 앞 절에서 에베소 교회의 성도들에게 "너희는 그리스도를 이같이 배우지 아니하였느니라"고 말하면서 허무하게 살지 말 것을 소극적으로 권고했는데, 이제 본 절에서는 좀 더 적극적으로 "예수님에게서 듣고 가르침을 받은" 대로 살 것을 권장한다.

바울은 이방인들의 마음속에는 허망함이 있지만(17절), 예수님 안에는 진리가 있다고 역설한다. "진리가 예수 안에 있으므로"(as the truth is in Jesus) "너희가 과연 그에게서 들었다"는 것이다(1:13). 에베소 교인들은 과거에 바울을 통하여 3년이나 예수 안에 있는 진리에 대해 들었다(행 20:31). 그리고 그들은 "그 안에서 가르침을 받았다." 다시 말해, '예수님과 연합한 상태, 곧 생명적으로 연합된 중에 교훈을 받았다.' 에베소 교인들은 바울을 통해서 예수님 안에 있는 진리를 듣고 거듭남으로써 예수님 안에 있게 되었다. 그리고 그들은 계속해서 바울을 통하여 가르침을 받았다. 그들이 그렇게 예수님의 진리를 듣고 예수님과 연합된 중에 계속해서 진리를 배운 것이 확실하므로, 바울은 그들이 옛 사람을 벗어버려야 한다고 권고하는 것이다.

엡 4:22. 너희는 유혹의 욕심을 따라 썩어져 가는 구습을 좇는 옛 사람을 벗어 버리고.

바울은 에베소 교인들이 예수님으로부터 "듣고 또한 그 안에서 가르침을 받은 것이 확실하지만"(21절) 아직도 "유혹의 욕심을 따라 썩어져 가는 구습을 좇는 옛 사람이" 남아 있기 때문에 "옛 사람," 곧 '죄를 지으려는 옛 근성'을 벗어버려야 한다고 말한다(골 2:11; 3:8-9; 히 12:1; 벧전 2:1). 이 부패한 옛 근성을 벗어버리는 것은 쉽지 않은 일로서 성령의 힘을 덧입음으로써만 가능하다(롬 8:13; 골 3:5).

이 옛 사람, 곧 범죄의 근성은 "유혹의 욕심을 따라 썩어져 가고 있다." 곧 '유혹의 욕심들(deceitful lusts)을 좇아서 썩어져 가고 있는 것이다.' 여기에서 "썩어져 가고 있다"(φθειρόμενον)는 말은 현재분사로서 지금도 계속해서 썩어져 가고 있음을 뜻한다. 옛 사람이야말로 그냥 놓아두면 계속해서 부패해질 수밖에 없는 존재이므로 매일 성령으로 제어(통제)해야만 한다.

이 옛 사람은 "구습을 좇는" 것이 특징이므로(2:2-3; 4:17; 골 3:7; 벧전 4:3) 우리는 범죄하려는 성향을 주님께 고백하여 옛 근성으로부터 깨끗함을

얻어야 한다(시 32:5; 51:2; 잠 28:13; 요일 1:9). 성도는 매일 죄를 고백하여
성화의 길을 가야 한다.

2. 새 사람을 입어라 4:23-24

엡 4:23. 오직 심령으로 새롭게 되어.
앞에서 바울은 에베소 교인들에게 옛 사람, 곧 죄를 짓고자 하는 성향을 가진
옛 근성을 벗으라고 권고했다(22절). 본 절에서 바울은 그들에게 심령으로
새롭게 될 것을 권한다. "심령으로 새롭게 되어야 한다"(be renewed in the
spirit of your mind)는 것은 '마음의 영이 새롭게 되어야' 한다는 뜻이다(롬
12:2; 골 3:10). 우리의 육은 죽고 영은 매일 새로워져야 한다. 여기에서 "새롭게
되어"(ἀνανεοῦσθαι)라는 말은 현재 수동태로서 사람이 새롭게 되는 것은 자기
의 힘으로 되는 것이 아니고 성령을 힘입어야 한다는 뜻이다(롬 8:13; 골
3:5).

엡 4:24. 하나님을 따라 의와 진리의 거룩함으로 지으심을 받은 새 사람을 입으라.
앞 절에서 바울은 에베소 교인들이 새롭게 되어야 한다고 말했는데(23절),
이제 그는 새롭게 되는 것에 대해 좀더 구체적으로 말한다. 곧 하나님께서
의로우시고 거룩하신 것처럼 에베소 교인들도 하나님을 따라 "의와 진리의
거룩함으로 지으심을 받은 새 사람을 입으라"고 주문한다(롬 6:4; 고후 5:17;
갈 6:15; 골 3:10). "의와 진리의 거룩함으로"(ἐν δικαιοσύνῃ καὶ ὁσιότητι
τῆς ἀληθείας)라는 말은 "참된 의와 참된 거룩함으로"라고 번역된다(2:10).
"의"란 올바르게 사는 것을 뜻하고 "거룩함"이란 하나님께 속하여 악에서

떠나 구별되게 사는 것을 의미한다. 성도는 올바르게 그리고 거룩하게 지으심을 받은 새 사람, 곧 성화된 사람이 되어야 한다. 우리는 의롭게, 다시 말해, 인간관계에서 올바른 자세를 취해야 한다. 그리고 하나님께 온전히 속하여 악에서 떠나 구별되게 살아야 한다. 우리는 매일 성령 충만을 구하여 인간관계에서 올바른 자세를 취하고 하나님과의 관계에 있어 거룩하게 살아야 한다.

3. 새 사람의 이모저모 4:25-32

엡 4:25. 그런즉 거짓을 버리고 각각 그 이웃으로 더불어 참된 것을 말하라. 이는 우리가 서로 지체가 됨이니라.

앞에서 바울은 옛 사람을 벗어버리고 새 사람을 입으라고 권고했다(17-24절). 이제 그는 "그런즉" 새 생활을 하라고 권한다. 새 생활을 하려는 사람은 첫째로, "거짓을 버리고 각각 그 이웃으로 더불어 참된 것을 말해야" 한다(슥 8:16; 엡 4:15; 골 3:9). "거짓"이란 모든 종류의 부정과 비리 및 속임수를 말하는 것으로 옛 사람의 특징들 중 하나다(골 3:9). 우리 민족은 부정과 비리 및 남을 속이는 일에 그 어느 민족보다 뛰어나다. 사회가 그렇기 때문에 교회도 물들어 있다. 이는 마치 고린도 도시가 윤리와 도덕에 있어서 문란했기 때문에 고린도 교회 역시 문제가 많았던 것과 같다(고전 3-6장). 그러므로 우리는 거짓을 버리는 일에 최선을 다해야 한다. 거짓을 버리기 위해서는 주님 앞에 뼈를 깎는 고백을 해야 한다.

혹자는 여기에서 "거짓"이라는 단어에 정관사가 붙어있는 것을 보고 그 어떤 특정한 거짓 곧 우상숭배(롬 1:25)라고 주장한다. 그러나 "거짓"이란 말이 뒤에 나오는 "참된 것을 말하라"는 말과 대조를 이루고 있으므로 여기에서 거짓이란 참된 말의 반대 개념으로서 거짓된 말 혹은 속임수를 지칭한다고 보는 것이 옳을 것이다.

새 생활을 하려는 사람은 거짓을 버리고 "각각 그 이웃으로 더불어 참된 것을 말해야"(λαλεῖτε ἀλήθειαν) 한다. 곧 교인들끼리 솔직해야 한다(Bruce). 그 이유는 "우리가 서로 지체가 되기" 때문이다(롬 12:5). 교인들은 서로 한 교회의 지체이므로 거짓을 버리고 참말을 해야 한다. 교인들끼리 거짓말을 하면 교우간의 연합과 사랑이 훼손되므로 서로 솔직한 말만 해야 한다.

엡 4:26-27. 분을 내어도 죄를 짓지 말며 해가 지도록 분을 품지 말고 마귀로 틈을 타지 못하게 하라.

새 생활을 하려는 성도는 둘째로, "분"을 내지 말아야 한다. 혹시 "분을 내어도 죄를 짓지 말며 해가 지도록 분을 품지 말아야" 한다(시 4:4; 37:8). 우리는 혹시 예수님처럼(막 3:5) 의분을 낼 수도 있으나 두 가지로 조심해야 한다. 첫째, "죄를 짓지 말아야" 한다. 다시 말해, 예수님처럼 의분, 곧 하나님의 뜻을 이루기 위해 의분은 낼 수 있으나 죄를 지어서는 안 된다. 흥분한 상태를 지속하면 죄가 된다. 둘째, 분을 냈을 경우 빨리 분을 가라 앉혀야 한다. 바울은 여기에서 "해가 지도록 분을 품지 말라"고 하며 시간제한을 두고 있다. 빨리 분을 풀어야 할 이유는 마귀가 "틈"을 타기 때문이다(고후 2:10-11; 약 4:7; 벧전 5:9). 마귀는 사람의 약점을 노려 죄를 짓게 한다. 따라서 성도는 노하기를 더디 해야 한다(마 5:22; 갈 5:20; 골 3:8; 딤전 2:8; 딛 1:7; 약 1:19-20).

사람이 분을 낸 채 오래 있는 것은 큰 약점이다. 마귀는 그런 기회를 좋은 기회로 알고 죄를 짓도록 작업을 한다. 마귀는 성도들의 약점을 이용하는 일에 능숙한 영물(靈物)이다. 우리는 한시 빨리 분을 멈추어야 한다. 그러지 않으면 분을 낸 것 때문에 큰 어려움을 당할 수 있다.

엡 4:28. 도적질하는 자는 다시 도적질하지 말고 돌이켜 빈궁한 자에게 구제할 것이 있기 위하여 제 손으로 수고하여 선한 일을 하라.

새 생활을 하려는 사람은 셋째로, 남의 것을 도적질하지 말고 남을 돕기 위하여 선한 일을 해야 한다(행 20:35; 살전 4:11; 살후 3:8, 11-12). 여기에서 도적질하는 것은 물건 도적만 지칭하는 것이 아니라 모든 종류의 착복을 가리킨다.[13] 새 생활을 하려는 사람은 남의 것을 착복하지 않는 것만으로는 충분하지 않고 "돌이켜 빈궁한 자에게 구제할 것이 있기 위하여 제 손으로 수고하여 선한 일을 해야" 한다. 성도는 남의 것을 착복할 것이 아니라 가난한 사람들을 구제하기 위하여 열심히 일을 해야 한다(고후 8:1-15; 9:6-12).

엡 4:29. 무릇 더러운 말은 너희 입 밖에도 내지 말고 오직 덕을 세우는 데 소용되는 대로 선한 말을 하여 듣는 자들에게 은혜를 끼치게 하라.

새 생활을 하려는 사람은 넷째로, 더러운 말을 입 밖에도 내지 말고 선한 말을 해야 한다. 바울은 "무릇 더러운 말은 너희 입 밖에도 내지 말라"고 주문한다(마 12:36; 엡 5:4; 골 3:8). "더러운 말"이란 '험담과 중상모략'을 지칭한다. 성도는 험담과 중상모략을 입 밖에도 내지 말아야 한다. 악담이나 음담패설은 교회의 건덕(健德)에 크게 해가 됨으로 금해야 한다(약 3:1-12).

바울은 반대로 "덕을 세우는 데 소용 되는대로 선한 말을 하여 듣는 자들에게

---

13) 박윤선 목사는 이 "도적"을 정의함에 있어서 세 가지로 말한다. (1) 강탈하는 도적, (2) 절도하는 도적, (3) 사기하는 도적으로 분류한다. 그리고 도적 당하는 것도 여러 가지라고 말한다. 물질, 명예, 권리 등이라고 하였다. 『바울 서신: 성경주석』(서울: 영음사, 1985), p. 171.

은혜를 끼치게 하라"고 말한다(골 4:6; 살전 5:11). 선한 말은 험담과 중상모략과 반대되는 것으로 다른 교인들에게 '격려가 되며 은혜가 되는 말'을 지칭한다(골 3:16). 성도는 덕을 세우는 데 필요한 격려의 말, 은혜가 되는 말을 해야 한다. 그래서 남들에게 은혜를 끼쳐야 한다. 이렇게 선한 말을 하려면 성령의 충만을 받아야 한다고 성경은 말씀한다(엡 5:18-20). 우리의 언어생활은 너무 중요하다. 남들의 뒤에서도 험담을 해서는 안 된다.

엡 4:30. 하나님의 성령을 근심하게 하지 말라 그 안에서 너희가 구속의 날까지 인치심을 받았느니라.

우리의 개역 성경 초두에는 연결사 "그리고"(καὶ)가 빠져 있다. "그리고"라는 말은 본 절이 앞 절과 관계가 있음을 보여 주는 것이다. 본 절은 앞 절, 곧 험담이나 중상모략을 하지 말고 오히려 선한 말, 곧 다른 사람을 격려하는 말, 은혜를 끼치는 말을 해야 할 이유 혹은 목적을 말한다. 더러운 말을 하는 경우 성령께서 근심하신다는 것이다. 그래서 바울은 "하나님의 성령을 근심하게 하지 말라"고 부탁한다(사 7:13; 63:10; 겔 16:43; 살전 5:19). 더러운 말을 해서 '성령님을 슬프시게 하고 성령님을 괴롭게 하지 말라'는 것이다. 성도는 남이 듣지 않는 곳에서도 더러운 말을 하지 말아야 한다. 성령님은 사람이 듣지 않는 곳에서도 다 듣고 계시며 알고 계신다.

바울은 성령님을 근심시키지 말아야 할 이유로서 "그 안에서 너희가 구속의 날까지 인치심을 받았기" 때문이라고 말한다(1:13). "그 안에서," 곧 '성도들이 예수님과 연합된 가운데서' "구속의 날까지," 곧 '구원이 완성되는 날까지'(눅 21:28; 롬 8:23; 고전 1:8; 엡 1:14; 빌 1:6, 10; 2:16; 살전 5:2; 살후 2:2) 인치심을 받았기 때문에 성령님을 근심시키지 말아야 한다. 우리는 예수님과 연합되는 순간에 성령님을 받았고, 그 성령님은 우리의 구원이 완성되는 그 날까지 우리를 떠나지 않고 우리의 구원을 위한 보증이 되신다. 따라서 우리는 우리 안에 계신 성령님을 근심시키지 말아야 한다.

성령님의 "인치심을 받았다"(ἐσφραγίσθητε)는 단어는 단순과거 수동태로서 이미 과거에 성령으로 인침을 받은 것을 뜻한다. 성령님의 "인치심을 받았다"는 말씀은 다름 아니라 성령님이 우리의 소유주로서 우리 안에 계속해서 내주하시는 사실을 지칭한다. 성령님께서 실제로 어떤 도장을 쳐서 우리의 주인이시라는 것을 표시하시는 것이 아니라, 성령님이 우리 안에 내재하시는 자체가 바로 성령님의 인침이라는 것이다. 우리가 만일 성령님을 근심하게 하면 우리의 구원의 확신이 약해질 뿐 아니라 세상에서 능력 없는 삶을 살 수밖에 없게 된다.

엡 4:31. 너희는 모든 악독과 노함과 분냄과 떠드는 것과 훼방하는 것을 모든 악의와 함께 버리고.

새 생활을 하려는 사람은 다섯째로, 각종 죄를 버려야 한다. 바울은 여기에서 다섯 가지 죄악을 열거한다. (1) "모든 악독." "모든 악독"이란 마음속의 '독,' 혹은 '독기'(毒氣)를 지칭한다(행 8:23; 롬 3:14; 골 3:8, 19; 히 12:15; 약 3:14). 마음속에 독이 생기게 된 이유는 이웃에게 받은 상처를 풀지 않고 그냥 두었기 때문이다. 성도는 빨리 독을 씻어버려야 한다. (2) "노함." "노함"이란 마음속에 타오르는 분을 말한다(고후 12:20; 갈5:20). 노함을 초기에 버려야 폭발하지 않는다. (3) "분냄." "분냄"이란 노함이 오래도록 마음속에서 자리 잡고 있다가 밖으로 표출된 것을 말한다(딤전 2:8; 약 1:19-20). 마음속에 노함을 오래도록 두면 '분냄'으로 발전하기 때문에 분을 내기 전에 '노함'의 상태에서 해결해야 한다. (4) "떠드는 것." "떠드는 것"이란 그냥 소리를 크게 지르는 것을 말하지 않고 분노를 자제하지 못해서 소리 지르는 것을 의미한다. (5) "훼방하는 것." "훼방하는 것"은 하나님과 사람을 향하여 모욕하는 것을 뜻한다(막 7:22; 골 3:8; 딤전 6:4; 딤후 3:2; 딛 3:2; 약 4:11; 벧전 2:1). '훼방하는 것'은 바로 앞에 나온 말, 곧 떠드는 것과 연관되어 있다. 사람이 악의적으로 떠들면 이웃을 훼방하게 된다. 바울이 여기에서 기록한 다섯 가지 죄악들은 조금 가벼운 죄악으로부터 시작하여 좀 더 큰 죄악의 순서로 나열한 것이라고 볼 수 있다.

그런데 바울은 이 다섯 가지 죄악을 버릴 때 "모든 악의와 함께 버리라"고 부탁한다(딛 3:3). 곧 다섯 가지 죄악의 뿌리가 되는 "악의"와 함께 버려야 한다는 말이다. 다섯 가지 죄악의 근저에는 "악의," 곧 남을 해코자 하는 독심(毒心)이 자리 잡고 있기 때문에 악의를 버리는 것이 무엇보다 급하고 중요하다. 성도는 악의, 곧 독심을 버리기 위해 안간힘을 다하여 기도해야 한다. 버리기만 잘 해도 신앙생활에서 반이나 성공한 것이다.

엡 4:32. 서로 인자하게 하며 불쌍히 여기며 서로 용서하기를 하나님이 그리스도 안에서 너희를 용서하심과 같이 하라.

새 생활을 하려는 사람은 여섯째, 적극적으로 "서로 인자하게 하며 불쌍히 여기며 서로 용서해야" 한다(골 3:12-13). 앞 절에서 바울은 버릴 것에 대해 말했고, 본 절에서는 적극적으로 행해야 할 것들을 열거한다. (1) "서로 인자하게 하라"는 것은 '서로에게 자비를 베풀라'는 뜻이다. (2) "불쌍히 여기라"는 것은 마음의 문제로서 '마음으로 동정하라'는 말이다. (3) 또한 바울은 "서로 용서하라"고 말한다(마 6:14; 막 11:25; 고후 2:10). 예수님께서 십자가에서

우리를 용서하셨으므로 우리도 다른 사람들을 용서해야 한다. 우리의 용서의
기준은 예수 그리스도이시다. 우리가 남을 용서하지 않고 자꾸 문제를 삼으면
엄청난 손해를 보게 된다. 그 이유는 우리들이 하나님의 용서를 받지 못하기
때문이다(마 6:14-15). 오늘 남을 용서하지 못하고 사는 성도들이 얼마나 많은
가. 남을 향해 응어리진 마음을 그냥 가지고 용서하지 않은 채 살면서 지옥을
경험하는 성도들이 얼마나 많은가. 또 네편 내편 나누어 가지고 내편에만
충성하고 네편에 대해서는 저주를 퍼붓는 성도들이 얼마나 많은가. 우리는
예수님께서 십자가에서 우리를 용서하신 것처럼 다른 사람들을 생각해 주어야
한다.

제5장

빛의 자녀들처럼 살아라

XI. 빛의 자녀로서의 삶을 살아라 5:1-6:9

　바울은 앞에서 옛 사람을 벗어버리고(4:17-22) 새 사람을 입으라고 권고하고는(4:23-32), 이제 5장에 와서 그는 형제를 사랑하고(1-2절) 죄악에 참여치 말고(3-7절) 적극적으로 빛의 자녀들처럼 살고(8-14절), 시간을 규모 있게 쓰고 성령 충만을 받으며(15-21절) 가정생활을 원만히 영위해 나갈 것을 부탁한다(22-6:9).

1. 하나님을 본받아 형제를 사랑하라 5:1-2

엡 5:1-2. 그러므로 사랑을 입은 자녀 같이 너희는 하나님을 본받는 자가 되고 그리스도께서 너희를 사랑하신 것같이 너희도 사랑 가운데서 행하라. 그는 우리를 위하여 자신을 버리사 향기로운 제물과 생축으로 하나님께 드리셨느니라.

바울은 새 생활을 하려는 이들은 누구나 앞 절의 말씀들(4:25-32)을 생각하면서 "하나님을 본받아" 형제자매를 사랑해야 한다고 말한다(마 5:45, 48; 눅 6:36; 엡 4:32). 새 생활을 하려는 성도들이 하나님을 닮아서 다른 성도들을 사랑해야 할 이유는 성도들 자신이 "사랑을 받은 자녀들"이기 때문이다. 성도는 창세전에 택함을 받았고(1:4) 예수님께서 대신 죽으심으로써 하나님의 자녀가 되었다 (1:5). 이처럼 엄청난 사랑을 입은 성도가 "사랑을 입은 자녀로서" 다른 성도를 사랑하는 것은 당연하다.

성도는 사랑을 입은 자녀로서 "하나님을 본받는 자," 다시 말해, '하나님의 모방자들'(followers of God)이 되어 다른 "성도들을 사랑해야" 한다(요 13:44; 15:12; 살전 4:9; 요일 3:11, 23; 4:2). 성도는 자녀가 부모를 모방하듯 하나님을 모방해서 성도들을 사랑해야 한다. 만일 성도가 하나님의 모방자들이 되지 않는다면 하나님의 사랑을 입은 자녀가 아니다.

그리고 성도는 "그리스도께서 너희를 사랑하신 것같이," 곧 '그리스도의 사랑이 기준이 되어' 다른 성도들을 사랑해야 한다(갈 1:4; 2:20; 히 7:27; 9:14, 26; 10:10, 12; 요일 3:16). 그리스도는 "자신을 버리신" 사랑을 하셨다. 다시 말해, 자신을 주시는 사랑을 하셨다. 그리고 그리스도께서는 자신을 "향기로운 제물과 생축으로 하나님께 드리셨다." 여기에서 "제물"(προσ-φορὰ)이란 '하나님께 드리는 예물'을 지칭하고 "생축"(θυσία)이란 '우리를 대신한 속죄제물'을 의미한다. 그러나 두 낱말을 동의어로 보아 그리스도께서 드리신 모든 종류의 희생 제물로 보기도 한다(Lincoln). 아무튼 그리스도께서 드리신 희생제물은 하나님께 "향기로운" 제물이 되었다(창 8:21; 레 1:9; 고후 2:15). 다시 말해, 하나님께 기쁨이 되었다. 그리스도께서 하나님을 기쁘시게 한 것처럼 성도들도 다른 사람들을 사랑해서 하나님을 기쁘시게 해야 할 것이다.

2. 죄악에 참여하지 말라 5:3-7

엡 5:3. 음행과 온갖 더러운 것과 탐욕은 너희 중에서 그 이름이라도 부르지 말라 이는 성도의 마땅한 바니라.

바울은 에베소 교회 성도들에게 세 가지 죄악의 이름이라도 부르지 말라고 당부한다. "그 이름이라도 부르지 말라"는 것은 "음행과 온갖 더러운 것과 탐욕"에 관해서는 말도 하지 말라는 말이다. 다시 말해, 행동으로 옮기는 것은 말할 것도 없고, 아예 말도 꺼내지 말라는 것이다. 12절에 보면 "저희의 은밀히 행하는 것들은 말하기도 부끄러움이라"고 했다. 그것들은 말하기도 부끄러운 일들이니 세 가지 죄악에 대해서는 말도 꺼내지 말아야 한다는 것이다. 여기에서 "음행"(πορνεία)이란 결혼관계 이외의 모든 부도덕한 성관계를 말하고(마 5:32; 고전 5:1; 6:18; 고후 12:21; 골 3:5; 살전 4:3), "더러운 것"(ἀκαθαρσία)이란 윤리적으로, 도덕적으로 추한 모든 행위를 지칭한다. 그리고 "탐욕"이란 자신에게 필요한 것 이상으로 소유하려는 욕심을 말한다. 탐욕은 하나님보다 다른 것을 더 뜨겁게 바라보는 행위이므로 우상숭배에 해당한다(골 3:5). 성도는 이런 것들에 대해서 생각도 말고 말도 하지 말아야 한다. 그것이 "성도의 마땅한 바이다." 곧 성도가 취해야 할 마땅한 처신이다.

오늘 불신 세상은 죄악으로 충만해 있어서 성도들도 불결한 성행위를 비롯해 온갖 더러운 세속적인 행위나 탐욕에 물들어 있다. 성도는 이런 것들에 대해서 생각도 말고 말도 하지 않아야 하는데, 그런 정도를 넘어서 행동으로까지 범한다는 것은 놀라운 일이다. 우리는 성경으로 돌아가서 죄악들에 대해서 말도 하지 않아야 한다. 그렇게 되기 위해서 우리는 많은 기도를 드려야 한다.

엡 5:4. 누추함과 어리석은 말이나 희롱의 말이 마땅치 아니하니 돌이켜 감사하는 말을 하라.

"누추함과 어리석은 말이나 희롱의 말"은 앞 절에서 바울이 언급한 세 가지 죄악 중에 두 번째, 곧 "온갖 더러운 것" 속에 들어가는 죄악들이다. "누추함과 어리석은 말이나 희롱의 말"은 모두 죄악 된 언사(言辭)들로서 사람들에게 손해를 끼치는 말들이다. "누추함"(αἰσχρότης)이란 추하고 속되고 더러운 말을 지칭한다(4:29). 군대나 일반사회에는 이런 말들이 횡행한다. "어리석은 말"(μωρολογία)이란 남을 헤아리지 못한 미련한 말을 지칭한다. 불신 세상은 이기적인 까닭에 남을 고려하지 않고 자기를 위해 마구 말을 내뱉는다. "희롱의 말"은 남을 무시하는 농담을 말한다. 남을 높여 주고 사람들의 마음을 기쁘게 해주는 유머(humor)는 남을 무시하는 말이 아니므로 희롱의 말의 범주에 들지 않는다.

바울은 이런 말들을 하지 말고 "감사하는 말을 하라"고 권고한다. 하나님께서 주신 은혜에 대해 감사하는 말을 하라는 것이다. 위에 언급한 세 가지 말, 곧 추한 말, 어리석은 말, 희롱의 말들은 모두 하나님의 은혜를 깊이 체험하지 못한 사람들의 마음에서 나오는 말들이다. 성도는 그런 썩은 말들을 하지 말고 하나님으로부터 받은 은혜에 감사함으로 하나님을 선전해야 한다.

엡 5:5. 너희도 이것을 정녕히 알거니와 음행하는 자나 더러운 자나

탐하는 자 곧 우상 숭배자는 다 그리스도와 하나님 나라에서 기업을 얻지 못하리니.

본 절은 바울이 앞에서 말했던 "음행과 온갖 더러운 것과 탐욕은 너희 중에서 그 이름이라도 부르지 말라"는 권고의 이유를 밝힌다. 그 이유는 음행하는 자나 더러운 자나 탐하는 자 곧 우상숭배자는(골 3:5; 딤전 6:17) "그리스도와 하나님 나라에서 기업을 얻지 못할 것이기" 때문이다(고전 6:9; 갈 5:19, 21; 계 22:15). 여기에서 "그리스도와 하나님 나라"(τῇ βασιλείᾳ τοῦ Χριστοῦ καὶ θεοῦ)는 동일한 나라를 지칭한다. '그리스도의 나라'가 따로 있고 '하나님의 나라'가 따로 있는 것이 아니라 그리스도의 나라가 곧 하나님의 나라요 하나님의 나라가 곧 그리스도의 나라이다.

바울은 에베소 교인들이 벌써 이런 진리, 곧 음행하고 더럽고 탐하면 천국에 들어가지 못한다는 진리를 확실하게 알고 있다고 말한다. 에베소 교인들이 3년이나 바울 사도의 가르침을 받아서 "이것을 정녕히 알고 있다"는 것이다(행 20:31). 우리나라의 1,000만이 넘는 성도는 3년 이상 기독교의 복음을 들었다. 그러므로 결혼 이외의 부정한 성관계를 맺는 사람들이나 윤리적으로, 도덕적으로 추한 짓을 하는 사람들이나 욕심에 눈이 어두워 다른 사람에게 해를 끼치는 사람들은 천국에 들어가지 못한다는 사실을 잘 알고 있다. 그런데도 많은 기독교인들이 그런 범죄로부터 벗어나지 못하고 있다. 하루 빨리 그런 범죄로부터 벗어나기 위하여 철저하게 죄를 고백해야 한다.

엡 5:6-7. 누구든지 헛된 말로 너희를 속이지 못하게 하라. 이를 인하여 하나님의 진노가 불순종의 아들들에게 임하나니.

"누구든지"라는 말은 어떤 이단자든지 그릇된 가르침을 전하는 모든 사람을 의미하는 말이다. 혹시 영지주의자들을 포함할 수도 있다. 골로새 교회에 영지주의자들이 있었던 것을 보아, 에베소 교회에도 영지주의자들이 들어와서 "헛된 말로" 에베소 교인들을 속여서 음행을 하거나 더러운 삶을 살거나 탐욕을 해도 죄가 되지 않는다고 가르쳤을 것이다(골 2:8-9). 또한 "누구든지"라는 말속에는 에베소 교회 안에 있었던 거짓 교사들도 포함된다. 어느 교회든지 거짓 교사들이 있었으니까 에베소 교회 안에도 거짓 교사들이 있어서 성도들을 속여서 죄를 지어도 괜찮다고 가르쳤을 것이다(Lincoln). 바울은 에베소 교인들을 향하여 사람들한테 속지 말라고 부탁한다(렘 29:8; 마 24:4; 골 2:4, 8, 18; 살후 2:3). 이유는 "이를 인하여 하나님의 진노가 불순종의 아들들에게 임하기" 때문이다(롬 1:18; 엡 2:2). 다시 말해, 이런 죄들 때문에(3-5절) 하나님의 진노, 곧 하나님께서 현재에 내리시는 진노와 또 미래에 내리실 진노가 불순종의 아들들(2:2)에게 임하기 때문이다. 하나님의 진노는 미래에만 임하는 것이 아니라 현재에도 임한다. 또 현재에만 임하는 것이 아니라 미래에도 임한다. 이는 마치 구원이 벌써 현재에 임했고 또 앞으로 완전히 성취되는 것과 같은 것이다.

그러므로 저희와 함께 참예하는 자 되지 말라.

바울은 에베소 교인들에게 부적절한 성관계와 윤리적으로, 도덕적으로 추한 행위와 탐욕 죄를 범치 말라고 부탁하고, 또 불순종의 아들들이 당하는 하나님의 진노를 당하지 말라고 말한다. 즉 죄와 진노에 동참하지 말라고 부탁한다.

3. 빛의 자녀들처럼 행하라 5:8-14

앞에서 바울은 에베소 교인들에게 죄악에 참여하지 말라고 명령했다(3-7

절). 이제 그는 보다 적극적으로 그들에게 빛의 자녀들처럼 행하라고 부탁한다
(8-14절).

엡 5:8-9. 너희가 전에는 어두움이더니 이제는 주 안에서 빛이라. 빛의 자녀들처
럼 행하라.

바울은 에베소 교인들이 전에는 어두운 삶을 살았는데 이제는 주님과 연합되어
새 생명의 삶을 살고 있으므로 빛의 자녀들처럼 행동하라고 권고한다. 바울은
에베소 교인들이 "전에는 어두움"의 삶을 살았다고 말한다(사 9:2; 마 4:16;
롬 1:21; 엡 2:11-12; 4:18; 딛 3:3; 벧전 2:9). '전에는 어두움, 곧 음행과
온갖 더러운 것과 탐욕의 삶'(3절)을 살았다는 것이다. 이런 삶은 (1) 하나님을
모르는 어두움의 삶이었고, (2) 도덕적으로 부패하기 그지없는 어두움의 삶이었
고, (3) 따라서 불행한 삶이었다. 그런 어두움의 삶을 살던 그들이 예수님을
믿어(1:1) 이제 그는 구원을 얻게 되었다(2:1-10). 그들은 이제 어두움의 권세에
서 벗어나 빛의 자녀가 되었으므로(롬 13:12; 고후 4:6; 골 1:13) "주 안에서
빛"이 되었다(요 8:12; 12:46; 고후 4:6; 살전 5:5; 요일 2:9). 곧 '예수님과
연합되었으므로 빛이 되었다'는 것이다. 그러므로 이제는 "빛의 자녀들처럼
행하라"(walk as children of light)고 바울은 말한다(눅 16:8; 요 12:36).
빛 되신 예수님의 자녀들처럼 살라는 것이다. 곧 착하게, 의롭게, 진실하게
살라는 것이다(9절).

빛의 열매는 모든 착함과 의로움과 진실함에 있느니라.

예수님을 따라서 빛으로 변한 성도들이 맺어야 하는 열매는 "모든 착함
과 의로움과 진실함"이다(갈 5:22). "착함"($\dot{\alpha}\gamma\alpha\theta\omega\sigma\dot{\upsilon}\nu\eta$)이란 '도덕적으로
선(善)한 것'을 뜻한다. '사람을 사랑하는 마음으로 행하는 모든 선'을 말한

다. 예수님께서 두루 다니시며 착한 일을 행하시고 마귀에게 눌린 모든
자를 고치신 것처럼(행 10:38) 성도들도 역시 이웃을 사랑하는 마음으로
선한 일을 해야 한다. "의로움"(δικαιοσύνη)이란 사람을 상대하여 옳게
행하는 것을 뜻한다. 성도는 사람을 상대하여 옳게 행해야 한다(빌 1:11;
히 12:11). "진실함"(ἀληθεία)이란 말과 행위가 정직함을 말한다(4:25;
요일 3:18). 사람에게 가장 필요한 덕이 바로 진실함이다. 우리나라 사람들의
의식구조를 조사한 통계가 나올 때마다 정직하면 잘 살지 못한다고 생각하는
사람들이 점점 많아지고 있다. 이제는 국민의 80%가 진실하면 잘 살지
못한다고 생각한다. 이것은 하나님을 모르는 우매에서 나왔다. 하나님은
진실한 사람을 도우시고 또 진실하게 간구하는 사람들의 기도를 들으신다는
것을 알아야 한다(시 145:18). 장기적으로 보라. 진실하지 않은 사람들은
결국 망한다.

엡 5:10. 주께 기쁘시게 할 것이 무엇인가 시험하여 보라.
바울은 지금까지 빛으로 변한 성도들이 빛의 열매를 맺을 것을 권장하고는
이제 "주께 기쁘시게 할 것이 무엇인가 시험하여 보라"고 도전한다(롬 12:2;
빌 1:10; 살전 5:21; 딤전 2:3). 여기에서 "시험하여 보라"(δοκιμάζοντες)는
말은 금속의 질을 알아보기 위해 실험을 통해서 '입증한다,' '실증한다'는
뜻이다. 그리스도인들은 하나님을 기쁘시게 하기 위해서 조심스럽게 한발 한발
자신의 말과 행동을 검토해야 한다. 그리스도인들은 하나님을 기쁘시게 하기
위해서 어떻게 해야 하는지를 알아보아야 하고(Hendriksen), 또한 "아버지
하나님을 기쁘시게 함이 신자의 전심전력할 유일한 생활 목표임"(박윤선)을
알고 자신의 생각과 말과 행동을 조심스럽게 살펴야 한다. 우리가 이처럼

하나님의 기뻐하시는 뜻에 자신의 발을 맞추어 나가는 것이 하나님께 드리는
참된 제사이다(롬 12:1-2).

　오늘 혼란이 극심한 세상에서 우리는 하나님의 선하시고 기뻐하시고 온전하
신 뜻이 무엇인지 검토하여 그 뜻을 따르는 성도들이 되어야 할 것이다. 잘
못하면 부정비리에 휘말리기 쉽고 음란 풍조에 동조하기 쉬우며 탐욕에 눈이
어두울 수도 있고 공산주의의 거짓말에 동조할 수도 있다. 우리는 오직 주님의
뜻만을 생각하며 따라야 할 것이다.

엡 5:11-12. 너희는 열매 없는 어두움의 일에 참예하지 말고 도리어
책망하라.

바울은 빛이 된 성도들이 빛의 열매를 맺을 뿐 아니라(9절) 마땅히 해야 할
일을 두 가지 더 추가한다. 그것은 첫째, "어두움의 일에 참예하지 말라"는
것이다(고전 5:9, 11; 10:20; 고후 6:14; 살후 3:6, 14). 세상이 어두운 고로
성도들이 세상의 죄악에 참예할 가능성이 많다. 음행에 참예할 수 있고 세속적으
로 추한 일에 참예할 수 있으며 명예와 물질을 탐할 수가 있다(3-4절). 그러므로
성도는 정신을 차려 그런 어두움의 일에 참예치 말아야 한다. 그리고 둘째,
그 "어두움의 일"(롬 6:21; 13:12; 갈 6:8)을 "책망하라"는 것이다(레 19:17;
딤전 5:20). "책망한다"(ἐλέγχετε)는 말은 '꾸짖다,' '드러내어 폭로하다'는
뜻이다. 말로써 성적인 죄악을 꾸짖고 추한 일을 꾸짖으며 탐욕을 꾸짖어야
한다. 그리고 우리 자신들이 바로 삶으로써 그들의 성적 죄악과 추한 일과
탐욕을 간접적으로 훤하게 폭로해야 한다(마 5:15). 책망한다는 것은 쉬운
일이 아니다. 더욱이 개인적으로 책망할 때는 상대방의 감정을 건드릴 수
있으므로 많이 기도하는 중에 성령님께서 역사하시도록 해야 한다. 더욱 바람직

한 것은 우리 성도들이 바로 살아서 그들이 우리들의 행실을 보고 부끄럽게 느껴서 돌아서게 해야 하는 것이다.

저희의 은밀히 행하는 것들은 말하기도 부끄러움이라.

책망하지 않을 수 없는 이유는 그들이 "은밀히 행하는 것들은 말하기도 부끄러운 일"이기 때문이다(롬 1:24, 26; 엡 5:3). 어두움에 속한 사람들이 은밀하게 행하는 일들, 곧 불법적인 성관계, 세속적으로 추한 일들, 탐욕하는 일들(3-5절)은 말하기도 부끄러울 정도다. 성도는 이 세상에서 빛 된 삶을 살아서 세상 사람들이 우리 앞에서 입을 다물고 얼굴을 붉히게 해야 하는 것이다.

엡 5:13. 그러나 책망을 받는 모든 것이 빛으로 나타나나니(But all things that are reproved are made manifest by the light).
바울은 책망해야 할 당위성에 대해 추가적인 언급을 한다. 책망을 해야 할 이유는 "책망을 받는 모든 것이 빛으로 나타나기" 때문이다(요 3:20-21; 히 4:13). 다시 말해, 우리가 말로써 책망하거나 우리의 착한 행실로 양심을 찌르거나 아니면 다른 어떤 식으로든 세상의 어두움을 책망하면, 책망을 받는 모든 것은 빛(the light)에 의해서 드러나게 마련이라는 것이다. 곧 세상 사람들의 죄악은 성도들의 빛 된 말이나 빛 된 삶에 의해서 밝히 드러나게 마련이라는 것이다. 성도의 말과 삶은 세상의 어두움을 밝히는 점에 있어서 빛의 역할을 하고 있는 것이다.

나타나지는 것마다 빛이니라(for whatsoever doth make manifest is light).
죄악이 드러내지는 것마다 빛이 된다는 것이다. 여기에서 "나타나지

다"(φανερούμενον)라는 말은 수동태 분사로서 '나타냄을 받는다'는 뜻이다. 어두움이 책망을 받아서 훤히 나타나지는 것마다 빛이 된다는 뜻이다. 다시 말해, "나타나기를 거부하지 않는 자는 빛이 된다"는 말이다(Bengel). 곧 책망을 받아들여서 스스로 회개하고 자신의 죄악을 훤히 드러내며 빛 된 인생이 된다는 것이다. 그러므로 성도들의 말을 통한 책망도 중요하며 생활로 본을 보이는 것도 중요하다. 성도는 세상에서 빛(light)이고 또 수많은 빛들을 만들어 내는 씨앗(seed) 빛이다.

엡 5:14. 그러므로 이르시기를 잠자는 자여 깨어서 죽은 자들 가운데서 일어나라. 그리스도께서 네게 비취시리라 하셨느니라.
앞에서 바울은 성도들이 어두운 사람들의 죄악을 책망할 때 그 어두운 사람들이 빛이 된다고 말했다. 이제 본 절에서 그는 그런 역사가 일어나는 것은 책망하는 성도의 힘에 의해서가 아니라 예수님의 역사로 인해 가능하다는 사실을 뒷받침하기 위해서 구약 성경을 인용한다. 바울이 "그러므로 이르시기를"이라고 말하면서 인용한 구절은 구약 성경의 어느 한 군데에서가 아니라 이사야 26:19; 60:1 등에서 자유롭게 인용한 것으로 보인다. 이 구절들은 "잠자는 자여 깨어라"(사 60:1; 롬 13:11-12; 고전 15:34; 살전 5:6), "죽은 자들 가운데서 일어나라"고 말씀한다(요 5:25; 롬 6:4-5; 엡 2:5; 골 3:1). 이 두 구절은 똑같은 내용의 반복인데 앞 절보다는 뒷 절이 더 강하게 표현되었다. "잠자는 자," 곧 "죽은 자"는 '영적으로 잠자는 자,' '영적으로 죽은 자'를 지칭한다(엡 2:1, 5; 4:18). 곧 영적으로 죽은 자들이 성도들의 책망을 듣고 회개하라는 것이다. 그러면 "그리스도께서 네게 비취시리라"고 바울은 말한다(요 1:9). 그리스도께서 빛을 비추어 주셔서 밝은 빛이 되게 하신다는 뜻이다. 누구든지 회개하는 자는 천국의 구원을 얻게 되고 천국에 가게 된다.

4. 세월을 아껴라 5:15-21

바울은 앞에서 죄악에 참예하지 말고(3-7절) 빛의 삶을 살뿐만 아니라 적극적으로 어두움의 죄악을 책망하라고 권고했다(8-14절). 이제 그는 에베소 성도들에게 시간을 규모 있게 쓰고(15-17절), 성령 충만한 삶을 살라고 명령한다(18-21절).

엡 5:15. 그런즉 너희가 어떻게 행할 것을 자세히 주의하여 지혜 없는 자같이 말고 지혜 있는 자같이 하여(See then that ye walk circumspectly, not as fools, but as wise).

바울은 에베소 교회 성도들에게 '지혜 있는 자처럼 주의 깊게 행동하라'고 부탁한다(골 4:5). 지혜자가 되어 조심스럽게 행동하라는 말이다. 결코 지혜 없는 자가 되지 말고 지혜 있는 자가 되어 세상을 주의 깊게 걸어가라는 것이다. 바울은 앞에서는 어두운 삶을 살지 말고 빛의 자녀가 되어 빛의 열매를 맺을 것을 권고했는데(8-14절), 이제 본 절에서는 지혜 없는 사람처럼 살지 말고 지혜로운 자처럼 행동해야 한다고 말한다. 지혜 있는 사람은 세상에서 주님의 뜻이 무엇인지 살펴서 그 뜻을 따라 살아간다. 우리는 지혜, 곧 분별력을 그리스도께 구하여 주님의 뜻을 따라 세상을 살아야 할 것이다.

엡 5:16. 세월을 아끼라 때가 악하니라.

앞 절에서 바울은 지혜로운 사람이 되어서 세상을 조심스럽게 살라고 주문했는데, 이제 본 절에서는 "세월을 아끼라"고 부탁한다(갈 6:10; 골 4:5). "아끼다"(ἐξαγοραζόμενοι)라는 말은 '속구하여 내다,' '도로 사다,' '속량하다'는 뜻이다. "아끼다"는 말이 율법과 관련하여 사용될 때는 사람을 율법으로부터 '속량하다'는 뜻이 되고(갈 3:13; 4:5), 세월과 관련하여 사용될 때는 '기회를 잡는다'는 뜻이 된다. 바울은 "세월"(καιρόν)을 보통의 시간이 아니라 하나의 '특별한 기회,' 혹은 '중요한 시기'로 보고 있다. 인간의 한 생애는 하나의 기회, 곧 하나님께서 우리들에게 주신 특별한 기회라는 것이다. 우리는 우리의 한 생애의 세월을 잘 써야 한다. 그 이유는 "때가 악하기" 때문이다(전 11:2; 12:1; 요 12:35). 세월은 어느 한 시기만 악한 것이 아니라 인류 역사가 시작한 이래 항상 악해 왔다(창 4:8-9; 6:5). 우리가 잘못하면 이 세월 속에서 한 생애를 허송할 수가 있다. 한 생애가 짧아서가 아니라 세상이 악해서 함께 떠내려갈 수 있기 때문이다. 오늘날의 인터넷, TV, 그리고 각종 향락문화는 사람의 한 생애를 허송시키기에 충분한 매체들이다. 참으로 조심스럽게 걸으면서 주님의 뜻을 실행하면서 살아야 할 것이다.

엡 5:17. 그러므로 어리석은 자가 되지 말고 오직 주의 뜻이 무엇인가 이해하라. 때가 악하므로 우리는 "어리석은 자가 되지 말고"(골 4:5), 곧 '지혜 없는 자가 되지 말고'(15절) "오직 주의 뜻이 무엇인가 이해해야' 한다(롬 12:2; 살전 4:3; 5:18). "이해하다"(συνίετε)는 말은 '깨닫다,' '파악하다'는 뜻이다. 세월을 아끼기 위해서는 주님의 뜻이 무엇인가를 파악해야 한다. 주님의 뜻은 우리에게 세상을 어떻게 살아야 하는지를 보여 주기 때문이다. 우리가 주님의 뜻을 잘 파악하기 위해서는 이 세대를 본받지 말고 마음을 성화시킨 후 주님의 뜻이 무엇인지 알기 위해서 기도해야 한다.

엡 5:18. 술 취하지 말라 이는 방탕한 것이니 오직 성령의 충만을 받으라.
바울은 앞에서 시간을 규모 있게 쓸 것을 말씀했고(15-17절), 본 절에서는
세월, 곧 기회를 잘 포착하는 방법에 대해 말한다. 바울은 세월을 아끼기
위해서는 먼저 "술 취하지 말라"고 부탁한다(잠 20:1; 23:29-30; 사 5:11,
22; 눅 21:34). 술 취하지 말아야 할 이유는 술 취함은 "방탕한" 것이기
때문이다. "방탕한 것"(ἀσωτία)이란 '품행이 나쁜 것,' '낭비,' '방종'을 뜻한
다. 술 취하는 것은 방종이므로 술 취하지 않아야 한다. 술 취하면 방종해져서
주님의 뜻을 알 수도 없고 그 뜻을 실행할 수도 없으니 세월을 허송하게
되는 것이다.

　　다음으로 바울은 세월을 아끼기 위해서는 성령의 충만을 받아야 한다고
말한다. "성령의 충만을 받는다"는 말은 '성령의 지배와 인도를 받는 것'을
뜻한다. 일단 성령의 세례를 받은 신자는 일생 동안 성령의 지배와 인도를
받아야 한다(행 4:8, 31; 6:3, 5; 9:17; 13:9, 52). "충만을 받으
라"(πληροῦσθε)는 말은 현재 수동태 명령형이다. 이 말이 (1) 현재 시상인
것은 성령 충만을 받는 것은 단번에 끝나는 현상이 아니라 계속해서 충만해야
한다는 것을 보여 주고, (2) 수동태인 것은 신자가 성령으로 충만 받는 것은
수동적이라는 사실을 보여 준다. 다시 말해, 신자가 주도적(主導的)으로 충만
에 이르는 것이 아니라 성령께서 주도적으로 신자를 지배하시고 인도하신다는
것이다. 또한 이 말이 (3) 명령형인 것은 누구든지 성령 충만을 받아야 하는
명령 아래에 있음을 보여 준다. 신자는 성령의 지배와 인도를 받는 중에
주님의 뜻을 분별하여 주님의 뜻대로 삶으로써 세월을 아낄 수 있는 것이다.

우리는 지금 성령 충만한가? 다시 말해, 성령의 지배와 인도를 받으며 살고
있는가? 아니면 내 생각이나 고집대로 혹은 세상의 풍조를 따라 혹은 마귀의
주장대로 살고 있는가? 우리는 성령의 지배와 인도를 따라 살기 위하여
많은 시간을 드려 기도해야 한다.

엡 5:19. 시와 찬미와 신령한 노래들로 서로 화답하며 너희의 마음으로 주께
노래하며 찬송하며.
바울은 신자가 성령으로 충만할 때 하나님을 찬송하고 범사에 감사하며 또
성도 간에 서로 복종이 가능하다고 말한다(19-21절). 신자가 성령으로 충만할
때 "시와 찬미와 신령한 노래들로 서로 화답하게" 된다(행 16:25; 고전 14:26;
골 3:16; 약 5:13). "시"는 '구약의 시편'을 지칭하고 "찬미"는 '성령의 감화를
받아서 지은 노래'이고 "신령한 노래"는 세상 노래와는 달리 '성령의 감화에
의하여 만들어져서 불리어진 일반적인 찬송'을 지칭한다. 이런 노래들로 "서로
화답한다"는 것은 초대 교회의 예배 때 서로 나뉘어 교대로 부르던 것을 묘사한
것이다.

또한 바울은 신자가 성령으로 충만하면 "마음으로 주께 노래하며 찬송하게"
된다고 말한다. 바울은 마음의 노래, 마음의 찬송을 권장한다. 여기에서 노래와
찬송은 똑같은 내용을 말하는 동의어일 것이다. 신자는 성부의 사랑하심과
성자의 은혜, 그리고 성령의 인도하심을 마음으로 찬송해야 한다.

엡 5:20. 범사에 우리 주 예수 그리스도의 이름으로 항상 아버지 하나님께
감사하며.
그리고 바울은 신자가 성령으로 충만할 때 "범사에 … 아버지 하나님께 감사하

게" 된다고 말한다(시 34:1; 사 63:7; 골 3:15-17; 살전 5:18; 살후 1:3).
혹자는 여기에 나오는 "범사"란 말을 '모든 축복을 받을 때마다'로 제한하기도
하나, 우리는 그것을 '그 어떤 형편에든지, 곧 모든 길흉을 따질 것 없이 항상'
감사하라는 것으로 보아야 한다. 바울은 환경이 어떻게 돌아가든지 범사에
감사했다(행 16:25; 빌 1:12-18). 그리고 에베소 교인들에게도 범사에 감사하되
"우리 주 예수 그리스도의 이름으로" 항상 아버지 하나님께 감사하라고 권한다
(히 13:15; 벧전 2:5; 4:11). 즉 '예수 그리스도의 이름을 믿으면서' 감사하라는
것이고 '주 예수 그리스도를 통하여' 감사하라는 것이다. 모든 은혜는 예수
그리스도를 통하여 우리들에게 임하므로 모든 감사도 예수 그리스도를 통하여
올려져야 하기 때문이다. 예수님은 은혜의 통로요, 또한 감사의 통로이다.
예수님은 하나님과 우리 사이의 중보자이시다(딤전 2:5).

엡 5:21. 그리스도를 경외함으로 피차 복종하라.
바울은 에베소 교인들에게 성령의 충만함을 입어 "그리스도를 경외함으로
피차 복종하라"고 권고한다(빌 2:3; 벧전 5:5). 바울은 성도 간에 '피차 복종하는
일에도' 그리스도 경외가 필요하다고 말한다. 그리스도를 경외하지 않으면
성도 상호간에 복종하지 못한다. 이것은 마치 구약 시대에 하나님께서 어떤
일들을 명령하신 후 곧바로 "나는 여호와니라"고 말씀하시면서 명령 실행을
권고하신 것과 같다(레 18:4-6, 21, 30, 19:2-4, 10, 12, 14, 16, 18, 25,
28, 30-32, 34, 36-37). 우리들은 서로 복종해야 한다. 우리는 서로 복종하는
것이 그리스도의 명령인 까닭에 복종해야 한다. 사람들 간의 윤리도 그리스도의
명령이므로 그리스도를 경외하는 가운데 실천해야 한다.
　오늘날 성도는 서로 존경하고 복종하기는커녕 서로 비방하고 정죄한다.

그리스도의 뜻을 잘 몰라서 이런 죄를 범하는 것이다. 목사에 대해서는 어느
정도 조심하는 사람들도 다른 성도, 특히 세상 표준으로 보아 보잘 것 없는
연약한 성도는 가볍게 취급한다. 이런 죄들은 다른 성도들을 구속하신 그리스도
의 피가 얼마나 값진 것인지를 알지 못해서 범하는 죄들이다.

5. 가정 윤리 5:22-6:9

앞에서 바울은 에베소 성도들에게 세월을 아낄 것과 성령이 충만하여 행할
것에 대해 말했다(15-21절). 이제 그는 부부간의 윤리(22-33절), 부자간의
윤리(6:1-4), 그리고 노주간의 윤리(6:5-9)에 대해 말한다.

1) 부부간의 윤리 5:22-33

바울은 가정 윤리를 다루면서 제일 먼저 부부간의 윤리를 취급한다. 이것은
부부간의 윤리가 무엇보다도 중요함을 시사하는 것이다. 그리고 바울은 부부간
의 윤리에 대해 말하면서 그리스도와 교회의 관계를 들어 부부간에 윤리를
성실히 지킬 것을 권장한다.

엡 5:22. 아내들이여 자기 남편에게 복종하기를 주께 하듯 하라.
바울은 먼저 아내들로 하여금 "남편에게 복종하라"고 말한다. 아내가 남편에게
복종하라는 말씀은 성경 여러 곳에 있다(창 3:16; 고전 11:3; 14:34; 골 3:18;
딛 2:5; 벧전 3:1). 바울은 아내들이 남편에게 복종하되 "주께 하듯" 하라고
권한다(6:5). 아내는 남편에게 복종하는 것을 예수님께 복종하는 일로 여겨야
한다는 말이다. 아내는 남편에게 복종하는 것과 그리스도에게 복종하는 일을

따로 분리시키지 말아야 한다. 그러면 혹시 남편이 그리스도를 믿지 않는 경우 아내들은 어떻게 해야 하는가? 그때에도 여전히 남편에게 복종해야 하는가, 아니면 복종하지 않아도 되는가? 성경은 남편이 그리스도를 믿지 않는 경우에도 남편에게 복종하라고 말씀한다(벧전 3:1).

오늘 우리는 그리스도께 복종하는 것과 사람에게 복종하는 것을 따로 떼어 놓아서 문제가 생긴다. 자식이 부모에게 복종하는 것과 그리스도에게 복종하는 것을 따로 떼어 놓으니 문제가 생기는 것이다(6:1-4).

엡 5:23. 이는 남편이 아내의 머리됨이 그리스도께서 교회의 머리됨과 같음이니. 바울은 아내들이 남편들에게 복종해야 하는 이유를 말한다. 아내가 남편에게 복종해야 하는 것은 "남편이 아내의 머리가 되기" 때문이라는 것이다(고전 11:3). "머리"(κεφαλή)라는 말은 '주관자,' '주장자,' '통치자'라는 뜻이다(창 3:16; 엡 1:22). 남편이 아내의 주관자가 되기 때문에 아내는 남편에게 복종해야 한다. 남편이 아내의 주관자가 됨은 "그리스도께서 교회의 머리됨과 같다."(1:22; 4:15; 골 1:18) 다시 말해, 예수님께서 교회의 통치자가 되신 것과 똑 같다. 예수님께서 교회의 머리이신 까닭에 성도들이 예수님께 전적으로 복종하는 것처럼 아내는 자기의 머리인 남편에게 복종해야 한다.

그가 친히 몸의 구주시니라(He is the savior of the body).

예수님은 "몸," 곧 '교회'의 구주이시다(1:23). 예수님은 사람들을 죄로부터 구원하셔서 교회 안으로 불러 주신 구주이시고 현세의 여러 어려움에서 성도들을 구해 주시고 보호해 주시는 구주이시다. 남편은 가정에서 예수님을 대리하여 아내를 사랑으로 돌보며 항상 보호하는 입장에 있기 때문에 아내는 남편에게 복종해야 한다.

엡 5:24. 그러나 교회가 그리스도에게 하듯 아내들도 범사에 그 남편에게 복종할 지니라.

앞에서 바울은 남편이 아내의 주관자가 되고 또 보호자이므로 아내가 남편에게 복종해야 한다고 말했다. 그리고 이제 그는 아내들이 "범사에 그 남편에게 복종해야" 한다고 말한다(골 3:20, 22; 딛 2:9). "복종할지니라"(ὑποτάσσεται) 는 말은 현재 직설법 중간태로서 '아래에 두라,' '종속시키라'는 뜻이다. 이 낱말이 중간태이므로 '스스로를 아래에 두라', '스스로를 종속시키라'는 뜻이다. 아내들은 범사에 남편에게 복종하되 스스로를 종속시켜야 한다는 말이다. 결코 강제적으로 복종을 당하는 것이 아니라 스스로 자신들을 남편의 권위에 복종해 야 하는 것이다. 오늘 우리 사회는 과거의 잘못된 굴종의 문화에서 벗어나는 차원을 넘어서 이제는 아내들이 남편들을 학대하거나 아니면 걸핏하면 가정을 박차고 나서는 추세를 보이고 있다. 아내들은 지금 가정을 박차고 이혼을 서둘음으로 가정과 사회를 혼란에 빠뜨리고 있다. 아내들은 성경으로 돌아가 남편들에게 복종해야 할 것이다. 성경 말씀을 어기고 복 받은 개인과 국가와 민족이 있는가를 살펴보라.

엡 5:25. 남편들아 아내 사랑하기를 그리스도께서 교회를 사랑하시고 위하여 자신을 주심 같이 하라

바울은 남편들에게 아내를 "사랑하라"고 명령한다(골 3:19; 벧전 3:7). 여기에 서 "사랑하라"(ἀγαπᾶτε)는 원어는 '희생적으로 사랑하라'는 뜻이다. 남편은 아내를 사랑하되 희생적으로 사랑해야 한다. 이유는 (1) "사랑하라"는 단어 자체가 벌써 '희생적으로 사랑하라'는 뜻을 지니고 있기 때문이고, (2) 그리스도 의 모본 때문이다. 바울은 본 절에서 "그리스도께서 교회를 사랑하시고 위하여

자신을 주심 같이" 남편들도 아내를 희생적으로 사랑하라고 명령한다. 그리스도
께서는 교회를 사랑하시기 위해 "자신을 주셨다"(행 20:28; 갈 1:4; 2:20).
곧 십자가에서 대속의 죽음을 죽으셨다. 기독교의 아내 사랑은 세속적인 사랑과
는 차원이 다르다. 세상의 불신 남편들은 아내가 이성(the other sex)이기
때문에 혹은 아내가 자기와 가까운 사이이기 때문에 사랑한다. 그러나 그리스도
를 믿는 사람들은 하나님으로부터 발원한 희생적인 사랑을 해야 한다.

엡 5:26. 이는 곧 물로 씻어 말씀으로 깨끗하게 하사 거룩하게 하시고(ἵνα
αὐτὴν ἁγιάσῃ καθαρίσας τῷ λουτρῷ τοῦ ὕδατος ἐν ῥήματι).
앞에서 바울은 예수님께서 "자신을 주셨다"고 말씀했다. 이제 그는 예수님께서
십자가에서 자신을 희생하신 목적에 대해 말한다. 바울에 따르면, 예수님께서
자신을 희생하신 것은 교회를 "물로 씻어 말씀으로 깨끗하게 하사 거룩하게
하시기" 위해서였다. 원어를 다시 번역해보면 "그가 말씀에 의하여 물로 씻어
깨끗하게 하사 거룩하게 하셨다"가 된다. 곧 예수님께서 말씀을 사용하셔서
교회를 물로 씻어 깨끗하게 하시고 거룩하게 하셨다는 것이다. 여기에서 "깨끗
하게 하사"(καθαρίσας)라는 말은 단순과거 능동태 분사로서 논리적으로 보아
"거룩하게 하셨다"(ἁγιάσῃ)는 단순과거 능동태보다 조금 앞선 사건이다.14)
그러므로 예수님은 십자가에 달려 죽으심으로 교회를 먼저 깨끗하게 하시고
다음으로 거룩하게 하셨다는 것이다. 그러나 여기에는 시간적인 차이는 없고
단지 논리적인 순서만 있을 뿐이다. 깨끗하게 하신 일이나 거룩하게 하신
일은 동시에 일어난 사건이다.

---

14) 여기에서 과거분사(καθαρίσας)는 주동사(ἁγιάσῃ)보다 한발 앞선 동작을 나타내고 있다.

예수님은 말씀에 의하여 교회를 깨끗하게 하신다(요 15:3; 17:17). 다시 말해, 예수님은 말씀을 전파하셔서 제자들을 중생시키신다(요 13:10; 15:3). 누구든지 예수님의 말씀에 의하여 깨끗하게 된 사람들, 곧 중생한 사람들은 다시 중생해야 할 필요가 없다. 중생한 사람들은 중생했기 때문에 거룩해진 것이다. 곧 구별된 사람들이 된 것이다.

그런데 여기에서 문제는 "물로 씻는 것"이 무엇이냐는 것이다(요 3:5; 딛 3:5; 히 10:22; 요일 5:6). 혹자는 물세례를 지칭한다고 주장하나 물세례 자체가 사람을 깨끗하게 해서 거룩하게 할 수는 없는 것이다. 예수님께서 니고데모에게 "사람이 물과 성령으로 나지 아니하면 하나님 나라에 들어갈 수 없느니라"고 하셨을 때, 그 물은 물세례를 의미하기보다는 정결을 의미한다고 보아야 할 것이다. 요한복음 3:5의 "물"을 머레이(John Murray)는 '정결'로 보았고[15], 해리슨(Everett Harrison)은 '회개와 죄로부터의 씻음'으로 보았고[16], 블럼(Edwin Blum)은 '세례 요한의 회개 사역'으로 보았다.[17] 그러므로 우리는 여기에서 "물로 씻는 것"을 성령의 정결사역을 상징하는 것으로 보아야 할 것이다. 예수님께서 말씀을 전파하실 때 성령님께서 역사하셔서 사람을 중생시키시는데, 우리의 본문의 "물로 씻는 것"은 바로 그 성령의 중생사역의 상징인 셈이다. 물세례는 성령세례에 참여한 신자를 위한 외적 표지일 뿐이다. 그러므로 "물로 씻는 것"은 예수님의 말씀을 전파할 때에 발생되는 성령님의

---

15) John Murray, *Redemption Accomplished and Applied* (Grand Rapids: Wm. B. Eermans Publishing Co., 1984), p.98.

16) Everett Harrison, "The Gospel according to John," in *The Wycliffe Bible Commentary* (Chicago: Moody Press, 1962), p.1078.

17) Blum, Edwin A. Blum, "John," in *The Bible Knowledge Commentary,* New Testament ed., ed. John F. Walvoord and Roy B. Zuck (Wheaton, Ill.: Victor Books, 1983), p.281.

중생사역을 상징하는 것으로 보아야 한다. 예수님은 말씀으로 성도들을 중생시키셔서 거룩하게 하시는 놀라운 일을 하신다.

엡 5:27. 자기 앞에 영광스러운 교회로 세우사 … 거룩하고 흠이 없게 하려 하심이니라.

바울은 예수님께서 자신을 주셔서 교회를 깨끗하게 하고 거룩하게 하셔서(26절) "자기 앞에 영광스러운 교회로 세우사 티나 주름 잡힌 것이나 이런 것들이 없이 거룩하고 흠이 없게 하려 하신다"고 말한다. 예수님은 말씀과 성령으로 교회를 중생시키시고 거룩하게 하셔서 예수님 앞에 영광스러운 교회로 세우셔서(고후 11:2; 골 1:22) 거룩하고 흠이 없게 하려 하신다는 것이다(엡 1:4; 살전 4:7). 예수님은 현세에서도 교회가 자신 앞에 영광스러운 교회가 되기를 원하시고, 또 자신이 재림하실 때에도 온전히 영광스러운 교회로 드러나기를 원하신다.

엡 5:28. 이와 같이 남편들도 자기 아내 사랑하기를 제 몸같이 할지니 자기 아내를 사랑하는 자는 자기를 사랑하는 것이라.

바울은 남편들도 "이와 같이," 곧 '그리스도께서 교회를 사랑하심과 같이' "자기 아내 사랑하기를 제 몸같이 할지니"라고 말한다. 사람은 다 자기를 사랑한다. 자기를 위한다. 그처럼 남편들은 자기 아내를 사랑해야 한다. 결국 "자기 아내를 사랑하는 자는 자기를 사랑하는 것이" 되는 것이다. 자기 아내 사랑은 곧 자기 사랑이다. 오늘 세상의 남편들은 자기 아내를 사랑치 않고 자기만을 사랑한다. 아내를 사랑치 않음으로 결국 자기를 사랑치 않은 꼴이 된다. 아내를 미워하는 것은 결국 자신을 미워하는 것임을 알아야 할 것이다.

엡 5:29-30. 누구든지 언제든지 제 육체를 미워하지 않고 오직 양육하여 보호하기를 그리스도께서 교회를 보양함과 같이 하나니.

바울은 본 절에서 "남편들이 자기 아내 사랑하기를 제 몸같이" 해야 할 이유를 설명한다. 사람은 "누구든지 언제든지 제 육체를 미워하지 않고 오직 양육하여 보호한다"는 것이다. 사람은 누구든지 자기의 몸을 정성을 다하여 가꾸며 보호한다. 모든 사람은 그리스도께서 교회를 보양함과 같이 정성을 다하여 자기 몸을 돌아본다. 그처럼 남편들은 자기의 아내, 곧 제 육체를 돌보아야 한다. 남편들은 아내가 자기 육체라는 사실을 깊이 알아서 양육하고 돌보아야 한다.

우리는 그 몸의 지체임이니라.

예수님께서 우리를 돌보시는 이유는 우리가 예수님의 몸 된 교회의 지체들이기 때문이다(창 2:23; 롬 12:5; 고전 6:15; 12:27). 예수님과 성도는 떼려야 뗄 수 없는 머리와 몸의 관계이다. 남편들은 자신의 몸인 아내를 돌보고 사랑해야 한다.

엡 5:31. 이러므로 사람이 부모를 떠나 그 아내와 합하여 그 둘이 한 육체가 될지니.

바울은 구약 창세기 2:24을 인용하여 부부는 온전히 한 몸임을 증명한다. "남자가 부모를 떠나 그 아내와 연합하여 둘이 한 몸을 이룰찌로다(창 2:24; 마 19:5; 막 10:7-8)." 여기에서 "합하다"(προσκολληθήσεται)는 말은 '~에게 결합될 것이다'는 뜻으로 성적인 결합을 뜻하는 말이다. 남편은 아내와 결합한 후에는 서로 뗄 수 없는 관계가 된다는 것이다(고전 6:16-17).

남편들은 떼려야 뗄 수 없는 관계가 된 아내를 보호하고 사랑해야 한다. 오늘 우리 사회의 부부관계는 너무 심한 이합집산을 이루고 있다. 정식으로 결혼한 부부들이 너무 쉽게 연합을 파괴한다. 그리고 나서 또 다른 상대자를 찾아 나선다. 하나님의 말씀과는 천리만리 떠나 있다.

엡 5:32. 이 비밀이 크도다. 내가 그리스도와 교회에 대하여 말하노라.
바울은 바로 앞 절에서 말한 "그 둘이 한 육체가" 되는 것, 곧 남자가 여자와 결혼해서 한 육체가 되는 것과 "그리스도와 교회"와의 연합을 비교하면서 큰 비밀이라는 표현을 사용한다. 두 사람이 한 육체가 되는 것은 오묘한 신비이며, 예수 그리스도께서 교회, 곧 성도들과 연합되는 것도 큰 비밀이라는 것이다. 그리스도께서 하늘 영광을 버리시고 이 낮고 천한 땅에 오셔서 죄인들을 대신하여 십자가에 죽으시고 부활하시고 하늘에 앉으시고 영생하시는 것과 같이 성도들도 그리스도와 함께 영생하는 것은 참으로 큰 비밀이 아닐 수 없다(2:4-7). 예수 그리스도가 우리 안에, 우리가 예수님 안에 거하는 것은 놀라운 비밀이 아닐 수 없다(요 14:20).

엡 5:33. 그러나 너희도 각각 자기의 아내 사랑하기를 자기 같이 하고 아내도 그 남편을 경외하라.
바울은 22-32절까지의 부부윤리에 대한 결론을 내리기 위해 "그러나"(πλὴν)라는 말, 곧 '아무튼,' '좌우간'이라는 단어를 사용한다. 바울은 아무튼 남편은 "자기의 아내 사랑하기를 자기 같이 하고 아내는 자기 남편을 경외하라"고 부탁한다. 남편들은 아내를 자기 육체같이 사랑해야 하고(25절; 골 3:19), 아내는 남편을 '두려워해야' 한다(벧전 3:6). "경외하다"(φοβῆται)는 말은

'두려워하다'는 뜻이다. 곧 아내는 남편을 대할 때 그리스도를 대하듯 경외심을 가지고 복종하라는 것이다. 다시 말해, 아내는 남편에게 복종하는 것을 그리스도에게 복종하는 것으로 여기라는 것이다. 오늘 우리는 서로가 서로를 헌신짝처럼 버리는 시대를 살아가고 있다. 그러나 남편들은 하나님의 말씀의 터 위에 서서 아내를 자기 육체같이 사랑해야 할 것이고, 아내들은 자기의 남편을 그리스도를 대하듯 경외심을 가지고 복종해야 한다.

제6장

성도의 가정 윤리와 영적 전투

2) 부자간의 윤리 6:1-4

지금까지 가정에서 제일 중요한 부부 윤리를 다뤘던(5:22-33) 바울은 이제 본 절에서는 부자간의 윤리에 대해 말한다. 바울은 먼저 자녀들에게 부모를 순종하라고 말하고(6:1-3), 다음으로 아버지들에게 자녀를 어떻게 교육시킬 것인 가에 대해 말한다(4절).

엡 6:1. 자녀들아 너희 부모를 주 안에서 순종하라.

바울은 "자녀들아"라고 부르면서 "너희 부모를 주 안에서 순종하라"고 명령한 다(잠 23:22; 골 3:20). "순종하라"(ὑπακούετε)는 말은 '경청하라,' '따르라'는 뜻이다. 이 단어는 현재명령형이므로 이 문장 전체는 '너희 부모의 말씀을 주 안에서 항상 경청할 마음의 준비가 되어 있어라'는 의미이다. 여기에서 문제가 되는 것은 "주 안에서"가 무엇을 뜻하느냐는 것이다. "주 안에서 순종하 라"는 말은 부모에 대한 순종을 주님께 대한 순종으로 여기면서 순종하라는 뜻이다. 부모에 대한 순종이 따로 있고 주님께 대한 순종 따로 있는 것이 아니라, 부모에 대한 순종이 곧 주님께 대한 순종이라는 것이다. 자녀들이 부모에게 순종할 때 주님께 순종하는 것으로 알고 순종해야 할 이유는 다른 데서도 찾을 수 있다. 그것은 바로 아내가 남편에게 복종할 때 "주께 하듯"해야 하고(5:22), 종들이 상전들에게 순종할 때 "그리스도께 하듯"해야 하는 것(6:5) 과 같은 맥락이다. 자녀들은 부모에 대한 순종을 주님께 순종하는 것으로 여겨 부모에 대한 순종과 주님께 대한 순종을 분리시키지 말아야 한다.

그러나 혹시 부모의 명령이 주님의 명령과 맞지 않으면 순종할 수가 없게 된다. 가령 불신(不信) 부모가 자녀들에게 우상을 섬기라는 명령을 내린다면 자녀들은 순종할 수가 없을 것이다. 그래서 바울은 다음 절에서(2절) 그런 경우를 생각하고 "공경하라"는 조항을 두었을 것이다.

이것이 옳으니라.

부모에 대한 순종은 첫째, 인간 본성에 심겨진 법으로 보아도 옳은 것이고, 둘째, 주님께서도 친히 본을 보이신 것이니 옳은 것이며(요 19:26-27), 셋째, 성경말씀에도 기록된 것이니 옳은 것이다(신 27:16; 잠 1:8; 30:17). 우리는 옳은 일을 피하지 말고 솔선해서 실천해야 한다. 오늘 우리 한국사회에서는 부모에 대한 순종이 많이 약화되었다. 사람들이 많이 하나님을 떠났다는 증거이 다. 우리는 과거 유교식이 아니라 기독교식으로 부모를 순종해야 할 것이다. 유교식이라는 것은 하나님 없이 부모를 순종하는 것이고, 기독교식이라는 것은 그리스도를 모시고 부모에게 순종하는 것을 말한다. 그리스도에게 순종한다는 것은 얼마나 좋은 일인가. 그리고 그 일환으로 부모를 순종한다는 것은 또 얼마나 좋은 일인가. 그리스도 없이 무슨 일을 한다는 것은 얼마나 어두운 일인가.

엡 6:2-3. 네 아버지와 어머니를 공경하라. 이것이 약속 있는 첫 계명이니
이는 네가 잘 되고 땅에서 장수하리라.

바울은 십계명 중에서 제 5계명을 가지고 자녀들에게 "네 아버지와 어머니를
공경하라"고 명령한다(출 20:12; 신 5:16; 27:16; 렘 35:18; 겔 22:7; 말 1:6;
마 15:4; 막 7:10). 비록 불신 부모가 주님의 뜻에 합당하지 않은 명령을
내려서 자녀들이 바로 그 명령을 순종하지 못한다고 해도 "공경하는 일,"
곧 '존경하는 일'은 해야 한다는 것이다. 자녀들은 부모가 자기들의 근원이고(히
12:9) 양육자이기 때문에(창 18:19; 신 4:9; 6:7; 엡 6:4) 부모를 공경하는
책임을 다해야 한다.

　그런데 바울은 제 5계명이 "약속 있는 첫 계명"이라고 말한다. 여기에서
"첫"(πρώτη)이란 말은 '첫 번째'(first)란 뜻 이외에 '으뜸되는,' 혹은 '아주
중요한'(most important)이란 뜻을 지닌다. 따라서 "약속 있는 첫 계명"이란
'약속이 딸린 아주 중요한 계명'이라는 뜻이다. 제 5계명은 제 2계명의 약속보다
도 약속이 딸린 아주 중요한 계명이다.[18] 그 약속은 다름 아니라 "네가 잘
되고 땅에서 장수하리라"는 것이다. 부모를 공경하면 자녀들은 두 가지 방면에
서 복을 받는다. 첫째, "잘되는" 복, 곧 범사가 잘 되는 자연적인 복을 받는다.
둘째, "땅에서 장수하는" 복을 받는다. 그런데 부모를 공경한 자녀들에게 하나님
께서 일률적으로 장수의 복을 주시는 것은 아니다. 장수의 복보다 더 좋은
복이 필요한 사람에게는 더 좋은 복을 주실 수도 있는 것이다.(사 57:1-2)

---

18) 제 5계명은 순수하게 약속만을 말씀하고 있는 반면, 제 2계명은 "질투하시는 하나님"을 설명하는
중에 "나를 사랑하고 내 계명을 지키는 자에게는 천대까지 은혜를 베푸느니라"(출 20:6)고 말한다
(Lincoln). 그러므로 제 5계명이 '약속이 딸린 아주 중요한 계명'이라고 할 수 있다.

엡 6:4. 또 아비들아 너희 자녀를 노엽게 하지 말고 오직 주의 교양과 훈계로 양육하라.

바울은 이제 아버지들에게 자녀 교육에 대한 주의 사항에 대해 말한다. 초대교회 때는 아버지들이 자녀 양육의 책임을 맡았기 때문이었다. 아버지들은 첫째, "자녀를 노엽게 하지 말라"는 권고를 받는다(골 3:21). 아버지들은 권위를 지나치게 발휘하여 자녀를 노엽게 할 수도 있고, 혹은 너무 가혹하게 다루어 노엽게 할 수도 있다. 어떤 이유에서든지 자녀를 화나게 해서는 안 된다. 둘째, "오직 주의 교양과 훈계로 양육하라"는 권고를 받는다(창 18:19; 신 4:9; 6:7, 20; 11:19; 시 78:4; 잠 19:18; 22:6; 29:17). "양육하다"(ἐκτρέφετε)라는 말은 '교육하다,' '건강과 힘을 증진시키다'라는 뜻이다. 자녀 교육은 "주의 교양과 훈계로" 해야 한다. 주님께서 주시는 교양과 훈계로 교육해야 한다. 주님께서 성경에서 보여 주신 교양과 훈계, 그리고 우리가 기도하는 중에 받은 주님의 교양법과 훈계의 방법을 사용해야 한다. "교양"(παιδεία)이란 '징계를 통하여 잘 못된 점을 교정시키는 것,' '책벌을 통한 훈련'을 지칭한다. 성경은 자녀들을 징계하고 책벌할 것을 명한다(잠 13:24; 23:13-14; 29:15). 그리고 "훈계"(νουθεσία)란 '충고'를 의미한다. 다시 말해, 언어로 자녀들을 훈련시키는 것을 뜻한다. 부모들은 주님이 남겨놓으신 말씀으로써 자녀를 교육 해야 한다. 즉 부모들은 사람의 교양과 훈계로 자녀를 교육할 것이 아니고, 주님이 남겨 놓으신 징계와 충고를 사용하여 자녀를 교육시켜야 한다. 그러려면 부모들이 먼저 성경에 능해야 하며, 기도를 드리는 중에 지혜를 받아서 주님께서 남기신 징계와 충고를 어떻게 응용할지를 잘 알아야 한다. 결국 부모는 하나의 도구로 사용되어야 하고 주님께서 자녀 교육을 시키도록 내어 맡겨야 한다. 주님께서 주신 아이를 주님께서 교육을 시키도록 내어 맡기는 것이야말로 이상적인 교육법이다. 우리나라에는 자녀 교육을 잘 한다는 교육가도 많고, 책도 많고, 학원도 많다. 그러나 거기에 맡긴다고 잘 되는가를 살펴야 한다. 그들은 대부분 주님의 교육법을 사용하지 않는다. 우리 부모들은 주님 앞에 무릎 꿇고 비법을 물어야 한다. 그러면 잘 될 것이다.

3) 노주간의 윤리 6:5-9

이제 바울은 노주(奴主)간의 윤리에 대해 말한다. 바울은 당시 사회에 노주가 있었으므로 이 문제를 다룬다. 그런데 바울은 노예제도를 폐지해야 한다는 말은 하지 않고, 노예들이 어떻게 주인을 잘 섬겨야 할 것인가에 대해 말한다. 바울은 하나님 중심으로 모든 일을 하면 노예제도 같은 것도 교정될 것으로 믿었다. 옛날의 노주간의 윤리는 오늘날 노사(勞使)간의 윤리에도 적용되어야 할 것이다.

엡 6:5-7. 종들아, 두려워하고 떨며 성실한 마음으로 육체의 상전에게 순종하기를 그리스도께 하듯 하여 … 그리스도의 종들처럼 마음으로 하나님의 뜻을 행하여 … 단 마음으로 섬기기를 주께 하듯 하고.
바울은 "종들아"라고 부르며 주인들에게 "순종하되" 소극적으로 사람 섬기듯 하지 말고 적극적으로 그리스도께 하듯 하라고 말한다(골 3:22; 딤전 6:1; 딛 2:9; 벧전 2:18). 적극적으로 그리스도를 섬기듯 첫째, "두려워하고 떨며" 순종하라고 말한다(5절; 고후 7:15; 빌 2:12). "두려워하고 떨며" 순종하라는 말은 진실하고 진지한 태도를 가지고 순종하라는 말이다(고전 2:3; 고후 7:15; 빌 2:12). 둘째, "성실한 마음으로" 순종하라고 말한다(5절; 대상 29:17). "성실한 마음으로" 순종하라는 말은 '단순한 마음으로' 순종하라는 뜻이다. 단순한

마음으로 순종하는 것은 "눈가림만 하여 사람을 기쁘게 하는" 태도(6절)와
반대되는 것이다(골 3:22-23). 상전의 눈앞에서나 순종하고 상전이 보지 않는
곳에서는 일하지 않는 것은 성실한 태도의 순종은 아니다. 셋째, "마음으로
하나님의 뜻을 행하는" 순종을 하라고 말한다. 중심에서 우러나오는 순종을
하라는 것이다. 종들은 하루 종일 주님 앞에 있는 심정으로 순종해야 한다.
"이상과 같은 원칙으로 노력하는 자는 그 수고를 그의 주인이 몰라주거나
혹은 오해하여도 결코 상심하거나 낙심하지 않으며, 계속 단 마음으로 노력한
다."19) 우리는 사람들로부터 자유하기 위하여 그리스도의 눈앞으로 나아가야
한다(롬 14:7-9). 우리는 항상 주님 앞에서 살아야 한다. 그럴 때 최선의 삶을
살게 되고 자유를 누리게 된다.

엡 6:8. 이는 각 사람이 무슨 선을 행하든지 종이나 자유하는 자나 주에게
그대로 받을 줄을 앎이니라.

바울은 노예들이 육신의 상전에게 순종할 때 그리스도에게 순종하는 일로
알고 순종해야 하는 근거에 대해 말한다. 종들이나 자유하는 주인들이나 모두
(갈 3:28; 골 3:11) "무슨 선을 행하든지 … 주에게 그대로 받을 것"이기
때문에 주님 앞에서 순종해야 한다는 것이다(롬 2:6; 고후 5:10; 골 3:24).
여기에서 "받을 줄"(κομίσεται)이란 말은 미래 중간태로서 '자신을 위하여
받을 것이다,' '자신을 위하여 얻을 것이다'라는 뜻이다. 예수님의 재림 후
예수님의 심판대 앞에서 행한 대로 받는다는 것이다(고후 5:10). 주인들도
그리스도를 섬기듯 사람들을 섬겨야 한다. 오늘 우리는 다른 사람들을 섬기면서

---

19) 박윤선, *바울서신* p. 195.

살아야 한다. 예수님은 사람들을 섬기러 이 땅에 오셔서 자기의 몸을 대속물로
내어주셨다(막 10:45). 섬김의 삶을 살지 않는 자는 불행한 사람이다.

엡 6:9. 상전들아 너희도 저희에게 이와 같이 하고 공갈을 그치라. 이는 저희와
너희의 상전이 하늘에 계시고 그에게는 외모로 사람을 취하는 일이 없는 줄
너희가 앎이니라.

바울은 종들을 향하여 권고한 후 이제는 상전들을 향하여 권고한다. 바울은
"상전들," 곧 '노예를 부리는 주인들'을 향하여 첫째, "너희도 저희에게 이와
같이 하라"고 말한다(골 4:1). "이와 같이 하라"(τὰ αὐτὰ ποιεῖτε)는 말은
'그 같은 일을 하라'는 말이다. 곧 종들이 상전들을 향하여 행한 대로 주님께
받는 줄 알고 상전들도 종들에게 '그와 같이 하라'는 것이다. 상전들이라고
해서 예외는 아니다. 상전들도 종들에게 행한 대로 주님께 그대로 받는다.
구체적으로 말하면 상전들도 종들을 대할 때 '그리스도께 하듯' 해야 하고(5절),
'마음으로 하나님의 뜻을 행해야 하며'(6절), 항상 '선을 행해야'(8절) 한다는
것이다.

    둘째, "공갈을 그치라"(ἀνιέντες τὴν ἀπειλήν)고 명령한다(레 25:43).
곧 '위협하는 일을 중단하라'는 것이다. 상전들은 자기들의 우월한 지위 때문에
아랫사람들을 위협할 수 있기 때문에 바울은 그들에게 공갈을 그치라고 부탁한
다. 상전들이 종들을 향하여 위협을 중단해야 할 이유는 두 가지다. 첫째는
"저희와 너희의 상전이 하늘에" 계시기 때문이다(요 13:13; 고전 7:22). 종들과
상전들의 상전이 하늘에 계시다. 종들의 상전, 곧 종들의 하나님도 하늘에
계시고 상전들의 상전, 곧 상전들의 하나님도 하늘에 계시다. 믿지 않는 상전들
은 하나님을 인정하지 않지만 믿는 상전들은 위에 계신 하나님을 믿기 때문에

상전들도 위에 상전이 계심을 분명히 알고 처신해야 한다. 둘째는 "그에게는 외모로 사람을 취하는 일이 없기" 때문이다(롬 2:11; 골 3:25). 하나님은 사람을 외모로 취하시지 않는다. 곧 하나님은 사람의 직업 따라서 달리 취급하시지 않고, 권세의 유무 따라서 달리 취급하시지 않으며, 빈부 차이 때문에 달리 취급하시지 않는다. 하나님은 중심을 보신다. 하나님은 사람이 믿느냐 믿지 않느냐를 보시고 또 믿는 사람들의 경우 어떻게 행하느냐를 보시고 판단하신다. 주님을 믿는 사람들은 하나님 앞에서 바로 행해야 한다.

XII. 결론 6:10-24

앞에서 바울은 에베소 성도들에게 빛 된 삶을 살 것을 권고했다(5:1-6:9). 이제 그는 그들에게 그리스도인이 영적으로 전쟁해야 할 것을 말하고(6:10-20), 마지막으로 자신이 두기고를 보내는 이유를 설명하며(21-22절), 축도로써 자신의 편지를 마감한다(23-24절).

1. 그리스도인의 영적 전쟁 6:10-20

바울은 앞에서 성도들이 빛 된 삶을 살 것을 권고했다(5:1-6:9). 이제 그는 결론적으로 마귀와의 전투를 명령한다(6:10-20). 바울에 의하면, 성도들이 마귀와 싸우기 위해서는 먼저 힘이 있어야 한다(10절). 그리고 하나님께서 주시는 전신갑주를 입어야 한다(11절). 이어서 바울은 우리 성도들의 대적이 구체적으로 어떤 것들인지를 지적하고(12절), 전신갑주를 갖추어야 할 이유를 말한다(13절). 그리고 대적들과 싸우기 위해서는 어떤 무장을 해야 하는지를 설명하고(14-17절), 마지막으로 기도할 것을 권한다(18-20절).

엡 6:10. 종말로 너희가 주 안에서와 그 힘의 능력으로 강건하여지고.

바울은 이제 "종말로"라는 말을 사용하여 그의 에베소서를 마감하려 한다. 그러면서 그는 마귀와의 싸움을 권하면서 성도가 마귀와 싸우기 위해서는 구체적으로 "주 안에서와 그 힘의 능력으로 강건하여지라"고 권면한다. "주 안에서 강건하여지라"는 것은 '주님을 믿는 중에 강건하여지라'는 뜻이다. "주 안에서"라는 말은 주님과의 연합을 의미하지만, 여기에서 말하는 연합은 최초에 형성된 연합이 아니라 계속해서 주님과의 연합을 유지하는 것과 관련되어 있다. 신자는 주님을 계속해서 믿으면서 힘을 공급받는다. 그리고 "강건하여지라"($\epsilon\nu\delta\nu\nu\alpha\mu o\hat{\upsilon}\sigma\theta\epsilon$)는 말은 현재 명령형 수동태로서 '강하여지라'는 뜻이다. 주님을 믿는 중에 계속해서 강하게 되라는 뜻이다.

이어서 바울은 "그 힘의 능력으로 강건하여지라"고 부탁한다(1:19; 3:16; 골 1:11). "그 힘의 능력으로 강하여지라"는 것은 '주님의 본질적인 힘으로부터 나온 실제적인 능력을 받아서 강하여지라'는 말이다. 성도가 주 안에 있으면 주님이 갖고 계신 힘으로부터 나오는 능력을 공급받아서 강해지게 된다. 우리에게는 마귀를 대적할만한 능력이 전혀 없다. 주님으로부터 능력을 공급받아야 마귀와의 전투에서 승리할 수 있다. 그리스도는 능력을 주시는 분이시다(마 10:1; 딤전 1:12). 우리는 우리 자신에게 능력이 없음을 그리스도께 고백하여 능력을 받음으로써 마귀의 궤계를 이길 수 있는 성도들이 되어야 한다.

엡 6:11. 마귀의 궤계를 능히 대적하기 위하여 하나님의 전신갑주를 입으라.
바울은 에베소 성도들에게 "마귀의 궤계를 능히 대적하기 위하여 하나님의
전신갑주를 입으라"고 권고한다(롬 13:12; 고후 6:7; 엡 6:13; 살전 5:8). "마귀
의 궤계"란 '마귀의 속임수'를 말한다. 마귀는 인류의 조상 아담을 향하여
간교한 속임수를 썼다. 하나님의 계율을 어기면 눈이 밝아진다고 아담을 속였다
(창 1:4-5). 그리고 인류 역사를 통해서 계속해서 사람들을 속여 왔다(요 8:44).
마귀는 예수님으로 하여금 성경을 잘못 적용하도록 시도했을 뿐 아니라(마
4:6), 교회를 분열시키려고 노력해 왔고(엡 4:27), 자신을 그리스도의 사자처럼
위장하기도 하였다(고후 11:13).

　　바울은 성도들로 하여금 마귀의 속임수를 "능히 대적하기 위하여 하나님의
전신갑주를 입으라"고 권고한다. "대적한다"(στῆναι)는 말은 '적대자에 대해
어떤 자세를 취한다'는 뜻이다. 성도는 마귀의 간교한 속임수를 대적하기 위하
여 하나님의 전신갑주, 곧 하나님께서 주시는 전신갑주를 입어야 한다. "전신갑
주"는 방어용 장비와 공격용 장비를 모두 포함한다. 우리는 우리의 것을 가지고
는 마귀와의 전투에서 승리할 수 없다. 하나님께서 주시는 모든 장비로 무장해야
한다. 우리는 지금 무장상태에 있는가? 아니면 무장을 해제하고 있는가?

**엡 6:12. 우리의 씨름은 혈과 육에 대한 것이 아니요 정사와 권세와 이 어두움의
세상 주관자들과 하늘에 있는 악의 영들에게 대함이라.**
바울은 성도의 싸움의 상대가 누구인지를 설명한다. 바울은 "우리의 씨름은
혈과 육에 대한 것이 아니라"고 못 박는다(마 16:17; 고전 15:50). 여기에서
"씨름"(πάλη)이란 '싸움' 혹은 '전투'를 지칭한다. 우리의 싸움의 대상은 혈과
육, 곧 인간이 아니다(마 16:17; 고전 15:50; 갈 1:16; 히 2:14). 오늘 성도들은

세상의 불신자들은 물론이고 신자들과도 싸우는 경우가 많다. 크게 잘못된 것이다. 우리의 전투는 "정사와 권세와 이 어두움의 세상 주관자들과 하늘에 있는 악의 영들"과의 전투이다(롬 8:38; 엡 1:21). "정사와 권세"는 '악한 천사들'을 지칭하고(골 2:15), "어두움의 세상 주관자들"은 '불신앙적인 세상 주관자들,' 곧 '세상의 악질적인 주관자들'을 지칭하는데, 그 배후에 마귀가 있다(눅 22:53; 요 12:31; 14:30; 고후 4:4; 엡 2:2; 골 1:13). 그리고 "하늘에 있는 악의 영들"은 마귀의 부하들을 지칭한다(막 5:9). 우리의 일생의 전투의 대상은 마귀라는 사실을 확실히 알고 대적해야 할 것이다.

엡 6:13. 그러므로 하나님의 전신갑주를 취하라. 이는 악한 날에 너희가 능히 대적하고 모든 일을 행한 후에 서기 위함이라.

바울은 "그러므로," 곧 그리스도인들의 싸움이 하늘의 악령들과의 싸움이기 때문에, "하나님의 전신갑주를 취하라"고 권한다(고후 10:4; 엡 6:11). 하나님께서 주시는 전신갑주, 곧 방어무기와 공격무기를 취해야 하는 목적은 "악한 날에 능히 대적하기" 위해서다. "악한 날은" 어떤 특별한 위기나 시험의 날을 지칭하는 것이 아니라 마귀가 역사하는 현재의 나날을 말한다(5:16). 이 "악한 날"은 그리스도 재림의 날까지 이어질 것이다. 우리는 지금부터 예수님의 재림의 날까지 계속해서 하나님의 전신갑주를 입고 마귀를 대적해야 한다.

또한 전신갑주를 입는 목적은 "모든 일을 행한 후에 서기 위해서"다. 많은 학자들은 여기에 나오는 "행한 후"(κατεργασάμενοι)라는 말을 헬라어 단어의 용례를 생각하여 '완성한 후'라는 뜻으로 보아 '하나님의 전신갑주로 무장을 완성한 후'로 해석한다(Abbott, Bengel, Kent, Lincoln, Westcott). 다시 말해, '마귀와의 영전을 위한 준비를 완료한 후에' 대적하기 위함이라고 해석한다.

그러나 헬라어의 용례를 무시하는 경향은 있지만 문맥으로 보아 "모든 일을 행한 후"를 '영적 전투에서 이긴 후'로 보는 것이 더 좋을 것이다. "모든 일을 행한 후"라는 말 이전에 벌써 "능히 대적한다"는 말씀이 있기 때문에 우리는 "모든 일을 행한 후"라는 말을 '모든 싸움을 마친 후'로 보는 것이 더 좋을 것이다. 이유는 능히 대적한 후에 영적 전투를 위한 준비를 한다는 것은 앞뒤가 잘 맞지 않는다. 그러므로 "모든 일을 행한 후"라는 말은 '모든 싸움을 마친 후'를 의미하는 것으로 보는 것이 옳다.

엡 6:14. 그런즉 서서 진리로 너희 허리띠를 띠고 의의 흉배를 붙이고.

이제 드디어 장비들이 하나씩 나온다. 전신갑주 중 첫째는 서서 "진리로 허리띠를 띠"는 것이다. "진리"란 말은 '진실함'이라는 뜻이다. 이 "진리"라는 말에 관사가 없으므로 우리는 이것이 '복음'을 지칭하는 것으로 볼 수 없다. 더욱이 진리라는 말, 곧 복음이란 말이 15절에 따로 나오기 때문에 본 절의 "진리"는 복음을 지칭하는 것이 아니고 '진실함'을 의미한다고 보는 것이 옳을 것이다. 성도는 '진실함'으로 허리띠를 띠어야 한다. 늘어진 옷을 단속하지 않으면 전투를 할 수 없듯이 진실하지 않으면 마귀와의 전투에서 패배하고 만다. 그래서 진실하지 않은 신자들은 항상 패배의 삶을 살고 있다. 믿는다고 하면서도 항상 거짓말을 하는 사람들이 있다. 그런 사람들은 백전백패(百戰百敗)함을 볼 수 있다.

두번째 옷은 "의(義)의 흉배"이다(사 59:17; 고후 6:7; 살전 5:8). 여기에서 의 "의"는 칭의(稱義)가 아니라 '도덕적 온전함'을 지칭한다. 쉽게 말해서 사람들 사이에서 옳게 행하는 것을 뜻한다. 무슨 일을 옳게 행하지 않으면 마귀와의 싸움에서 패배하고 만다. "흉배"는 가슴 부분을 보호하기 위하여

쇠붙이나 가죽으로 만든 가리개를 말한다. 신자의 도덕적 온전함은 마귀의
공격을 막아주는 가리개 역할을 한다. 신자는 범사에 옳게 행해야 마귀로부터
보호를 받는다.

엡 6:15. 평안의 복음의 예비한 것으로 신을 신고.
셋째의 무기는 "평안의 복음의 예비한 것으로 신을 신는 것"(Your feet
shod with the preparation of the gospel of peace)이다(사 52:7; 롬 10:15).
"평안의 복음"이란 '화평의 복음'을 말한다(2:13-18). 다시 말해, 하나님과의
화목을 이루시고 또 유대인과 이방인의 화목을 이루신 그리스도의 복음을
말한다. 성도는 마귀와의 전투에서 승리하기 위해서 화평의 복음을 전할
만반의 준비를 갖춰야 한다. 오늘은 이곳 내일은 저곳에서 화평의 복음을
전할 준비가 되어 있어야 승리할 수 있다. 혹자는 마귀와의 전투를 염두에
두고 하나님과 화평하고 성도들과 화평해야 승리할 수 있다고 주장한다.
그러나 여기에서 강조해야 할 것은 화평을 이루신 그리스도의 복음이라고
해야 한다. 성도가 그리스도의 화평의 복음을 전할 준비를 하고 다닐 때
마귀는 패배한다. 주님의 십자가 앞에서 마귀가 패배했듯이 성도들의 화평의
복음 전할 준비에 마귀는 패배한다. 그러므로 베드로 사도는 항상 복음 전할
준비를 하라고 권고한다(벧전 3:15). 우리는 항상 십자가 복음을 증거할
준비를 하고 다녀야 한다. 로마 군인은 가죽으로 만든 가죽신을 신고 전쟁에
승리했지만, 우리 크리스천은 그리스도를 전할 준비를 하고 다닐 때 승리한다.
흔히 목사는 항상 세 가지 준비를 해야 한다고들 한다. 설교 준비, 이사
준비, 죽을 준비가 그것이다. 평신도에게는 다른 준비는 몰라도 전도할 준비는
절대적으로 필요하다.

엡 6:16. 모든 것 위에 믿음의 방패를 가지고 이로써 능히 악한 자의 모든 화전을 소멸하고.

바울은 에베소 교인들에게 자신이 앞에서 말한(14-15절) 모든 무기들 외에 "믿음의 방패를 가져야" 한다고 말한다(요일 5:4). 성도의 믿음은 마귀의 공격을 방어하는 방패 역할을 한다. 여기에서 "방패"(θυρεὸν)란 온 몸을 가릴 수 있는 정도로 큰 장방형의 방패를 지칭한다. 이 믿음의 방패는 "능히 악한 자의 모든 화전을 소멸한다." "악한 자," 곧 '마귀'의 모든 불화살을 소멸한다는 것이다. 마귀는 성도들을 향하여 계속해서 불화살을 쏜다. 마귀는 성도들로 하여금 이웃을 나쁘게 생각하고 싫어하도록 만든다. 그럴 때 성도는 믿음을 가지고 그 마귀의 공격을 물리쳐야 한다. 그러나 믿음이 없는 사람은 마귀가 주는 공격을 받아서 그냥 이웃을 나쁘게 생각하고 싫어하고 미워한다. 마귀는 또 성도들로 하여금 음란하게 만들고 탐욕을 가지게 만들며 거짓말하게 만든다. 마귀는 또 그 외에 성도들로 하여금 하나님을 의심하게 하고 절망하게 만든다. 그럴 때 우리는 믿음이라는 방패를 가지고 맞서야 한다. 믿음이 없는 사람들은 그 모든 공격에 무너지고 만다. 우리는 하나님의 말씀을 읽고 묵상하는 중에 믿음을 얻어서(롬 10:17) 사단의 모든 공격을 막아야 한다.

엡 6:17. 구원의 투구와 성령의 검 곧 하나님의 말씀을 가지라.

바울은 성도들이 갖추어야 할 무기로서 "구원의 투구"를 제시한다(사 59:17; 살전 5:8). 곧 '구원의 소망,' 혹은 '구원의 확신'은 마귀의 공격을 막아주는 "투구" 역할을 한다는 것이다. 로마 군인의 투구는 속을 가죽으로 만들고 밖을 금속으로 덮은 방어용 무기였는데 머리를 가려주는 역할을 했다. 성도가 내세에 영광스러운 구원을 받는다는 소망 혹은 이미 구원을 받았다는 확신은 마귀의 어떤 공격도 잘 방어할 수 있는 투구가 된다. 성도에게는 하나님께서 우리를 만세전에 택하셨다는 신앙(1:4), 예수 그리스도께서 십자가에서 우리를 위하여 피 흘리셨다는 확신, 그리고 성령께서 그 피를 우리에게 적용시키셔서 우리를 구원하셨다는 신앙이 필요하다. 성삼위께서 이룩하신 구원을 확신하는 것은 놀라운 무기가 된다. 구원의 소망이 없는 신자는 마귀의 궤계에 흔들려 넘어진다.

바울은 또 성도들에게 "성령의 검 곧 하나님의 말씀을 가지라"고 권고한다 (히 4:12; 계 1:16; 2:16; 19:15). '성령님께서 쓰시는 검 곧 하나님의 말씀을 가지라'는 말이다. 성령님은 마귀를 공격하실 때 하나님의 말씀을 사용하신다. 예수님도 마귀의 세 가지 시험을 물리치실 때 구약성경의 신명기의 말씀을 가지고 물리치셨다(마 4:3-10). 성도는 항상 하나님의 말씀을 가지고 사단의 궤계를 물리치기 위해 말씀에 정통해야 한다. 하나님의 말씀에 어두운 성도는 마귀의 공격을 물리치지 못하고 패배하고 만다.

엡 6:18. 모든 기도와 간구로 하되 무시로 성령 안에서 기도하고 이를 위하여 깨어 구하기를 항상 힘쓰며 여러 성도를 위하여 구하고.
앞에서 바울은 마귀의 궤계를 능히 대적하기 위하여 전신갑주를 입으라고 권고했다. 이제 그는 "기도와 간구를 하라"고 명령한다(눅 18:1; 롬 12:12; 골 4:2; 살전 5:17). 기도와 간구를 하지 아니하고는 마귀와의 싸움에서 승리할 수가 없다. 그런데 바울은 기도하되 "무시로"(ἐν παντὶ καιρῶ), 곧 '모든 기회를 이용하여,' 혹은 '항상' 기도하라고 부탁한다. 성도는 마귀의 궤계를 대적하기 위하여 끊임없이 기도해야 한다.

그리고 바울은 기도하되 "성령 안에서 기도하라"고 권한다. 다시 말해,

'성령님의 인도를 받아서, 그리고 성령님이 주시는 힘을 받아서 기도하라'고
말한다. 성령님의 인도 없이는 엉뚱한 것을 구하게 되고, 성령님께서 주시는
힘으로 기도하지 않고는 기도를 계속할 수가 없다. 성도는 성령 안에서 기도하기
위하여 성령의 충만을 구해야 할 것이다.

그리고 바울은 자신들만 위해 기도할 것이 아니라 다른 모든 성도들을
위하여 기도하라고 권고한다. 곧 "깨어 구하기를 항상 힘쓰며 여러 성도를
위하여 구하라"(ἀγρυπνοῦντες ἐν πάσῃ προσκαρτερήσει καὶ δεήσει περὶ
πάντων τῶν ἁγίων)고 말한다(마 26:41; 막 13:33; 엡 1:16; 빌 1:4; 딤전
2:1). 이 말씀의 헬라어 원문을 다시 번역하면 "모든 성도들을 위해
모든 인내와 간구 안에서 깨어 있으라"가 된다. 다시 말해, '모든 성도들
을 위해 갖은 인내와 간구 중에 깨어 있어야 한다'는 것이다. 성도는
다른 성도들을 위해 깨어 간구해야 한다. 우리는 다른 성도들도 마귀의
궤계를 능히 대적할 수 있도록 깨어서 기도해주어야 한다. 자기만을
위해서 기도하는 사람은 하나님의 뜻을 모르는 신자이다. 우리는 기도로
서로 연합되어 있어야 한다.

**엡 6:19. 또 나를 위하여 구할 것은 내게 말씀을 주사 나로 입을 벌려 복음의
비밀을 담대히 알리게 하옵소서 할 것이니.**
앞에서 바울은 성도들 각자가 자신들과 다른 성도들을 위해 기도할 것을 권고했
는데, 이제는 그들에게 "나를 위하여 구하라"고 부탁한다. 성도들이 바울을
위해 기도해야 할 내용은 "내게 말씀을 주사 나로 입을 벌려 복음의 비밀을
담대히 알리게 하옵소서"이다(행 4:29; 골 4:3; 살후 3:1). 바울이 에베소
교인들에게 부탁한 기도는 세 가지다. 첫째, 하나님께서 자신에게 말씀을 주시

고, 둘째, 자신의 입을 벌려 주시고, 셋째, 복음의 비밀을 담대히 전할 수 있게 해주시는 것이다(고후 3:12). 다시 말해, 하나님께서 자신의 복음 사역 전체를 주장하시도록 기도해 달라는 것이다. 복음 사역은 시종일관 기도로 이루어지는 것이다. 복음 전파는 성도들의 협조하에 이루어지는 큰 사업이다.

엡 6:20. 이 일을 위하여 내가 쇠사슬에 매인 사신이 된 것은 나로 이 일에 당연히 할 말을 담대히 하게 하려 하심이니라.

바울은 자신이 "이 일을 위하여," 곧 '복음 전파를 위하여' 쇠사슬에 매인(행 26:29; 28:20; 엡 3:1; 빌 1:7, 13-14; 딤후 1:16; 2:9) 전권대사가 되었다고 말한다(고후 5:20). 자신이 이렇게 감옥에 갇힌 전권대사, 곧 하나님의 아들 예수 그리스도의 전권대사가 된 것은 하나님의 섭리 속에서 이루어졌다는 것이다. 즉 하나님께서 자신으로 하여금 복음 전파를 위하여 꼭 말해야 할 것을 담대하게 말하도록 하셨다는 것이다(행 28:31; 빌 1:20; 살전 2:2). 바울은 자신이 복음을 전하다가 감옥에 갇힌 것을 전혀 부끄러워하지 않았고, 오히려 하늘의 전권대사로서 그런 고난을 받는 것을 영광스럽게 생각했다. 그는 누구 앞에서나 마땅히 그리고 담대히 복음을 전하다가 하나님께로 갔다.

2. 두기고를 보내는 이유 6:21-22

이제 바울은 편지를 마감하면서 자신이 두기고를 에베소 교회에 보내는 이유를 설명한다.

엡 6:21-22. 나의 사정 곧 내가 무엇을 하는지 너희에게도 알게 하려 하노니 사랑을 받은 형제요 주 안에서 진실한 일군인 두기고가 모든 일을 너희에게 알게 하리라. 우리 사정을 알게 하고 또 너희 마음을 위로하게 하기 위하여 내가 특별히 저를 너희에게 보내었노라.

바울은 자신이 두기고를 에베소 교회에 보내는 이유를 밝힌다. 먼저 바울은 에베소 교인들에게 두 가지로 그를 소개한다. 첫째 "사랑을 받은 형제," 곧 '속죄의 사랑을 받은 형제'라고 소개한다. 속죄의 사랑을 받은 사람들은 모든 일을 감사하는 마음으로 그리고 헌신적으로 수행한다. 두기고는 그리스도에 의해서만 아니라 바울로부터 그리고 주위 사람들로부터 사랑을 받고 있었다. 둘째로 "주 안에서 진실한 일군"이라고 소개한다. '주님을 믿는 충성스러운 일군'이란 말이다. 두기고는 아시아 사람으로서 바울과 함께 예루살렘을 방문한 적이 있었으며(행 20:4), 바울에 의해 에베소와 그레데에 파견을 받은 적도 있었고(딤후 4:12; 딛 3:12), 지금은 에베소서, 골로새서, 빌레몬서를 가지고 오네시모와 함께 소아시아 지방을 순행하는 임무를 맡고 있는 신실한 일군이었다.

이어서 바울은 자신이 두기고를 파송하는 이유를 말한다. 바울은 먼저 자신의 사정을 알리기 위해 그를 파송한다고 말한다. 바울은 21절에서는 "나의 사정 곧 내가 무엇을 하는지 너희에게도 알게 하려" 한다고 말씀하고(21절; 골 4:7), 22절에서는 "우리" 사정을 알게 하기를 원한다고 말한다(22절; 골 4:8). 바울은 비록 자신이 감옥에 갇혀 있을지라도 아무 활동도 하지 못한 채 세월만 보내고 있는 것이 아니라 그리스도의 복음을 이방에 전할 계획을 세우고 있음을 알리고자 했고(19-20절), 또한 자신과 함께 수고하는 다른 이들의 형편도 알리고자 했다. 바울은 이처럼 자신의 사정을 알림으로써 에베소 교인들을 위로하고자 했다. 바울은 자신이 목자의 심정을 가지고 자신의 투옥

때문에 염려하는 교우들의 "마음을 위로하기 위하여" 두기고를 파송한다고
말하고 있는 것이다(22절; 행 20:4; 딤후 4:12; 딛 3:12).

3. 축도 6:23-24

엡 6:23. 아버지 하나님과 주 예수 그리스도에게로부터 평안과 믿음을 겸한
사랑이 형제들에게 있을지어다.

바울은 본 구절과 다음 구절에서 축도를 한다. 바울은 본 구절에서 "평안과
믿음을 겸한 사랑"이 아버지 하나님과 주 예수 그리스도에게로부터 임하기를
기원한다(벧전 5:14). "평안"(εἰρήνη)은 '하나님과의 화목 때문에 생긴 마음의
안정된 상태,' '하나님과의 화목 때문에 생긴 마음의 기쁜 상태'를 뜻한다.
성도는 다른 사람들을 위해서 평안을 기원해야 하고 우리 자신들에게도 평안이
임하기를 기원해야 한다. 세상은 우리에게 평안을 주지 못한다. 요한복음 14:27
에서 예수님은 "평안을 너희에게 끼치노니 곧 나의 평안을 너희에게 주노라
내가 너희에게 주는 것은 세상이 주는 것 같지 아니하니라. 너희는 마음에
근심도 말고 두려워하지도 말라"고 말씀하신다. 아버지 하나님과 주 예수 그리
스도에게로부터 우리에게 평안이 임하면 세상 근심도 없어지고 두려움도 없어
진다.

바울은 또 에베소 성도들에게 아버지 하나님과 주 예수 그리스도에게로부터
"믿음을 겸한 사랑"이 임하기를 기원한다. "믿음을 겸한 사랑"이란 "신앙에
입각한 거룩한 사랑을 말한다."[20] "우리는 믿는다고 하면서도 사랑에 결핍하기

---

20) 이상근, 『옥중서신: 신약주해』(서울: 대한예수교장로회 총회교육부, 1971), p. 152.

쉽고 사랑을 고조하노라고 하다가 인본주의로 흘러서 신앙을 잃어버리기 쉽다. 그러므로 이 두 가지를 겸전한 은혜는 귀하다."21) 우리는 신앙에 입각한 거룩한 사랑이 우리 자신과 성도들에게 임하기를 기원해야 한다.

현대는 평안과 믿음을 겸한 거룩한 사랑이 결핍되어 있는 시대이다. 그저 사람들의 마음은 불안하고 초조하기만 하다. 그리고 믿음에서 나는 사랑이 결핍되어 삭막하기만 하다. 그러므로 우리는 이 두 가지 은혜, 곧 평안과 믿음에 입각한 사랑이 임하기를 위하여 기도해야 할 것이다.

엡 6:24. 우리 주 예수 그리스도를 변함없이 사랑하는 모든 자에게 은혜가 있을지어다.

바울은 또 "그리스도를 변함없이 사랑하는 모든 성도들에게 은혜가 임하기를" 기원한다. 여기에서 "변함없이"(ἐν ἀφθαρσίᾳ)란 말은 '순수하게,' '신실하게,' '항상,' '실패 없이'란 뜻이다. 바울은 그리스도를 변함없이 사랑하는 모든 성도들에게 은혜가 임하기를 기원한다. "은혜"란 하나님께서 주시는 호의(好意)로서 하나님의 자비, 긍휼, 사랑을 말한다. 예수님은 예수님을 변함없이 사랑하는 모든 성도들에게 자비와 긍휼과 사랑을 베풀어 주신다. 주님은 이렇게 우리에게 은혜를 베푸시는 분이지만, 우리 또한 그런 은혜를 얻기 위해 기도해야 한다. 그런 은혜가 우리 자신과 성도들에게 임하기를 기도해야 한다.

우리는 예수님을 끊임없이 사랑해야 한다. 우리 자신을 부인하고(마 16:24) 희생하며 예수님을 사랑해야 한다. 예수님은 지금도 "네 마음을 다하

---

21) 박윤선, p. 213.

고 목숨을 다하고 뜻을 다하여 주 너의 하나님을 사랑하라"고 말씀하신다. 지금 우리 모두는 자신이 참으로 그리스도를 사랑하고 있는지 엄숙히 살펴야 할 것이다.

– 에베소서 주해 끝

빌립보서 주해

Philippians

총론

저작자 빌립보서의 저작자는 바울이다.

빌립보서 안에는 바울이 그 서신의 저작자임을 보여 주는 여러 증언들이 있다. 첫째, 1:1절에 "그리스도 예수의 종 바울과 디모데는 그리스도 안에서 빌립보에 사는 모든 성도와 또는 감독들과 집사들에게 편지한다"고 쓰여 있다. 둘째, 본서의 어휘와 문체 등이 바울의 저작임을 보여 준다. 셋째, 회심 이후의 삶에 대한 바울 자신의 간증(3:4-9)은 본 서신이 그의 저작임을 여실히 보여 준다.

초대교회의 교부들도 본서가 바울의 저작이라고 일치하게 증언한다. 알렉산드리아의 클레멘트(Clement of Alexandria)는 본 서신의 1:7, 13, 29, 30; 2:1, 17; 2:20을 바울의 글로서 인용했다(Strom. IX. 12, 19, 94). 터툴리안(Tertullian)도 본 서신의 3:11을 바울의 글로서 인용했고(De Resur. 23) 본 서신이 바울 저작이라고 힘 있게 변증했다(Cont. V. 20; De Praescr. 26). 익나티우스(Ignatius)와 로마의 클레멘트(Clement of Rome) 역시 본 서신이 바울 저작임을 인정했다. 폴리갑(Polycarp)도 그의 저서 『빌립보서신』에서 본 서신이 바울의 저작임을 말했고(Phil. III), 이레니우스(Irenaeus)와 오리겐

(Origen) 등도 본 서신이 바울 사도의 저작임을 일치하게 인정했다.

그러나 근대에 들어 본 서신의 저자가 바울이 아니라고 주장하는 학자들이 생겼다. 혹자는 첫째, 본 서신에서 언급된 "감독"(1:1) 직분이 바울 당시에는 없었으므로 빌립보서를 바울의 저작이라고 할 수 없다고 주장한다. 그러나 "감독" 직분은 바울 당시에 벌써 존재했던 것으로서 바울은 감독될 사람들의 자격 요건에 대해서 교훈한 일이 있다(딤전 3:1-7; 딛 1:5-9). 둘째, 본 서신 3장의 어투가 다른 장들의 그것과 달리 강경하다는 이유로 빌립보서는 다른 사람에 의해 쓰인 것이거나 아니면 두 개 이상의 다른 서신을 편집한 것이라고 주장한다. 그러나 3장의 내용이 다른 장들과 달리 좀 강경한 어조로 기록되었다고 해서 바울 사도의 글이 아니라고 주장할 이유는 없다. 바울은 3장에서 이단자들을 강력하게 경고하기 위해서 좀 강력하게 쓴 것뿐이다. 셋째, 혹자는 본 서신 2:5-11의 찬송문구는 다른 서신(기독교 문헌)에서 빌려 온 것이라고 주장한다. 그러나 바울은 다른 서신들에서도 찬송문구를 사용한다(딤전 1:17; 3:16). 그러므로 2:5-11의 말씀을 다른 사람의 글에서 빌려 왔다고 할 수 없다. 우리는 결코 근대에 일어난 회의론에 무게를 두어서는 안 될 것이다.

기록한 장소 본 서신은 바울이 로마 옥에서 기록했다(1:12-14; 4:22).

기록한 때 바울은 본 서신을 주후 62-63년경에 기록한 것으로 보인다.

편지를 쓴 이유

1. **직접적인 동기.** 빌립보 교회의 교우들이 바울 사도에게 몇 차례에 걸쳐 선교 헌금을 보낸데 대한 감사의 마음을 표하기 위하여 붓을 들어 본

서신을 기록했다. 또한 바울은 자신의 투옥 때문에 염려하는 빌립보 교인들을
안심시킬 뿐 아니라 도리어 격려하기 위하여 이 서신을 쓰게 되었다(1:3-30;
4:10-20).

　　2. 간접적인 동기. 바울은 에바브로디도를 통하여 빌립보 교회의 분열과
유대주의적인 율법주의자들에 대한 소식을 듣게 되어 수습 차원에서 빌립보서
를 집필하게 되었다(2:1-11; 3:1-3, 18-19; 4:1-3).

내용 분해 본서신의 내용을 분해하면 다음과 같다.

　　I. 서론 1:1-11

　　　　1. 인사 1:1-2

　　　　2. 감사 1:3-8

　　　　3. 기도 1:9-11

　　II. 바울의 투옥의 의의 1:12-26

　　　　1. 바울의 투옥은 복음 증거에 유익했음 1:12-18

　　　　2. 바울의 투옥은 그리스도를 높이게 되었음 1:19-26

　　III. 복음에 합당하게 생활하라 1:27-30

　　IV. 권면 2:1-18

　　　　1. 일치를 위한 권면 2:1-11

　　　　　　1) 하나가 되어라 2:1-4

　　　　　　2) 하나가 되기 위하여 모두 겸손해야 한다 2:5-11

　　　　2. 성화생활을 위한 권면 2:12-18

　　V. 두 사역자 파송 2:19-30

　　　　1. 디모데 파송 2:19-24

빌립보서 주해를 위한 참고도서

1. 박윤선. 『바울서신: 성경주석』. 서울: 영음사, 1985.

2. 이상근. 『옥중서신: 신약성서주해』. 서울: 대한예수교장로회총회교육부, 1971.

3. 『에베소서-빌레몬서: 호크마종합주석 8』. 강병도 편. 서울: 기독지혜사, 1992.

4. Barclay, W. *The Letters to the Philippians*, Colossians, and the Thessalonians. Philadelphia: Westminster Press, 1957.

5. Beasley-Murray, G. R. *Philippians: Peake's Commentary on the Bible*. ed. M. Black and H. H. Rowley. New York: Thomas Nelson, 1962.

6. Bengel, J. A. 『에베소서-빌레몬서: 벵겔신약주석』. 오태영 역. Seoul: 도서출판 로고스, 1992.

7. Boice, James Montgomery. 『빌립보서강해』. 지상우 역. 서울: 크리스챤다이제스트, 1988.

8. Calvin, John. Galatians, *Ephesians, Philippians, Colossians*: Calvin's New Testament Commentaries. Trans. T. H. L. Parker, Grand Rapids: Eerdmans, 1974.

9. Campbell Donald K. 『갈라디아서, 에베소서, 빌립보서, 골로새서』. 정민영 역. 서울: 도서출판 두란노, 1996.

10. Fausset, A. R. "I Corinthians-Revelation," *A Critical, Exegetical, and Practical Commentary on the Old and New Testaments*. Grand Rapids:

Eerdmans, 1989.

11. Hawthorne, G. F. *Philippians*: Word Biblical Commentary 43. Waco, Texas: Word Books, 1983.

12. Hendriksen, William. *Exposition of Philippians*: New Testament Commentary. Grand Rapids: Baker Book House, 1984.

13. Kent, H. A. "Philippians," *Expositor's Bible Commentary*. ed. Frank E. Gaebelein. Grand Rapids: Zondervan, 1978.

14. Lenski, R. C. H. *The Interpretation of St. Paul's Epistles to the Galatians, to the Ephesians and to the Philippians*. Columbus, Ohio: Wartburg, 1946.

15. Lightfoot, J. B. *St. Paul's Epistle to the Philippians*. Peabody, Mass: Hendrikson, 1981.

16. Lightner, Robert, P. "Philippians," *The Bible Knowledge Commentary*. ed. John F., Walvoord & Roy B. Zuck. Wheaton, Ill: Victor Books, 1987.

17. Martin, R. P. 『빌립보서주석』. 김효성 역. 서울: 예수교문서선교회, 1980.

18. Moule, H. C. G. *The Epistle to the Philippians*. Grand Rapids: Baker Book House, 1981.

19. Mounce, Robert, H. "Philippians," *The Wycliffe Bible Commentary*. Chicago: Moody Press, 1962.

20. Plummer, A. *A Commentary on St. Paul's Epistle to the Philippians*. London: Robert Scott Roxburghe House, 1919.

21. Vincent, M. R. *A Critical and Exegetical Commentary on the Epistles to the Philippians and to Philemon*: International Critical Commentary.

Edinburgh: T. & T. Clark, 1979.

22. Walvoord, J. F. *Philippians: Triumph in Christ*. Chicago: Moody Press, 1971.

제1장

바울은 투옥되었어도 복음은 투옥되지 않았다

I. 서론 1:1-11

1. 인사 1:1-2

바울은 편지의 서두에서 통상적으로 인사를 한다. 바울의 인사는 세인들이 하는 인사와 달리 성자를 통하여 성부의 은혜와 평강이 임하기를 기원한다. 우리의 인사도 세속적인 인사가 아니라 은혜와 평강을 기원하는 인사여야 할 것이다.

빌 1:1. 그리스도 예수의 종 바울과 디모데는.
바울은 그의 편지를 받는 사람들에게 자기 자신을 "그리스도 예수의 종"이라고 소개한다. 그 당시에 "종"은 주인에게 완전히 매인 '노예'를 뜻했다. 바울은 자기 자신을 예수님에게 완전히 매인 노예 신분으로 생각했던 것이다. 그는 다메섹 도상에서 예수님의 포로가 되어 예수님의 뜻대로 움직이는 종이 되었다.

우리도 그리스도에게 전적으로 순종하는 종의 삶을 살아야 한다.

그리스도 예수 안에서 빌립보에 사는 모든 성도와 또는 감독들과 집사들에게 편지하노니.

바울은 자신의 편지를 받는 사람들이 누구인지를 말한다. 그들은 "그리스도 예수 안에서" 빌립보에 사는 성도들이었다(고전 1:2). 그들은 그리스도 예수와 연합된 사람들로서 빌립보에 살고 있는 성도들이었다. 그들은 바울이 빌립보 교회를 시작하고 복음을 전할 때 성령의 세례를 받아 예수님과 연합된 무리였다.

바울은 예수님과 연합한 모든 성도에게만 아니라 "감독들과 집사들에게" 편지한다고 말한다. 여기에서 "감독들"은 장로들에 대한 별칭이다. 그들은 오늘날의 목사와 장로들과 같은 직분자들이다. 그리고 "집사들"은 오늘날의 안수집사에 해당하는 직분이다. 여기에서 바울이 빌립보서를 집필하던 당시의 세 가지 항존직(목사, 장로, 집사)이 드러난다.

빌 1:2. 하나님 우리 아버지와 주 예수 그리스도에게로서 은혜와 평강이 너희에게 있을지어다.

바울은 편지를 받는 사람들에게 "은혜와 평강"이 임하기를 기원한다(롬 1:7; 고후 1:2; 벧전 1:2). 여기에서 "은혜"란 하나님의 호의로서 하나님의 사랑, 긍휼, 자비를 지칭한다. 혹자는 이 은혜를 구원의 은혜라고 말하나 빌립보 사람들은 벌써 바울이 빌립보 교회를 시작하고 복음을 전할 때 구원의 은혜를 받았다(1절). 그러므로 이제 그들에게 필요한 것은 믿는 사람들이 최초로 받아야 하는 구원의 은혜가 아니라 구원을 받은 후에 계속해서 받아야 하는 추가적인 은혜이다. 즉 그들은 이제 하나님의 끊임없는 사랑, 긍휼, 자비가 필요한 것이다. 그리고 바울이 기원한 "평강"은 하나님의 사랑과 긍휼을 받은 결과로 찾아오는 안정된 마음의 상태를 말한다. 바울은 성도가 기본적으로 필요로 하는 은혜와 평강을 기원한 것이다. 오늘 우리들도 끊임없이 이 은혜와 평강이 필요할 뿐 아니라 다른 성도들을 위해서도 이 은혜와 평강을 간구해야 한다.

이 은혜와 평강은 "하나님 우리 아버지"께서 주시는 것들인데 "주 예수 그리스도"를 통하여 임하는 것들이다. 하나님은 모든 좋은 것들을 우리에게 주시되 예수 그리스도를 통하여 주신다.

2. 감사 1:3-8

바울은 빌립보 교인들을 생각할 때에 두 가지 감사할 이유가 있었다. 첫째는 빌립보 교인들이 바울 사도의 복음전도 시초부터 복음 전파를 위하여 헌금을 해주었기 때문이다. 둘째는 하나님께서 빌립보 교인들을 끝까지 구원해 주실 줄을 그가 확신하기 때문이었다. 신자는 범사에 감사하는 사람이 되어야 한다.

빌 1:3-4. 내가 너희를 생각할 때마다 나의 하나님께 감사하며 간구할 때마다 … 기쁨으로 항상 간구함은.
바울은 빌립보 교회의 성도들이나 감독들이나 집사들을 생각하고 기도할 때마다 하나님께 감사했고(롬 1:8-9; 고전 1:4; 엡 1:15-16; 골 1:3; 살전 1:2; 살후 1:3) 또 간구했다. 바울에게는 그들을 생각하는 시간과 그들을 위하여 기도하는 시간이 다르지 않고 똑같았다. 바울은 그들을 생각하면서 기도한 것이다. 그는 항상 기쁜 마음으로 간구했다. 바울의 감사는 5절부터 8절까지에 기록되었고, 간구는 9절부터 11절까지에 기록되어 있다.

빌 1:5. 첫날부터 이제까지 복음에서 너희가 교제함을 인함이라.

바울 사도의 감사는 두 가지 때문이었다. 하나는 빌립보 사람들이 "첫날부터 이제까지 복음에서 … 교제했기" 때문이다(롬 12:13; 15:26; 고후 8:1-2; 빌 4:14-15). 그들은 바울이 빌립보 교회를 개척하고 복음을 전할 때부터 "복음에서 교제했다." 다시 말해, '복음에 참예'했던 것이다. 바울 사도의 복음 증거에 빌립보 사람들이 헌금으로 참예했기 때문에 바울은 하나님께 감사를 드렸다. 빌립보 교회 성도는 바울이 처음 교회를 창립할 당시부터 헌금해 주었고(4:15) 그가 데살로니가에 있을 때에도 한번 두 번 헌금해 주었다(4:16). 또한 그가 로마감옥에 있을 때에도 헌금하여 에바브로디도를 통하여 전달해 주었다(4:18). 그들은 첫날부터 계속해서 바울의 복음 증거 사역에 동참했던 사람들이었다.

빌 1:6. 너희 속에 착한 일을 시작하신 이가 그리스도 예수의 날까지 이루실 줄을 우리가 확신하노라.

바울이 감사한 두 번째 이유는 하나님께서 빌립보 교인들 안에서 "착한 일을 시작하셨기" 때문이다. 바꾸어 말해서 하나님께서 빌립보 교인들을 구원하기 시작하셨기 때문이다. 혹자는 여기에서 "착한 일을 시작하신 것"을 하나님께서 빌립보 교인들로 하여금 헌금하게 하신 일이라고도 한다. 하지만 우리는 그것을 하나님께서 빌립보 사람들을 구원하신 일로 보는 것이 더 좋을 것이다. 이유는 하나님께서 구원하시는 일을 시작하셨기 때문에 빌립보 교인들이 헌금으로 응답하게 되었을 것이기 때문이다. 시작은 항상 하나님께서 하신다. 그리고 사람은 다음 차례로 반응한다.

바울은 "착한 일을 시작하신 이"는 하나님이시고, 그 하나님께서 "그리스도 예수의 날," 곧 예수님 재림하시는 날까지 빌립보 사람들의 구원을 이루실 줄을 확신하고 있었다. 시작하신 하나님은 끝내시는 분이시다.

빌 1:7. 내가 너희 무리를 위하여 이와 같이 생각하는 것이 마땅하니 이는
너희가 내 마음에 있음이며 나의 매임과 복음을 변명함과 확정함에 너희가
다 나와 함께 은혜에 참예한 자가 됨이라.

바울이 "이와 같이 생각하는 것" 곧 '빌립보 교회의 성도들의 종국적인 구원을
확신하는 것'이 마땅한 이유는 첫째, 빌립보 교인들이 바울 사도의 "마음에
있기" 때문이다(고후 3:2; 7:3). 그리고 둘째, 그들이 바울 사도의 "매임(엡
3:1; 6:20; 골 4:3, 18; 딤후 1:8)과 복음을 변명함과 확정함에 … 참예하였기"
때문이다. 빌립보 성도는 바울 사도의 투옥에 참예하였고, 복음을 변호하는
일에 참예하였고, 또한 복음을 확정하는 일, 곧 사람들로 하여금 복음을 더욱
잘 믿게 하는 일에 참예하였다.

    빌립보 성도들이 바울 사도의 옥중에 있을 때에 관심을 가지고 헌금을
해준 것이나 복음을 증거하는 일에 협력한 것이나 복음을 확정하는 일(사
람들로 하여금 잘 믿도록 하는 일)에 협력한 것은 "은혜에 참예하는" 것이었
다. 다시 말해, 은혜에 동참하는 것이었다. 빌립보 성도들이 이렇게 은혜에
참예하는 자들이 되었기 때문에 바울은 그들의 최종적인 구원을 확신하게
된 것이다.

빌 1:8. 내가 예수 그리스도의 심장으로 너희 무리를 어떻게 사모하는지 하나님
이 내 증인이시니라.

본 절에서 바울은 앞 절에서 말한 "너희가 내 마음에 있다"는 말씀을 다시
한 번 다른 방식으로 말한다. 바울은 자신이 예수님의 심장을 가지고 빌립보

사람들을 끔찍이 사랑한다고 말한다(2:26; 4:1). 그는 자신이 예수님의 심장을 가지고 빌립보 사람들을 끔찍이 사랑한다는 사실을 하나님께서 확실하게 인정하신다고 강변한다(롬 1:9; 9:1; 갈 1:20; 살전 2:5).

3. 기도 1:9-11

앞에서 바울은 빌립보 교회를 생각하면서 하나님께 감사했다(3-8절). 이제 그는 빌립보 교회의 부족한 점을 보충하기 위하여 하나님께 기도한다(9-11절).

빌 1:9. 내가 기도하노라. 너희 사랑을 지식과 모든 총명으로 점점 더 풍성하게 하사.

바울이 빌립보 교인들을 위하여 하나님께 기도한 것은 그들의 사랑을 점점 더 풍성하게 하기 위함이었다(살전 3:12). 빌립보 교회는 지금까지도 사랑이 있었던 교회였지만, 바울은 그 사랑이 더욱 풍성해져야 한다고 생각했다. 빌립보 교인들의 사랑이 풍성해지는 것이 바울의 첫 번째 기도제목이었다.

그런데 사랑이 풍성해지기 위해서는 성령으로 말미암은 "지식과 총명"이 있어야 했다. 비록 빌립보 교인들에게 세상 지식은 없다고 할지라도 성령께서 주시는 지식과 총명이 있다면 사랑이 풍부해 지는 것이다. 성령님으로부터 오는 지식과 총명이 없는 사랑은 맹목적일 수가 있다. 오늘 우리의 사랑은 풍성한가? 우리는 우리의 사랑이 풍성해지기를 위해 기도해야 할 것이다. 우리는 복 받기만을 위해 기도할 것이 아니라, 우리의 이웃에 대한 사랑이 풍성해지기를 위해 기도해야 할 것이다.

빌 1:10. 너희로 지극히 선한 것을 분별하며.

여기에서 바울 사도의 두 번째 기도제목이 나온다. 바울은 빌립보 교회의
성도들이 "지극히 선한 것을 분별하기" 위해 기도한다(롬 2:18; 12:2; 엡
5:10). 여기에서 "지극히 선한 것"이란 하나님의 뜻을 말한다. 우리는 하나님
의 선한 뜻을 분별할 줄 알아야 한다. 바울은 로마인들에게 "너희는 이
세대를 본받지 말고 오직 마음을 새롭게 함으로 변화를 받아 하나님의
선하시고 기뻐하시고 온전하신 뜻이 무엇인지 분별하도록 하라"고 말한다
(롬 12:2). 지극히 선한 것, 곧 하나님의 뜻을 분별할 줄 아는 것은 우리의
신앙생활에 너무나도 중요하다. 우리는 하루도 빠짐없이 이 기도를 드려야
할 것이다.

또 진실하여 허물없이 그리스도의 날까지 이르고.

바울이 빌립보 사람들을 위하여 기도한 세 번째 기도는 빌립보 사람들이
"진실하여 허물없이 그리스도 예수의 재림의 날까지 이르"는 것이었다(행
24:16; 살전 3:13; 5:23). 바울은 빌립보 사람들이 하나님의 선한 뜻을
분별할 뿐 아니라(10a) "진실하기"(εἰλικρινεῖς)를 위해 기도한 것이다.
곧 하나님의 뜻에 비추어 보아도 '섞인 것이 없이 순수하고 성실하기'를
위해 기도했다. 주님 앞에서 섞인 것이 없이 순수한 것은 귀한 일이다.
우리 모두는 진실하기를 위해 기도해야 한다. 그리고 바울은 빌립보 교인들이
"허물이 없기"(ἀπρόσκοποι)를 위해 기도했다. 곧 주님의 뜻에 '거리낌이
되지 않기'를 위해 기도한 것이다. 다시 말해, 주님의 뜻을 '거스르는 일이
없기를' 위해 기도한 것이다. 예수님의 재림의 날까지 우리는 자신들이
순수하고 또 주님의 뜻을 거스르는 사람들이 되지 않도록 기도해야 할 것이다
(고전 1:8).

빌 1:11. 예수 그리스도로 말미암아 의의 열매가 가득하여.

바울이 빌립보 교인들을 위하여 드린 네 번째 기도는 "의의 열매가 가득하여 하나님 앞에 영광과 찬송이 되게 하시"는 것이었다. 바울은 빌립보 성도들이 사람을 상대하여 "의"(義)를 행하여 많은 열매를 맺기 위해 기도했다. 곧 선한 일, 옳은 일을 많이 행하여 좋은 결과가 있기를 위해 기도한 것이다. 사실 주님의 뜻에 비추어 진실하고 또 주님의 뜻을 거스르지 않는 것도 중요하지만 (10절), 사람을 상대하여 옳은 일을 행하여 좋은 결과를 많이 맺는 것도 중요한 일이다.

그런데 의의 열매를 가득하게 맺는 것도 사람의 힘으로 되는 것이 아니라 예수 "그리스도로 말미암아"야 되는 것이다(요 15:4-5; 엡 2:10; 골 1:6). 예수님의 힘을 의지하지 않고는 의의 열매를 맺을 수 없는 법이다.

하나님의 영광과 찬송이 되게 하시기를 구하노라.

의로운 일을 많이 행하는 것은 사람에게만이 아니라 '하나님 앞에 영광이 되고 찬송을 드리는 일이 되는 것이다.' 우리는 무엇을 하든지 하나님 앞에 영광이 되고 찬송이 되게 해야 한다(고전 10:31).

II. 바울의 투옥의 의의 1:12-30

앞에서 바울은 빌립보 교인들을 위하여 기도했다(9-11절). 이제 그는 자기의 투옥이 빌립보 교인들을 걱정시키는 일이 아니라 오히려 복음 증거에 유익하며(12-18절) 그리스도를 높이는 일이라고 말한다 (19-26절).

1. 바울의 투옥은 복음 증거에 유익했음 1:12-18

바울은 사람의 눈으로 보기에 불행한 듯이 보이는 그의 로마 투옥이 오히려 복음 증거에 유익하다고 증언한다.

빌 1:12. 형제들아 나의 당한 일이 도리어 복음의 진보가 된 줄을 너희가 알기를 원하노라.

바울은 빌립보 교인들을 "형제들아"라는 애칭으로 부르면서 그들이 자기가 "당한 일" 곧 자신의 "매임"(13절)이 복음을 위한 "진보"가 된 줄을 알기를 원한다고 말한다. 여기에서 "복음의 진보"라는 말은 복음의 확산, 복음의 진전, 복음의 전파라는 뜻이다. 바울은 자기가 당한 투옥이 복음전파에 손해가 아니라 오히려 유익하다는 것을 알기를 원한다고 말한다. 하나님을 사랑하는 사람들이 당하는 모든 일은 결국 합력하여 선(善)이 된다는 것을 보여 주는 말씀이다(롬 8:28).

바울은 성령으로 불타는 사람이었다. 바울은 로마 감옥 안에서도 성령으로 불타고 있었기에 복음을 증거하고 있었다. 그가 이렇게 성령으로 불탔던 것은 그가 가이사랴 감옥에서 2년 이상 있으면서 기도했고(행 23:31-26:32), 가이사 랴에서 로마로 이송되는 동안 배 안에서 풍랑을 만나 여러 날 기도했고(행 27:1-44), 또한 감옥 안에서도 끊임없이 기도했기 때문이었다(살전 5:17). 그는 기도하고 복음 전하고 또 기도하고 복음을 전하는 사람이었다. 오늘 복음을 전하기 위한 우리의 환경이 아무리 열악하다고 할지라도, 우리 자신이 성령으로 불타고 있다면, 우리는 그 어떤 상황에서도 효과적으로 복음을 전할 수 있을 것이다. 우리는 평계할 수 없는 사람들이다.

빌 1:13. 이러므로 나의 매임이 그리스도 안에서 온 시위대 안과 기타 모든 사람에게 나타났으니.

앞 절에서 바울은 자기가 당한 일이 복음 전파에 유익했다는 것을 말했다. 이제 본 절에서 그는 실제로 복음이 여기저기 전파된 것에 대해 말한다. 바울의 매임은 "그리스도 안에서," 곧 '그리스도 때문에' 이루어졌기 때문에 복음도 함께 "시위대 안에"도 퍼지고 "모든 사람에게 나타났다." 여기에서 "시위대"란 바울을 '감시하는 군대'를 말하는데, 바울은 자기를 지키는 사람들과 접촉하는 중에 예수 그리스도를 전파했다(4:22). 또한 그는 "기타 모든 사람," 곧 그의 숙소로 찾아오는 사람들에게 복음을 전해서 그리스도의 소식이 밖으로 널리 전파되게 했다. 그러므로 바울의 투옥 자체가 시위대 안에 그리고 자기를 방문하는 모든 사람에게 예수님을 알리는 기회가 되었다.

복음 전파자는 장소를 문제 삼지 않는다. 전도자는 매여도 복음은 매이지 않는다. 복음은 퍼져나가기 마련이다. 복음이 퍼져 나가지 않는다면 복음전파자에게 문제가 있는 것이다. 바울의 복음은 로마를 정복했다. 오늘의 복음 전파자는 이 시대를 정복해야 한다.

빌 1:14. 형제 중 다수가 나의 매임을 인하여 주 안에서 신뢰하므로 겁 없이 하나님의 말씀을 더욱 담대히 말하게 되었느니라.

이제 본 절에서 바울은 복음이 전파된 방식에 대해 말한다. 바울은 "형제 중 다수," 곧 '로마에 있는 그리스도인들의 대부분이' 바울 사도의 매임이 그리스도 때문인 줄로 확신하고 '주님을 믿는 중에' "겁 없이 하나님의 말씀을 담대하게 말하게 되었다"고 말한다. 여기에서 "담대하게 말하게 되었느니라"(ἀφόβως … λαλεῖν)는 말씀은 현재시상으로 계속해서 담대하게 말하게 되었다는 뜻이다. 바울은 위험이 닥치는 당시의 상황에서도 위축되지 않고 계속해서 예수님을 담대하게 전했다.

　　오늘의 위험은 옛날의 위험과 다르다. 옛날의 위험은 외부로부터의 핍박이 었는데 오늘의 위험은 내부의 타락이다. 오늘 우리는 무서운 타락을 목격한다. 사람들은 너무 타락해서 복음을 들으려고도 하지 않는다. 부정과 비리가 판을 치고 있고 음란은 더 이상 갈데없는 벼랑에 서 있다. 이 때에 복음 전파자들은 뼈를 깎는 기도를 해야 한다. 성령께서 이 시대의 타락을 씻으시도록 전도자는 기도로 매달려야 한다.

빌 1:15. 어떤 이들은 투기와 분쟁으로, 어떤 이들은 착한 뜻으로 그리스도를 전파하나니.

여기에서 두 종류의 사람이 나온다. 하나는 "투기와 분쟁으로" 복음을 전하는 사람들이고, 다른 하나는 "착한 뜻으로 그리스도를 전파한" 사람들이다.

　　"투기와 분쟁" 심리를 가지고 복음을 전파하는 사람들은 바울의 복음 전도를 시기한 사람들이었다(2:3). 그들은 바울의 복음 전도가 효과적으로 진행되는 것을 보고 시기하게 되었다. 그들은 바울을 시기해서 다투는 심정을 가지고 예수 그리스도를 전하였다. 그들은 많은 사람들이 예수님을 믿게 되면 바울에게 더욱 심한 박해와 고난이 가해질 것을 기대하고 복음을 전한 것이다.

　　그렇게 복음을 전한 사람들은 이단은 아니었다. 만약 그들이 이단이었다면, 바울이 그들을 이단으로 정죄하였을 것이다. 바울이 그들을 이단으로 정죄하지 않은 것을 보면, 그들의 복음 전도가 옳은 것임에 틀림없었다. 그들의 복음 전도는 옳았지만, 그들의 심리가 잘못 되었던 것이다. 즉 그들은 자신들이 열심히 복음을 전하면 예수님을 믿는 사람들이 많아져서 로마 정부로부터 바울에게 더 큰 탄압과 불이익이 가해지리라고 기대했었다. 그 사람들은 시기의 사람들이었고 바울에게 괴로움을 더하게 하려는 사람들이었다(17절). 그 사람들은 아직도 육적인 크리스천들이었다(고전 3:1-3).

그런가하면 다른 많은 사람들은 "착한 뜻으로," 곧 바울 사도를 사랑하는 "마음으로" 복음을 전했다(16절). 그들은 바울 사도와 함께 복음을 전한다는 생각으로 예수님을 신뢰함으로 겁 없이 복음을 전했다. 우리는 다른 동역자들을 사랑하고 협력하는 마음으로 무장해야 한다. 시기와 질투는 자신을 죽이는 독(毒)임을 알아야 한다.

빌 1:16. 이들은 내가 복음을 변명하기 위하여 세우심을 받은 줄 알고 사랑으로 하나.

"이들은" "착한 뜻으로 그리스도를 전파"(15절)하는 사람들이었다. 착한 뜻을 가지고 복음을 전한 이 사람들은 바울이야말로 복음을 전하도록 하나님에 의해 "세우심을 받은 줄 알고" 그를 "사랑"하는 마음에서 복음을 전하였다.

우리는 예수님이 귀한 분인 줄 알고 복음을 전해야 할뿐 아니라(골 1:15-20) 또한 사도들이야말로 하나님으로부터 특별히 세움 받은 줄로 알고 그들을 사랑하는 마음으로 복음을 전해야 한다. 뿐만 아니라 오늘의 복음 전도자들을 사랑해야 한다. 그들도 역시 하나님에 의해서 세움 받은 줄 알고 그들을 사랑하는 마음을 품어야 한다.

빌 1:17. 저들은 나의 매임에 괴로움을 더하게 할 줄로 생각하여 순전치 못하게 다툼으로 그리스도를 전파하느니라.

"저들은" 다름 아니라 "투기와 분쟁" 심리로 복음을 전한 자들이었다(15절).

저들은 바울 사도의 감옥 생활에 더욱 심한 괴로움을 주기 위해 바울 사도와 싸우는 심정으로 그리스도를 전파했다. 아무튼 "저들은" "순전치 못하게 다툼으로 그리스도를 전파했다." 저들은 바울 사도에게 괴로움을 더하게 하려고 복음을 전했고 또한 바울이 어려움을 당함으로 자기들의 위신을 세우기 위해서 복음을 전했다. 아주 이기적인 생각으로 복음을 전한 것이다.

이렇게 저들이 바울 사도를 대적하는 심정으로 복음을 전했음에도 불구하고 바울은 예수님의 복음이 전파되는 그 한 가지로 기뻐했다(18절). 바울은 자기가 아니라 예수님만을 생각하며 살았던 사람이다. 바울은 자기야 어떻게 되든 예수님이 영광을 받으시는 것으로 족하게 여기며 살았다(20절).

빌 1:18. 그러면 무엇이뇨 외모로 하나 참으로 하나 무슨 방도로 하든지 전파되는 것은 그리스도니 이로써 내가 기뻐하고 또한 기뻐하리라.

바울은 사람들이 무슨 의도를 가지고 복음을 전하든지 예수 그리스도만 전파되면 그것으로 기쁨을 삼겠다고 말한다. "외모로" 예수님을 전파하든지 혹은 "참으로" 예수님을 전파하든지 전파되는 것은 예수 그리스도인 까닭에 바울은 기뻐하겠다는 것이다. 투기와 분쟁심리를 가지고 복음을 전한 사람들(15절)은 "외모로," 즉 중심에 예수님을 사랑하는 마음은 없이 입술로만 예수님을 전파한 사람들이었다. 그리고 바울은 "참으로" 복음을 전파한 사람들, 다시 말해, 자신이 "복음을 변명하기 위하여 세우심을 받은 줄 알고 사랑으로"(16절) 그리스도를 전파한 사람들 때문에 기뻐하겠다고 말한다.

우리는 다른 이들이 어떤 동기로 복음을 전파하든지 예수님이 전파되는 것을 보고 기뻐할 줄 알아야 한다. 혹은 자기의 생계를 위하여 복음을 전하든지 혹은 출세를 위하여 복음을 전파하든지, 복음이 전파되는 것만 확실하다면,

우리는 그들을 정죄하기보다는 차라리 기뻐할 수 있어야 한다. 그러나 우리 자신들은 그런 태도로 복음을 전해서는 안 될 것이다.

2. 바울의 투옥은 그리스도를 높이게 되었음 1:19-26

앞에서 바울은 자신은 자기의 투옥 때문에 두 종류의 사람들이 생겨나서 복음이 널리 증거된 것을 기뻐한다고 말했다(12-18절). 이제 그는 자신의 투옥이 그리스도를 높이게 되었다고 증거한다.

빌 1:19. 이것이 너희 간구와 예수 그리스도의 성령의 도우심으로 내 구원에 이르게 할 줄 아는 고로.

본 절 초두에 있는 이유 접속사($\gamma\grave{\alpha}\rho$, 한역에는 빠져 있음)는 이 절이 바울이 바로 앞에 기록되어 있는 것처럼 기뻐하게 된 이유를 제시한다. 바울은 자기의 매임이 불행으로 끝나는 것이 아니라 구원으로 인도될 줄 알고 있었기 때문에 기뻐한다는 것이다.

본 절 초두의 "이것"은 '바울의 매임 당함'을 지칭한다. 혹자는 "이것"이 바울이 당하는 환영과 배척을 지칭한다고 말하나(15-17), 우리는 그것이 앞에 나온 바울 사도의 매임(12-14)을 지칭한다고 보는 것이 옳다. 이유는 만약 "이것"이 환영을 지칭한다면, 사람들의 환영이 바울의 구원에 이르게 할 줄 안다고 말하는 것은 부자연스럽다. 또 "이것"이 환영을 지칭한다면, 환영이 바울 사도의 구원에 이르게 되기 위해서 빌립보 교인들의 "간구"가 필요하다고 말하는 것은 부자연스러운 일이다.

바울은 자신의 매임 당함이 빌립보 교인들의 간절한 기도와 예수 그리스도의 성령의 도우심에 의해서 자신의 구원에 이르게 할 줄 알았다. 바울은 자기의 매임 당함이 자연적으로 자기의 구원에 이르게 되는 것이 아니라 빌립보 교인들의 간절한 기도가 필요한 줄 알았다(고후 1:11). 그리고 성령의 도우심이 필요한 줄로 알았다(롬 8:9; 갈 4:6; 벧전 1:11). 바울은 빌립보 교인들이 간구하면 성령께서 도우실 것으로 확신했던 것이다.

그러면 여기에서 바울 사도의 투옥이 "구원에 이른다"는 말은 무슨 뜻인가? 그것은 천국 가는 것을 의미하는가? 아니면 성화에 이른다는 말인가? 바울 사도의 매임 당함이 천국 가는 공로가 된다고 말하는 것은 성경 사상에 맞지 않는다. 그러므로 바울 사도의 투옥이 그의 "구원에 이른다"는 것은 그의 매임이 그의 성화에 유익하다는 뜻이다. 다시 말해, 바울 사도의 매임이 영적으로 부요함에 이른다는 뜻이다. 성화에 이르는 것이 곧 바울 사도의 구원이었다. 중생이나 칭의(稱義)나 회심만이 구원이 아니라 성화자체도 구원이라는 사실을 알아야 할 것이다. 우리는 우리가 이 땅에서 만나는 어떠한 일이라도 우리의 성화, 즉 영적인 부요에 유익할 줄 알고 기뻐해야 할 것이다.

빌 1:20. 나의 간절한 기대와 소망을 따라 … 오직 전과 같이 이제도 온전히 담대하여 살든지 죽든지 내 몸에서 그리스도가 존귀히 되게 하려 하나니. 바울이 간절하게 기대하는 것은 어떤 일이 벌어지든지, 즉 재판 결과에 따라 감옥에서 석방되든지 아니면 사형선고를 받아 순교하든지, 다만 자신을 통하여 예수님이 높아지는 것이었다. 바울에게는 사는 것이나 죽는 것이 중요한 것이 아니었다. 그리스도가 바울을 통하여 존귀하게 여겨지기만 하면 되었다.

우리는 어떤가? 우리는 자신만을 위하여 살고 있지는 않은가? 혹시 예수님의 영광보다는 우리 자신의 위신을 더욱 생각하고 있지는 않은가? 혹시 예수님 때문에 욕을 먹으면 못 견디는 심정이 되지는 않는가? 우리는 이 구절을 주야로 묵상하면서 그리스도의 영광만을 위하여 살아야 할 것이다.

빌 1:21. 이는 내게 사는 것이 그리스도니 죽는 것도 유익함이니라.
"이는"이라는 말은 이유를 말하는 접속사이다. 바울이 살든지 죽든지 자신의 몸에서 그리스도만 존귀히 되게 하려 했던 것은(20절) 그에게는 "사는 것이 그리스도니 죽는 것도 유익하기" 때문이었다.

바울에게는 사는 것이 그리스도였다. 바울 안에서는 바울이 아니라 그리스도가 살고 계셨다(갈 2:20; 6:14). 그리스도는 바울의 심령 속에서 그를 온전히 주장하셨고 인도하셨고 전부가 되셨다.

그리고 바울에게는 죽는 것도 유익했다(23절; 사57:1-2; 고전 3:22; 고후 5:1, 6, 8; 살전 4:13-15; 계 14:13). 죽은 후에 생길 복을 생각할 때 바울은 죽음을 두려워하기는커녕 자신에게 유익한 것으로 여겼다. 바울은 자신이 사형 선고를 받아 죽게 되면 예수님과 보다 밀접하게 연합될 것이니 유익하다는 것이다. "바울은 죽음의 근소(近所)인 옥중에서 죽음을 바라보고 두려워한 것이 아니라 그 건너편의 복지(福地)를 보고 도리어 죽음을 노래한 것이다."[22] 우리도 지금 그리스도의 주장과 인도대로 살다가 육신의 죽음이 오면 천국에 가서 예수님과 밀접하게 연합된 삶을 살 것을 생각하고 죽음을 찬양해야 할 것이다.

---

22) 박윤선, 『바울서신: 성경주석』(서울: 영음사, 1985), p. 229.

빌 1:22. 그러나 만일 육신으로 사는 이것이 내 일의 열매일진대 무엇을 가릴는지 나는 알지 못하노라.

바울은 이제 또 한 가지 큰 깨달음에 도달한다. 그는 자신의 육신이 죽는 것보다는 육신으로 사는 것이 열매 맺는 기회가 되는 줄 알았기 때문에 자신이 죽음을 원해야 할지 혹은 삶을 원해야 할지 모르겠다고 말한다. 바울은 빌립보 교인들뿐 아니라 모든 교회의 교인들을 생각할 때 자신이 계속해서 육신으로 사는 편이 낫다는 생각을 했던 것이다.

빌 1:23-24. 내가 그 두 사이에 끼였으니 … 그러나 내가 육신에 거하는 것이 너희를 위하여 더 유익하리라.

바울은 자기 자신만을 생각할 때는 세상을 떠나서 예수님과 함께 있는 것이 더욱 좋으나(고후 5:8), 육신으로 사는 것이 빌립보 교인들을 위해서 더 유익하다는 결론에 도달한다. 바울이 살아 있는 것이 빌립보 교인들에게 유익하다는 말은 그의 사역으로 말미암아 그들의 믿음이 더욱 전진하고 기쁨도 증진 될 것이기 때문이다(25절). 그러므로 사도는 개인적으로는 죽음을 소원했지만(딤후 4:6) 빌립보 교인들을 생각할 때는 사는 것이 더 유익하리라는 생각이었다. 우리의 생사관도 이런 경지에 도달해야 할 것이다. 우리는 우리 자신을 위하여 사는 것이 아니라 주님을 위하여 그리고 주님의 몸 된 교회를 위하여 살 생각을 해야 한다.

빌 1:25. 내가 살 것과 너희 믿음의 진보와 기쁨을 위하여 너희 무리와 함께 거할 이것을 확실히 아노니.

바울은 두 가지를 확신한다(2:24). 하나는 자신이 살 것이고, 다른 하나는 빌립보 교인들과 함께 거(居)하게 되리라는 것이다. 바울은 자신이 로마 감옥에서 석방되리라는 확신에 이르렀고, 빌립보 교인들의 믿음의 전진과 그들의 기쁨을 위하여 자신이 그들과 함께 거하게 되리라는 확신을 갖게 되었다. 그는 성령의 감동으로 이렇게 진행되어 갈 것을 확신하게 되었다. 성령님은 바울을 계속해서 인도하고 계셨다.

우리도 역시 우리가 자신을 주장하고 인도하는 것이 아니라 성령님께서 우리를 주장하시고 인도하시도록 전적으로 성령님에게 의지해야 할 것이다.

빌 1:26. 내가 다시 너희와 같이 있음으로 그리스도 예수 안에서 너희 자랑이 나를 인하여 풍성하게 하려 함이라.

바울은 앞으로 자신이 석방되어 빌립보 교인들과 함께 거함으로써 예수님 때문에 생겨나는 자랑거리, 즉 예수님을 믿음으로 생겨나는 기쁨이(25절) 풍성히 나타날 것이라고 기대한다(고후 1:14; 5:12). 우리는 다른 사람들과 함께 거하면서 해를 끼치는가, 아니면 기쁨을 끼치는가? 우리는 이웃에게 풍성한 기쁨을 남기는 사람들이 되어야 한다.

III. 복음에 합당하게 생활하라 1:27-30

앞에서 바울은 자신의 매임의 두 가지 의의, 즉 자신의 매임은 복음의 진보에 유익하며(12-18절) 예수님을 높이는 계기가 된다는 것(19-26절)에 대해 말했다. 이제 그는 빌립보 교인들에게 복음에 합당하게 살 것을 권장한다.

빌 1:27-28. **오직 너희는 그리스도 복음에 합당하게 생활하라.**
바울은 빌립보 교인들에게 "그리스도 복음에 합당하게 생활하라"고 권면한다
(엡 4:1; 골 1:10; 살전 2:12; 4:1). "생활하라"(πολιτεύεσθε)는 것은 '시민답게
살라'는 뜻이다. 바꾸어 말하면 '하늘 시민답게 살라'는 말이다. 성도는 그리스
도의 복음에 걸맞도록 하늘 시민답게 살아야 한다. 그리스도의 복음은 우리들에
게 그리스도인으로서의 특권과 책임을 제시하는데 우리는 그것에 합당한 삶을
살아야 한다.

이는 내가 너희를 가보나 떠나 있으나.

바울은 빌립보 교인들에게 자신이 빌립보 교회를 방문하여 그들을 친히
보든지, 아니면 가지 못해서 보지 못하든지 간에 어쨌든 복음에 합당한 삶을
살라고 권면한다. 바울은 복음에 합당한 삶의 모습을 아래의 두 가지로 제시한
다.

너희가 일심으로 서서 한 뜻으로 복음의 신앙을 위하여 협력하는 것과.

복음에 걸맞게 하늘의 시민답게 사는 삶의 첫째는, "복음의 신앙을 위하여
협력하는 것"이다. 여기에서 "복음의 신앙"이란 '그리스도의 복음에서 생긴
신앙'을 말한다. 복음에서 생겨난 신앙이란 단순한 교리적인 신앙을 넘는,
능력 있는 신앙을 말한다. 성도는 그리스도의 복음에서 생겨난 신앙을 유지(維
持)하고 진작(振作)시키기 위해 서로 협력해야 한다. 오늘날 한국 교회는 이
복음적 신앙을 잃어가고 있다. 우리는 성령으로 말미암아 생겨난 복음적 신앙의
힘을 잃어가고 있으며 그저 경건의 모습을 유지하기에 바쁜 것 같다.

복음에서 생겨난 생생한 신앙을 유지하고 진작시키기 위해서는 서로 협력해
야 한다고 바울은 말한다(유 1:3). 신앙생활은 혼자 하는 것이 아니고 서로
협력해야 한다. "협력한다"(συναθλοῦντες)는 말은 '함께 경기한다'는 뜻으로

(딤후 2:5) 신앙인이 마귀와의 전투에서 함께 대적하고 또 신앙인끼리 서로 권면하고 위로해야 한다는 뜻이다. 오늘 우리는 신앙생활을 위하여 서로 협력하기는커녕 다른 성도들의 힘을 분산시키고 사기를 저하시키며 믿음을 싸늘하게 식혀놓는 일을 하지는 않는지 살펴야 한다.

협력을 위해서는 일심이 되어야 한다. "일심으로"(ἐν ἑνὶ πνεύματι)란 말은 '한 심령으로'라는 뜻이다. 협력하기 위해서는 성도들의 마음이 한 뭉치가 되어야 한다. 성도는 자신의 유익을 생각하지 말고 오직 그리스도의 복음을 위한다는 한 가지 마음으로 뭉쳐야 한다. 뭉치지 못하는 것이 우리 민족의 약점이다. 우리는 복음의 신앙을 위하여 한 심령이 되면 살고, 헤어지면 죽는 것으로 알아야 한다. 그러지 않아도 그 동안 우리는 많은 손해를 보아 왔다. 윤리는 땅에 떨어졌고 국력은 올라가다가 말고 주저앉아 일어날 줄을 모른다.

협력하기 위해서는 한 뜻이 되어야 한다. "한 뜻으로"(μιᾷ ψυχῇ)란 말은 '한 혼으로'라는 뜻이다(고전 1:10). 한 마음이 되어야 한다는 말이다. 우리는 복음의 신앙을 위하여 한 마음이 되어야 한다. 만에 하나라도 우리가 예수 그리스도를 믿기 위하여 한 마음이 되지 못한다면, 우리는 천국 시민답게 살고 있지 않는 것이다. 우리는 신앙의 유지와 진작을 위해서 협력해야 한다.

아무 일에든지 대적하는 자를 인하여 두려워하지 아니하는 이 일을 듣고자 함이라.

복음에 걸맞게 하늘의 시민답게 사는 삶의 둘째는, "대적하는 자를 인하여 두려워하지 않는 것"이다. 복음을 처음 퍼뜨리던 시대에는 외부로부터 대적자들이 밀려왔고, 일단 복음이 퍼진 시대에는 내부적으로 무서운 일들이 일어났다. 어느 시대든지 무서운 것을 맞이하여 두려워하는 것은 천국 복음에 걸맞게 사는 삶이 아니다. 우리는 주님의 위대하심을 믿고 대적자들을 무서워하지 않아야 한다.

이것이 저희에게는 멸망의 빙거요 너희에게는 구원의 빙거니 이는 하나님께로부터 난 것이니라.

성도들을 박해하는 것은 멸망 받을 증거이고(살후 1:5) 성도들에게는 구원받을 증거라고 바울은 말한다(롬 8:17; 딤후 2:11). 여기에서 조심할 것은 성도들이 핍박받는 것이 구원을 위한 공로가 되는 것은 아니라는 것이다. 다만 구원을 받을 성도이니까 핍박을 받는 것이다. 빌립보 교인들이 대적자들의 핍박을 이겨내는 것은 자기들의 힘이 아니라 하나님으로부터 온 힘을 통해서 가능하다. 그들은 하나님으로부터 믿음도 받았고 힘도 받았다. 모든 좋은 것은 다 하나님으로부터 온다(약 1:17).

빌 1:29. 그리스도를 위하여 너희에게 은혜를 주신 것은 다만 그를 믿을 뿐 아니라 또한 그를 위하여 고난도 받게 하심이라.

여기에서 바울은 그리스도를 위하여 빌립보 교인들에게 은혜를 주신 두 가지 목적에 대해 말한다. 하나는 예수님을 믿게 하기 위한 것이요(엡 2:8), 다른 하나는 예수님을 위하여 고난도 받게 하기 위함이라는 것이다(행 5:41; 롬 5:3). 바울은 앞 절에서 그리스도인이면 누구든지 대적자들의 핍박을 받게 되어 있다고 말했는데, 이 구절에서 그는 성도의 고난은 은혜 받은 자로서는 도무지 피할 수 없는 것이라고 말한다. 그리스도의 복음에 합당한 삶을 살기 원하는 사람은 고난을 각오해야 하고 핍박을 두려워해서는 안 된다. 누구든지 그리스도로부터 은혜를 받기만 할 뿐 고난은 피하려 한다면, 그것은 잘못된 것이다. 우리는 그리스도로부터 은혜를 받아 믿기도 하고 고난도 받을 각오를 해야 한다.

빌 1:30. 너희에게도 같은 싸움이 있으니 너희가 내 안에서 본 바요 이제도 내 안에서 듣는 바니라.

바울은 빌립보 교회 성도들이 지금 대적자들의 핍박을 받고 있다고 말한다(살전 2:2). 또한 그는 그런 핍박은 빌립보 교인들만이 아니라 자신도 받았던 것을 그들이 이미 알고 있다고 말한다. 바울이 빌립보에서 복음을 전할 때 박해를 받은 사실을 빌립보 교인들이 실제로 보았다는 것이다(행 16:16-24). 또한 빌립보 교인들은 바울이 로마 감옥에서 고난을 받는 사실을 에바브라디도를 통하여 듣고 있다는 것이다(빌 2:26, 28). 고난의 주님을 따르는 자는 고난을 피할 생각을 아예 하지 말아야 한다.

제2장

교회 일치와 성화의 삶을 권면함

IV. 권면 2:1-18

앞에서 바울은 자신의 투옥의 의미를 밝히고(1:12-26) 복음에 합당한 삶을 살 것을 권했다(1:27-30). 이제 그는 빌립보 교회 신자들에게 다른 두 가지 권면을 한다. 첫째, 하나가 되라는 것이고(1-11절), 둘째, 거룩한 삶을 살라는 것이다(12-18절). 교회 공동체의 삶에서 하나됨과 거룩한 삶은 필수적인 두 요소들이다. 아무리 일치단결하려해도 거룩한 삶이 없다면 교회의 단결의 노력은 헛것으로 끝날 수밖에 없다.

1. 하나가 되라는 권면 2:1-11

바울은 먼저 빌립보 교회 성도들에게 하나가 되라는 권면을 한다. 그는 하나가 됨에 있어서 겸손이 필수적 요소라고 말한다. 그는 겸손을 권장하면서 예수님의 모범을 사례로 제시한다. 또한 그는 성도들에게 겸손할 때 높아지게 된다는 것도 암시한다.

1) 하나가 되어라 2:1-4

바울은 빌립보 교인들이 그리스도로부터 은혜를 받았으니(1절) 일치단결하라고 권장한다(2-3절). 또한 그는 하나가 되기 위해서는 자기 일과 남의 일 모두를 잘 돌보아야 한다고 말한다(4절).

빌 2:1. 그러므로 그리스도 안에 무슨 권면이나 사랑에 무슨 위로나 성령의 무슨 교제나 긍휼이나 자비가 있거든.

여기에서 그리스도의 네 가지 은총이 드러난다. 빌립보 교인들은 이미 이런 은총을 받았으니 일치단결해야 했다. 본 절 마지막에 나오는 "있거든"이라는 말은 '있으니'라는 뜻이다. 바울은 빌립보 교회에 임했던 첫째 은총으로 "그리스도 안에 무슨 권면"을 든다. "그리스도 안에 무슨 권면"(τις παράκλησις ἐν Χριστῷ)이란 말은 '그리스도 안에 무슨 위로'라는 뜻이다. "권면"이라는 말을 '위로'라고 해석해야 할 이유는 본 절에 나오는 세 가지 은총들("사랑에 무슨 위로," "성령의 무슨 교제," 그리고 "긍휼이나 자비")이 모두 위에서부터 내려온 은총들인데 비해, 유독 "권면"만은 사람에게서 받는 것이니 "권면"을 위에서부터 내려오는 '위로'라고 해석해야 할 것이다. 영국 흠정역도 역시 "위로"(consolation)로 번역해 놓았다.

그리고 빌립보 교회에는 "사랑에 위로"가 있었다. 즉 '사랑으로 말미암은 위로'가 있었다. 그리고 바울 당시도 사랑으로 말미암은 위로가 있다는 것이다. 빌립보 교회 공동체 안에는 예수님의 사랑을 받아 세상이 알지 못하는 위로가 있었다. 이런 사랑의 위로를 받는 성도는 연약한 사람들을 사랑으로 위로하게 마련이다. 이 사랑의 위로는 교회 공동체의 일치 단결에 필수적인 요소이다(시 133:1; 요 15:10-12; 행 2:46; 4:32; 갈 5:22; 엡 4:30-32; 골 2:2; 요일 4:7-8, 12-16).

빌립보 교회에는 "성령의 교제"가 있었고 현재에도 그러하다(고후 13:13). 성령의 교제가 있다는 말은 성령께서 빌립보 교회 공동체 안에 내주하시고 공동체를 인도하심으로 성도 상호간에도 교제가 있다는 뜻이다. 성령의 교통이 없다면 사람 사이의 교통은 힘들어질 뿐 아니라 자칫 깨질 수도 있다(엡 4:3). 그러므로 성령의 교제도 교회 일치에 필수적인 요소이다(롬 5:5; 8:9-16, 26; 고전 3:16, 6:19-20; 갈 4:6; 엡 1:13-14; 2:18-22; 4:4; 벧전 1:2; 22-23; 요일 3:24).

또한 빌립보 교회 공동체는 "긍휼이나 자비"를 받았다. "긍휼"은 동정하는 마음이고 "자비"는 동정하는 마음이 밖으로 나타난 행위를 말한다. 이런 긍휼과 자비는 성도들에게 항상 필요하므로 바울은 거의 모든 서신의 초두에서 긍휼을 기원한다. 하나님께서 성도들에게 베푸시는 긍휼과 자비는 교회 일치에 절대적으로 필요한 요소들이다. 성도들은 긍휼과 자비를 받아야 이웃을 불쌍히 여기며 자비를 베풀 수 있기 때문이다.

바울은 교회의 일치를 권면하면서 빌립보 교회가 벌써 일치할 수 있는 은혜와 힘을 받았다고 말한다. 오늘 우리도 벌써 이런 은혜를 받았다. 따라서 이제는 일치해야 한다. 하나가 되지 못하면 망하는 수밖에 없다.

빌 2:2-4. 마음을 같이 하여 같은 사랑을 가지고 뜻을 합하며 한 마음을 품어 … 오직 겸손한 마음으로 각각 자기보다 남을 낮게 여기고 각각 자기 일을 돌아볼 뿐더러 또한 각각 다른 사람들의 일을 돌아보아 나의 기쁨을 충만케 하라.

바울은 비슷한 뜻을 가진 여러 말("마음을 같이하여," "같은 사랑을 가지고," "뜻을 합하며," "한 마음을 품어")로 일치를 권한다. 그리고 일치를 권하면서 소극적으로는 "다툼이나 허영으로 하지 말고" 적극적으로는 "겸손한 마음"을 품으라고 말한다. 그리고 일치하려면 자기 일을 돌아볼 뿐 아니라 다른 사람들의 일도 잘 돌보아 주어야 한다고 말한다.

바울은 빌립보 교회가 자신의 여러 가지 권면을 이루어 "자기의 기쁨을 충만케 해달라"(πληρώσατέ μου τὴν χαρὰν)고 주문한다(요 3:29). 4절 마지막의 "나의 기쁨을 충만케 하라"는 말이 헬라어 원문에는 2절 초두에 나와 있다. 즉 바울은 빌립보 교회가 여섯 가지 권면을 받아들여 교회의 일치를 이루어서 바울 사도의 기쁨을 충만케 해달라는 것이다. 바울은 교회의 일치가 자기의 기쁨에 크게 관계가 있다고 말한다. 그는 이미 기쁨의 사람이었다. 그런데 이제 교회의 일치라고 하는 것이 그의 기쁨의 또 하나의 중요한 요소가 되고 있음을 밝히고 있다.

바울의 첫 번째 권면은 "마음을 같이하라"는 것이다(롬 12:16; 15:5; 고전 1:10; 고후 13:11; 빌 1:27; 3:16; 4:2; 벧전 3:8). "마음을 같이 하라"(τὸ αὐτὸ φρονῆτε)는 말은 '같은 것을 생각하라'는 뜻이다. 그러면 "같은 것"(τὸ αὐτο)은 무엇인가? 같은 것을 생각할 때 교회의 일치가 이루어질 수 있다고 하는데, 도대체 같은 것이란 무엇인가? 빌립보 교인들은 예수님만 바라보고 계속해서 전진하라고 권면을 받았으므로(3:14), 같은 것을 생각하라는 말씀은 예수님을 생각하라는 뜻이다. 로마서 12:16에도 "마음을 같이하여, 곧 같은 것을 생각하면서(τὸ αὐτὸ φρονοῦντες) 높은 데 마음을 두지 말고 도리어 낮은 데 처하며 스스로 지혜 있는 체 말라"고 말한다. 히브리서 3:1에는 "우리의 믿는 도리의 사도시며 대제사장이신 예수님을 깊이 생각하라"고 말한다. 우리는 예수님만 생각해야 한다. 우리는 우리의 출세와 명예를 깊이 생각할 것이 아니고 모든 것을 후하게 주시는 예수님만을 생각해야 한다. 그리하여 서로 일치를 이루어야 한다.

바울의 두번째 권면은 "같은 사랑을 가지라"는 것이다. "같은 사랑을 가지라"(τὴν αὐτὴν ἀγάπην ἔχοντες)는 말은 예수님만을 사랑하라는 말이다. 예수님에 대한 사랑의 정도는 약간씩 다를지라도, 성도는 세상에서 다른 것들을 사랑하지 말고(약 4:4) 오직 예수님만을 사랑해야 한다. 세상을 사랑할 때 하나님의 진노가 있고(골 3:5-6), 예수님을 사랑할 때 영 육간에 은혜가 넘친다.

바울의 세번째 권면은 "뜻을 합하라"는 것이다. "뜻을 합하여"(σύμψυχοι)라는 말은 '영혼을 같이 하여'(united in mind)라는 뜻이다. 성도들이 겉만 같아서도 안 되고, 교리만 같아도 부족하고, 영혼을 같이해야 한다. 성도는 영혼을 모두 예수님께 전적으로 드리고 헌신하는 자세를 가져야 하고 순교적인 자세를 가져야 하는 것이다. 그럴 때 교회의 참된 일치가 있을 수 있는 것이다(행 1:14; 2:1, 46; 5:12). 예수님께 영혼을 드리는 헌신의 자세가 아니고 각자 자기 살 궁리만 한다면 가정도 일치하지 않고 교회도 일치하지 않게 된다.

바울의 네 번째 권면은 "한 마음을 품으라"는 것이다. "한 마음을 품어"(το ἓν φρονοῦντες)라는 말은 '그 하나를 생각한다'는 뜻이다. 첫 번째 권면이 "같은 것을 생각하라"는 것이었는데 여기에서 네 번째의 권면은 '그 하나를 생각하라'는 것이니 비슷하면서도 좀더 깊이 있는 말씀인 셈이다. 결국 "같은 것"과 "그 하나"의 차이이다. 우리는 오직 '그 하나'를 생각해야 한다. 오직 예수님만 생각해야 한다(엡 4:4-6).

바울의 다섯 번째 권면은 "아무 일에든지 다툼이나 허영으로 하지 말고 오직 겸손한 마음으로 각각 자기보다 남을 낮게 여기라”는 것이다(롬 12:10; 엡 5:21; 벧전 5:5-6). 다시 말해, 소극적으로는 다툼이나 허영으로 일을 처리하지 말고, 적극적으로는 겸손한 마음으로 각각 자기보다 남을 낮게 여기라는 것이다. 남을 낮게 여기는 정도를 보면 곧 겸손의 정도를 가늠할 수가 있다.

　성도는 “다툼”을 버려야 한다(빌 1:15; 약 3:14). 아브라함은 다툼을 싫어하여 자기의 조카 롯에게 땅을 양보했다(창 13:8-9). 또한 성도는 “허영”을 멀리해야 한다(갈 5:26). “허영”(κενοδοξίαν)이란 ‘내용 없는 영광,’ 즉 ‘헛된 영광’이라는 뜻이다. 성도들이 교회 안에서 내용 없는 영광, 혹은 헛된 영광을 취하려 할 때 교회의 일치는 깨진다. 장(長) 자리를 취하려 하고 장로, 안수집사, 권사 자리를 넘볼 때 자신도 불행해지고 교회는 어려움을 당하게 된다. 우리에게 영적인 실력만 있으면 직분을 구하지 않아도 직분이 주어지는 때가 있는 줄 알아야 한다.

　다섯 번째 권면 중 적극적인 내용은 “오직 겸손한 마음으로 각각 자기보다 남을 낮게 여기”는 것이다. “겸손”이란 하나님 앞에서의 겸손을 말함인데 하나님 앞에서의 겸손은 사람 앞에서의 겸손으로 이어진다. 겸손은 남을 나보다 낮게 여기는 것으로 나타난다. 우리는 자신의 학식이나 재능이나 경제적 형편이 남보다 낫다고 해도 남을 나보다 낮게 여겨야 한다. 나는 죄인 중에 괴수이므로(딤전 1:15) 다른 이들을 나보다 낫다고 여겨야 한다. 우리가 겸손을 유지할 때 교회 공동체는 일치를 이룰 수가 있다. 겸손만큼 일치단결을 이루는 비결이 없다. 교회에서 아무리 단합대회를 한다고 해도 금방 서로 분쟁하는 것을 볼 수 있는데 단합대회를 하지 않는다고 해도 남을 나보다 낮게 여기는 겸손만 있으면 교회는 단합할 수가 있다.

　바울의 여섯 번째 권면은 “각각 자기 일을 돌아볼 뿐더러 또한 각각 다른 사람들의 일을 돌아보라"는 것이다(고전 10:24,33; 13:5). 여섯 번째 권면은 두 가지이다. 하나는 자기 일을 잘 돌보는 것이고, 다른 하나는 다른 사람들의 일을 돌보는 것이다. 자기 일도 제대로 돌보지 못한다면 교회에 피해를 준다. 우리는 자기 일을 돌보아야 하고 나아가서 다른 사람들의 짐도 져야 하는 것이다. 우리는 다른 사람들을 위해 봉사하면서 살아야 한다. 그럴 때 교회의 일치를 이룰 수 있다.

2) 예수님의 모범 2:5-11

교회의 일치단결을 위해서 겸손해야 한다고 말한 바울은(1-4절) 예수님의 모범을 예로 들고 있다. 예수님은 우리 인생으로서는 측량할 수 없는 깊이의 겸손을 보여 주셨다. 바울은 또 예수님을 본받아 겸손할 때 높아질 수 있다고 암시한다.

빌 2:5. 너희 안에 이 마음을 품으라. 곧 그리스도 예수의 마음이니.
바울은 "너희 안에 이 마음," 곧 "예수님의 마음"을 품으라고 권장한다. 그럴 때 교회의 일치단합이 이루어진다는 것이다. 바울은 6-8절에서 예수님의 마음을 극명하게 제시한다.

빌 2:6. 그는 근본 하나님의 본체시나.
바울은 예수님이 "근본" 하나님의 본체라고 말한다. 여기에서 "근본"(ὑπάρχων)이란 '선재(先在)'를 뜻한다. 예수님은 성육신하시기 전에 선재하셨다고 성경은 말한다(요 1:1-2; 17:5).

예수님은 선재하신 분으로 "하나님의 본체"시다. "본체"(μορφῆ)는 '정체'

(正體)라는 뜻이다. 예수님은 하나님의 속성과 성품을 소유하신 하나님의 정체이시다(고후 4:4; 골 1:15; 히 1:3). 예수님은 하나님의 본체로서 하나님 자신이시다.

하나님과 동등 됨을 취할 것으로 여기지 아니하시고.

하나님의 정체이신 예수님께서 "하나님과 동등 됨을 취할 것으로 여기지 아니하셨다." 예수님은 모든 점에서 하나님과 동등하시다. 하나님이라는 점에서도 그리고 영광에 있어서도 하나님과 똑같으시다(요 5:18; 10:33). 그럼에도 불구하고 그분은 하나님과 동등한 영광을 계속 유지하려고 하시지 않았다. 상상키 어려운 위대한 겸손이다. 오늘 우리도 하나님의 형상대로 지음을 받았으므로(창 1:26) 다른 사람들과 똑같이 귀한 존재들이지만, 우리의 자존심을 포기하고 사람들 밑에 들어가서 예수님의 영광을 드러낼 수는 없을까? 사람들에게서 모욕을 당하면서 혹은 침 뱉음을 당하면서 혹은 또 매를 맞으면서 예수님을 높일 수는 없는 것일까?

빌 2:7. 오히려 자기를 비어 종의 형체를 가져 사람들과 같이 되었고.
예수님은 자기를 비우셨다(ἐκένωσεν). '영광을 비우셨다'는 말씀이다. 바꾸어 말하면 '하늘 영광을 떠나셨다'는 말씀이다(시 22:6; 사 53:3; 단 9:26; 막 9:12; 롬 15:3). 예수님은 하늘 영광을 버리고 "종의 형체를 가지셨다"(사 42:1; 49:3, 6; 52:13; 53:11; 겔 34:23-24; 슥 3:8; 마 20:28; 눅 22:37). 여기에서 "가져"라는 말은 '되어'라는 말과 달라서 이미 있던 것을 포기하지 않으시고 그 위에 '종의 정체'를 더 가지신 것을 뜻한다. 그러므로 예수님은 신성과 하나님의 성품을 고스란히 가지신채 "종의 형체," 곧 '종의 정체'를 덧입으시고 태어나셨다(요 1:14; 롬 1:3; 8:3; 갈 4:4; 히 2:14, 17).

예수님은 종의 형체를 덧입으시고 "사람들과 같이 되셨다." 예수님은 죄 있는 사람이 되신 것이 아니고 "사람들과 같이 되셨다." 여기에서 "같이"(ὁμοιώματι)란 말은 '유사(類似, 비슷함)'를 뜻한다. 예수님은 죄를 가지고 태어나는 사람들과 유사하게 되셨다. 이 말씀은 예수님은 죄가 없는 사람의 몸을 입으시고 이 땅에 오셨다는 말이다.

우리는 우리를 비워야 한다. 우리 속에 있는 높아지려는 마음도 버리고, 이기심도 버리고 종의 모습으로 살아야 한다. 남의 발을 닦으면서 살아야 한다(요 13:1-10). 우리가 겸손만 가진다면 교회 일치는 쉽게 이루어진다.

빌 2:8. 사람의 모양으로 나타나셨으매 … 죽기까지 복종하셨으니 곧 십자가에 죽으심이라.

예수님께서 "사람의 모양으로 나타나셨다"(σχήματι εὑρεθεὶς ὡς ἄνθρωπος)는 말씀은 '모양으로는 사람으로 나타나셨다'는 말씀이다. 예수님은 하나님의 아들이시지만 모양으로는 사람의 모습을 취하셨다. 예수님의 겸손은 사람의 모습을 취하고 나타나신 데서 그치지 않고 "자기를 낮추시고 죽기까지 복종하셨다"(마 26:39, 42; 요 10:18; 히 5:8; 12:2). 예수님은 사형 언도를 받으시고 사형수가 되셔서 십자가에서 사형 당하셨다. 예수님의 십자가형은 저주의 죽음이었다(신 21:23).

바울은 예수님의 비하를 우리를 위한 대속의 비하로 여기지 않고 우리를 위한 겸손의 본으로 제시한다. 이로써 우리는 예수님의 죽으심은 여러 가지 의의를 갖는다는 것을 알 수 있다. 우리는 낮아져야 할대로 낮아져야 하는 인생들이다. 우리는 낮아지기 위해서 매일 겸손을 하나님께 구해야 한다.

빌 2:9. 이러므로 하나님이 그를 지극히 높여 모든 이름 위에 뛰어난 이름을 주사.

본 절부터 11절까지는 하나님께서 그리스도를 높이신 사실을 진술한다. 바울은 본 절을 "이러므로"로 시작한다. 그리스도께서 자신을 낮추셨으므로 이제는 하나님께서 예수님을 높이시는 차례가 되었다는 것을 암시한다. 하나님은 예수님을 "지극히 높이셨다." 곧 예수님을 부활 승천케 하시고 하나님 우편에 앉히셨다(요 17:1, 2, 5; 행 2:33; 히 2:9). 그리고 "모든 이름 위에 뛰어난 이름," 곧 '주'라고 하는 이름(11절)을 주셨다(엡 1:21-22; 히1:4). 우리 모두는 예수님을 '주님'이라고 불러야 한다. 예수님은 우리의 생명과 삶의 주님이시다.

빌 2:10-11. 하늘에 있는 자들과 땅에 있는 자들과 땅 아래 있는 자들로 모든 무릎을 예수의 이름에 꿇게 하시고.

하나님은 예수님을 지극히 높여 모든 이름 위에 뛰어난 '주'라고 하는 이름(11절)을 주시고는 "하늘에 있는 자들," 곧 '하늘에 있는 성도들과 천사들,' "땅에 있는 자들," 곧 '모든 피조물들'과 그리고 "땅 아래 있는 자들," 곧 '땅 속에 있는 모든 피조물'로 하여금 예수님의 이름 앞에 꿇게 하셨다(사 45:23; 마 28:18; 롬 14:11; 계 5:13). 인생은 예수님 앞에 항상 무릎을 꿇고 살아야 한다.

모든 입으로 예수 그리스도를 주라 시인하여 하나님 아버지께 영광을 돌리게 하셨느니라.

하나님은 모든 무릎을 예수님의 이름 앞에 꿇게 하셨을 뿐 아니라 또한 "모든 입으로 예수 그리스도를 주라 시인하게 하셨다"(요 13:13; 행 2:36; 롬 14:9; 고전 8:6; 12:3). 예수님을 주님이라고 시인하는 것은 하나님께서 그렇게 되게 하신 일을 시인하는 행위가 되는 까닭에 하나님 아버지께 영광과 기쁨이 되는 것이다.

우리도 겸손하면 하나님께서 높이신다(마 23:12; 벧전 5:5-6; 약 4:10). 예수님은 지금도 "무릇 자기를 높이는 자는 낮아지고 자기를 낮추는 자는 높아지리라"고 말씀하신다(눅 14:11). 우리는 더 이상 증거를 요구할 필요가 없다. 항상 겸손하면 되는 것이다. 우리는 항상 겸손하기 위해서 뼈를 깎는 기도를 해야 한다.

2. 성화생활을 위한 권면 2:12-18

교회 공동체를 위한 일치단결을 권면한(1-11절) 바울은 이제 성도들에게 성화생활을 위한 권면을 한다. 성화생활은 다름 아니라 예수님께 복종하는 것이다(12절). 또 소극적으로 모든 일에 원망하지 않고 논쟁하지 않는 것이며 (14절), 적극적으로는 세상에서 빛의 삶을 사는 것이고(15절), 생명의 말씀을 전하는 것이고(16절), 믿음에서 나오는 희생의 삶을 사는 것이다(17절). 바울이 이렇게 성화의 삶을 권장하는 이유는 성화가 없이는 교회 공동체의 일치단결도 이룰 수 없기 때문이다. 아간 한 사람의 범죄는 이스라엘 공동체를 약화시켰다 (수 7:1-26).

빌 2:12. 그러므로 나의 사랑하는 자들아 너희가 … 항상 복종하여 두렵고 떨림으로 너희 구원을 이루라.
바울은 본 절을 "그러므로"로 시작한다. 예수님께서 절대 겸손의 모범을 보이셨으니 만큼 "그러므로" 성도는 예수님께서 보이신 모범대로 해야 한다는 것이다.

바울은 하나님의 사랑을 입은 빌립보 교인들에게 "항상 복종하여 두렵고 떨림으로 구원을 이루라"고 권한다(엡 6:5).

바울은 빌립보 교인들이 과거부터 지금까지 "항상 복종해 왔던 것처럼"(καθὼς πάντοτε ὑπηκούσατε-ασ ψε ήάε αλωαψσ οβεψεδ) 현재도 "두렵고 떨림으로 구원을 이루라"고 말한다. 다시 말해, '두렵고 떨림으로 예수님께 복종하라'고 권한다.

본 절의 "구원을 이루라"는 말씀을 '복종(성화)하라'로 해석해야 할 이유는 바로 앞에 나온 "항상 복종해 왔던 것처럼"이라는 말씀 때문이다. 항상 복종해 왔던 것처럼 앞으로도 항상 '복종하라'로 해석하는 것이 타당하다.

또한 본 절의 "구원을 이루라"를 '복종(성화)을 이루라'로 해석해야 할 이유는 빌립보 교인들은 이미 구원을 받았기 때문이다. 그들은 이미 "그리스도 예수 안에서 사는 성도"가 되었고(1:1), 하나님은 이미 그들 속에 "착한 일," 곧 '구원'을 시작하셨다(1:6). 그리고 그들은 구원을 받은 자들로서 바울 사도의 복음 전도에 많이 참여했다(1:7). 이처럼 예수님을 믿고 구원을 받은 빌립보 교인들은 앞으로 성화의 삶을 이루어가야 하는 것이다.

복종도 "두렵고 떨림"으로 하지 않으면 안 된다. 사람은 긴장을 하지 않으면 곁길로 갈 가능성이 있다. 그러나 여기에서 "두렵고 떨림으로" 하라는 말씀은 공포심을 가지고 하라는 말씀은 아니다. 성경은 결코 어떤 일을 공포심을 가지고 하라고 권하지 않는다. "이것은 기독교인들에게 겁약을 장려함이 아니다. 이것은 빌립보 교인들 가운데 하나님께서 영적으로 역사하시고 계시니만큼 그들에게 하나님의 말씀을 황공한 생각으로 순종하라는 것뿐이다."[23)]

---

23) 박윤선, p. 243.

우리는 황공한 생각으로 예수님께 복종해야 한다. 복종이 되면 다행이고 안 되면 마는 식으로 신앙생활을 해서는 안 된다. 그저 육신의 정욕대로 움직이고 안목의 정욕을 따라가고 이생의 자랑을 늘어놓으면서 적당히 살면(요일 2:16), 예수님께 복종하기는 틀린 것이다.

빌 2:13. 너희 안에서 행하시는 이는 하나님이시니 … 너희로 소원을 두고 행하게 하시나니.

본 절은 바로 앞 절과 밀접하게 관련된 말씀이다. 바울은 바로 앞 절에서 "두렵고 떨림으로 구원을 이루라"고 권했는데, 이 말씀은 얼핏 보기에 사람의 노력으로 구원(성화)을 이루라고 하는 것처럼 보이므로 사실은 성화조차도 하나님께서 이루신다는 것을 본 절에서 강조하고 있는 것이다(고후 3:5; 히 13:21).

바울에 따르면, 하나님은 빌립보 교인들을 위하여 두 가지 일을 행하고 계신다. 하나는 빌립보 교인들 안에 "소원을" 갖게 하시는 것이고, 다른 하나는 실제로 "행하게 하신다"는 것이다. 바꾸어 말하면, 하나님께서 빌립보 교인들로 하여금 말씀에 복종하려는 "소원"도 주시고 또 말씀을 "행할" 수 있는 힘도 주신다는 것이다. 그러므로 성도의 성화도 하나님께서 이루시는 것이라고 할 수 있다.

우리는 우리 자신이 신앙생활을 하는 줄 생각해서는 안 될 것이다. 신앙생활을 잘 하려는 마음도 하나님께서 주시고 신앙생활을 할 수 있는 힘도 하나님께서 주시는 줄 깨달아 모든 영광을 하나님께 돌려야 한다. 다만 우리는 황공한 마음으로 복종하려는 태도를 유지해야 한다.

빌 2:14. 모든 일을 원망과 시비가 없이 하라.

여기에서 바울은 성화 생활의 또 다른 측면에 대해 말한다. 모든 일을 하는 데 있어서 "원망과 시비가 없이 하라"는 것이다. 우리는 그리스도께 복종하면서도 "원망"할 수 있다(고전 10:10; 벧전 4:9. 참조. 출 16:7-8; 민 14:27; 시 106:25; 행 6:1; 고전 10:10; 약 5:9; 벧전 4:9; 유 1:16). "원망"이란 '불평'을 뜻한다. 복종할 때는 기쁨으로 해야 하고 결코 불평하면서 해서는 안 된다.

또한 바울은 모든 일을 하는 데 있어서 "시비가 없이 하라"고 말한다(롬 14:1; 빌 2:3. 참조. 잠13:10; 15:17-18; 막 9:33-34; 행 15:2, 7, 39; 롬 12:18; 16:17; 고전 1:10-12; 3:3-5; 고후 12:20; 갈 5:5, 26; 엡 4:31-32; 살전 5:13, 15; 딤전 6:35; 히 12:14; 약 1:20; 3:14-18; 4:1). "시비"란 '논쟁'을 의미한다. 교인들과 논쟁하면 믿음이 식어지고 교회의 화평도 깨진다.

우리나라 사람들의 약점으로 잘 알려진 것은 다 아는 바와 같이 불평과 논쟁이다. 불평은 우리 한국인들에게만 있는 병적인 현상은 아니다. 그러나 우리나라 국민들에게 심한 것은 사실이다. 그저 범사에 불평하는 사람들이 있다. 그리고 시비는 우리나라 사람들에게 특별히 심하다. 둘 이상 모인 곳에는 거의 예외 없이 논쟁이 있다. 노인들이 살고 있는 노인 아파트에도 거의 예외 없이 분쟁과 논쟁이 있다. 이런 약점은 교회 안에도 들어와서 널리 퍼져 있다. 우리는 원망과 언쟁을 없애기 위해서 우리는 성령의 충만을 구해야 한다. 성령님이 주장하시고 인도하시는 곳에서는 원망이 없어지고 논쟁이 사라진다(행 2:44-47).

빌 2:15. 이는 너희가 흠이 없고 순전하여 어그러지고 거스르는 세대 가운데서 하나님의 흠 없는 자녀로 세상에서 그들 가운데 빛들로 나타내며.

바울은 여기에서 성화 생활의 또 다른 측면에 대해 말한다. 소극적으로는 "흠이 없고 순전한" 성도들이 되라는 것이고, 적극적으로는 캄캄한 세상에서 "빛들"이 되라는 것이다. "흠이 없다"(ἄμεμπτοι)는 말은 남에게 비난받을만한 일이 없는 것을 뜻한다. 성도는 남에게 비난받을만한 일이 없어야 한다(눅 1:6; 고전 1:8; 엡 5:27; 살전 5:23; 딤전 3:2, 10; 5:7; 딛 1:6; 벧후 3:14). 혹시 어떤 사람이 자기의 좁은 소견을 표준하여 비난하는 수가 있으나, 그것은 비난하는 측이 잘못된 것이다. 우리는 여러 신앙인들로부터 비난받는 일은 없어야 한다.

"순전하다"(ἀκέραιοι)는 말은 인격의 내부에 '섞인 것이 없는 것,' 혹은 '순결한 것'을 뜻한다(1:10). 우리의 인격의 내부는 섞인 것이 없이 순전해야 한다. 우리는 우리의 모든 허물과 죄를 다 하나님께 자복해서 모든 허물과 죄를 씻어야 한다(시 32:5; 51:2; 잠 28:13; 요일 1:9).

바울은 빌립보 교인들에게 적극적으로 "어그러지고 거스르는 세대 가운데서 하나님의 흠 없는 자녀로 세상에서 그들 가운데 빛들로 나타나라"고 권한다. 이 세상은 굽어진 세상이다(신 32:5; 125:5; 마 17:17; 행 20:30; 벧전 2:12). 생각이 구부러졌고 말이 굽었으며 행위가 굽게 진행되고 있다. 아무튼 정상이 아니다. 그런 세상에서 "흠 없는 자녀"가 될 뿐 아니라(본 절 상반 절), 그들 가운데서 "빛들"이 되어 빛을 비추어야 한다(사 60:1; 마 5:14, 16; 요 5:35; 엡 5:8). 우리가 세상에서 빛을 비추기 위해서는 빛 되신 예수님을 마음에 모셔야 하며 예수님을 더 경험해야 한다(3:8-9).

빌 2:16. 생명의 말씀을 밝혀 나의 달음질도 헛되지 아니하고 수고도 헛되지 아니 함으로 그리스도의 날에 나로 자랑할 것이 있게 하려 함이라.

바울은 빌립보 교인들에게 성도가 힘써야 할 성화의 극치를 말한다. 그것은 전도하는 일이다. 성도가 그리스도에게 복종하고(12-13) 원망하지 않고 논쟁하지 않는 삶을 살며(14절) 사람들에게 비난 받지 않고 인격적으로 순수하게 되고 또 빛을 비추면서 산다고 할지라도, 생명의 말씀을 밝히지 않는다면, 그것은 가장 중요한 것을 망각하고 사는 것이다.

"생명의 말씀을 밝힌다"(λόγον ζωῆς ἐπέχοντες)는 것은 '생명의 말씀을 제시한다'는 뜻이다. 행위로써 복음을 제시하고 혹은 입술의 전도로써 생명의 말씀을 제시하는 것을 말한다. 바울은 빌립보 교인들이 생명의 말씀을 행위로든지 입술로든지 세상 사람들에게 제시할 때 자신에게 보상이 있을 것이라고 말한다. 그 보상이란 다름 아니라 바울이 빌립보 교인들을 위하여 "달음질 한 것" 곧 "수고한 것"이 헛되지 않게 된다는 것이다(갈 2:2; 살전 3:5). 다시 말해, "그리스도의 재림의 날에" 바울 자신이 보상을 받게 된다는 것이다(고후 1:14; 살전 2:19). 만약 빌립보 교인들이 생명의 말씀대로 살지도 않고 생명의 말씀을 세상에 제시하지도 않는다면, 바울이 빌립보 교회를 위하여 복음을 전하느라 수고한 것은 모두 수포로 돌아간다는 것이다.

바울은 성도들이 생명의 말씀을 어두운 세상에 제시하는 것을 중요하게 여긴다. 우리 역시 생명의 말씀을 수건으로 쌓아 두지 말고 세상에 최대한 밝히 드러내야 한다. 그리고 우리는 세상의 칭찬을 기대할 것이 아니라 예수님의 칭찬과 상급을 바라보고 일하는 무게 있는 신자들이 되어야 한다(고전 4:4).

빌 2:17-18. 만일 너희 믿음의 제물과 봉사 위에 내가 나를 관제로 드릴지라도. 바울은 빌립보 교인들에게서 "믿음의 제물과 봉사"를 기대한다. 여기에서 "믿음의 제물과 봉사"(τῇ θυσίᾳ καὶ λειτουργίᾳ τῆς πίστεως)란 '믿음에서 나온 희생적인 봉사'를 의미한다. 이유는 "제물과 봉사"라는 두 단어 앞에 정관사가 하나밖에 없기 때문이다(제물이라는 낱말 앞에 있음). 두 낱말은 하나의 사상을 나타내고 있다. 즉 '희생적인 봉사'란 뜻이다. 이 '희생적인 봉사'는 믿음에서 나오는 것이다. 믿음이 없으면 희생봉사가 나오지 않는다. 믿음에서 나온 희생적인 봉사야말로 성화의 극치라고 할 수 있다.

바울은 머지않아 자신이 빌립보 교인들의 믿음에서 나온 희생봉사 위에 자신을 "관제로 드릴" 것이라고 말한다(딤후 4:6). "관제로 드린다"(σπένδο-μαι)는 말은 '순교 당한다'는 뜻이다.[24] 바울은 빌립보 교인들의 믿음에 의한 헌신적인 봉사를 위해서 자신이 순교의 피를 흘리게 될 것이라고 말한다. 바울은 빌립보 교인들의 성숙한 믿음에서 출발하는 헌신적인 봉사를 간절히 기대한다.

바울은 자기가 순교할 일을 언급하면서 "관제"(灌祭)라는 구약적인 표현을 사용했다. 관제는 구약 시대의 제물 위에 포도주를 붓는 의식으로서 바울은 자신이 빌립보 교인들의 희생봉사 위에 순교의 피를 붓게 될 것이라고 말하고 있는 것이다.

믿는다고 하면서도 희생적인 봉사가 없는 사람들이 있다. 아무런 희생적인 봉사도 없이 복을 받으려는 신자들이 있다. 불노소득(不怒所得)하려는 사람들

---

24) "관제로 드린다"는 말(스펜도마이)은 현재수동태로 보아야 한다(William Hendriksen). 혹자는 현재 중간태로 보는 수도 있으나 성경의 다른 용례들(17절; 딤후 4:6)을 보면 모두 수동태로 사용되어 있다. 바울은 가까운 장래에 순교를 당할 것을 암시한다.

이 많다는 말이다. 우리의 성화된 삶이란 다른 성도들을 위한 희생적인 봉사로까지 나아가야 한다.

나는 기뻐하고 너희 무리와 함께 기뻐하리니 이와 같이 너희도 기뻐하고 나와 함께 기뻐하라.

바울은 자기가 가까운 장래에 순교의 피를 흘리게 될 터인데, 빌립보 교인들의 믿음이 성숙하여 헌신적인 봉사가 있다면, 자기는 기뻐할 것이고 빌립보 교인들과 함께 기뻐할 일이라고 말한다(고후 7:4; 골 1:24).

또한 바울은 빌립보 교인들에게 "너희도 기뻐하고 나와 함께 기뻐하라"고 권한다. 앞에서 바울은 그들에게 자신이 감옥에 매임당한 일이 오히려 복음의 확산이 된 줄 알라고 말했다(1:12-26). 이제 그는 그들에게 앞으로 자신이 순교하는 날이 오면 슬퍼하지 말고 오히려 기뻐하라고 말하고 있는 것이다. 바울은 기쁨의 사람이었다. 이래도 기뻐하고 저래도 기뻐하는 사람이었다. 오늘 많은 사람들은 죽겠다고 아우성이다. 바울을 보라. 그리고 항상 기뻐하자(살전 5:16).

V. 두 사역자 파송 2:19-30

지금까지 바울은 빌립보 교인들에게 하나가 될 것과(1-11절) 거룩한 삶을 살 것을 권면했다(12-18절). 이제 그는 주제를 바꾸어 자기가 동역자 두 사람을 빌립보 교회에 파송한다는 것을 통지한다. 그는 자기가 디모데를 속히 보낼 것이며, 또한 빌립보 교회의 사자로서 바울에게 왔던 에바브로디도를 지금 돌려보낸다고 말한다.

1. 디모데 파송 2:19-24

바울은 자신이 속히 빌립보 교회에 디모데를 보내는 이유와(19절) 특별히 디모데를 파송하는 이유에 대해 말한다(20-22절). 또한 그는 자신도 형편이 되면 곧 빌립보 교회를 방문하겠다고 말한다(23-24절).

빌 2:19. 내가 디모데를 속히 너희에게 보내기를 주 안에서 바람은 너희 사정을 앎으로 (나도) 안위를 받으려함이니.

바울은 자신이 디모데를 빌립보 교회에 파송하는 이유가 두 가지라고 말한다. 하나는 디모데를 통하여 자신의 근황을 빌립보 교회 성도들에게 알림으로써 그들이 안위를 받게 하기 위함이고, 다른 하나는 자신도 빌립보 교회의 형편을 듣고 안위를 받자는 것이었다. 개역성경에는 나타나지 않았으나 헬라어 원문에는 "나도"(κἀγώ)라는 말이 있다. 즉 "나도 안위를 받으려 함이니"로 되어 있다. 그러므로 빌립보 교인들도 위로를 받고, 자신도 위로를 받자는 것이었다. 디모데 한 사람을 파송함으로 양쪽이 모두 위로를 받으려는 것이었다. 한 사람의 사역은 이처럼 중요하다. 오늘 우리의 사역도 이런 효과를 끼치는가? 오히려 양쪽에 상처를 주는 일은 없는가?

바울은 디모데를 속히 빌립보 교인들에게 보내기를 "주 안에서 바란다"고 말한다. "주 안에서 바란다"는 말씀은 '일이 성사되게 하시는 주님을 믿는 믿음 안에서 바란다'는 뜻이다. 우리는 생각하는 것도 주 안에서 해야 하고, 말하는 것도 주 안에서 해야 하고, 행동하는 것도 주 안에서 해야 한다. 그럴 때 일이 잘 진행되는 것이다.

빌 2:20-22. 이는 뜻을 같이 하여 너희 사정을 진실히 생각할 자가 이 밖에 내게 없음이라. 저희가 다 자기 일을 구하고 그리스도 예수의 일을 구하지 아니하되 디모데의 연단을 너희가 아나니 … 복음을 위하여 수고하였느니라.

이제 바울은 자신이 특별히 디모데를 그들에게 보내는 이유를 설명한다. 디모데는 다른 사람들과 달라서 바울 사도와 "뜻을 같이하는" 사람이었다. "뜻을 같이 한다"는 말은 '같은 심정을 가졌다'는 뜻이다. 디모데는 바울 사도와 같은 심정을 가진 사람이었기에 사도는 다른 사람이 아니라 꼭 디모데를 보낸다고 말한다.

그리고 디모데는 빌립보 교인들의 "사정을 진실히 생각할 자"였다. 다시 말해, 빌립보 교인들의 안녕과 복지에 대해 깊은 관심을 가진 사람이라는 말이다. 우리는 다른 사람의 영혼에 대해서 진실하게 생각하고 관심을 가져야 한다. 다른 사람에게 인사를 할 때도 깊은 관심을 가지고 해야 한다. 형식적인 인사, 형식적인 전화, 형식적인 방문은 하나님 보시기에 역겨운 것이다.

보통으로는 다 자기의 유익을 구하고(고전 10:24, 33; 13:5; 딤후 4:10) 그리스도 예수의 일을 구하지 않는데, 바울은 디모데가 "연단"을 받은 사람으로 예수님의 종으로서 수고한 사람이라고 소개한다. 디모데는 바울의 제1차 전도여행 때 바울이 빌립보 지방에서 복음을 전할 무렵 바울을 만나 그리스도를 영접하였고(행 16:3), 바울의 2차 전도여행 때 바울과 함께 빌립보 지역을 심방한 일이 있었으며(행 19:22), 그 후에 바울의 3차 전도여행 때 박해를 피해 온 바울을 영접하고 함께 복음을 증거한 일이 있었다(행 20:4). 디모데는 바울을 등지지 아니하고 "자식이 아비에게 함같이" 바울을 대했으며(고전 4:17; 딤전 1:2; 딤후 1:2) 바울 사도와 "함께 복음을 위하여 수고했다." "수고했다"(ἐ-δούλευσεν)는 말은 '종노릇 했다'는 말이다. 디모데는 복음을 위하여 종노릇한 사람이었다. 우리는 그리스도를 위하여 종노릇해야 하고 또 복음을 위하여 종노릇해야 한다.

빌 2:23-24. 그러므로 내가 내 일이 어떻게 될 것을 보아서 곧 이 사람을 보내기를 바라고 나도 속히 가기를 주 안에서 확신하노라.

바울은 "내 일이 어떻게 될 것을 보아서," 곧 '재판이 어떻게 될는지를 본 후에' 그 재판 결과까지 아울러 빌립보 교회에 통지하기 위해서 곧 디모데를 파송하기를 바라고 있으며 또한 바울 자신도 속히 갈 것을 확신한다는 것이다. 바울은 재판 결과를 기다려서 디모데를 보낸다고 말했지만 재판 결과가 좋게 나와서 자기도 속히 갈 것을 확신하고 있었다. 바울은 확신의 사람이었다. 우리도 역시 성령으로 말미암아 확신 속에 살아가야 한다.

2. 에바브로디도 파송 2:25-30

디모데의 파송 소식을 알린(19-24절) 바울은 이제 자신이 에바브로디도를 빌립보로 돌려보낸다고 말한다. 바울은 에바브로디도가 자신에게 크게 유익했던 사람임을 말하고(25절), 또한 그가 빌립보 교인들을 끔찍이 아끼는 사람이라고 천명한다(26절). 그리고 바울은 하나님께서 에바브로디도의 병을 고쳐주신 것은 양편, 곧 에바브라디도와 바울 두 사람에게 긍휼을 베푸신 것이며(27절), 빌립보 교인들에게는 기뻐할 일이라고 말한다(28절). 그러므로 이제 빌립보 교인들이 할 일은 에바브로디도를 기쁨으로 영접하는 것이다(29절). 에바브라디도가 이처럼 생명을 걸고 바울을 섬긴 이유는 빌립보 교인들이 사정상 바울을 돌아보지 못하기 때문에 그들을 대신하기 위한 것이었다(30절).

빌 2:25. 그러나 에바브로디도를 너희에게 보내는 것이 필요한 줄로 생각하노니 그는 나의 형제요 함께 수고하고 함께 군사 된 자요 너희 사자로 나의 쓸 것을 돕는 자라.

바울은 디모데를 파송하는 것은 앞으로의 일이고, 지금 당장은 에바브로디도를 보낼 필요가 있다고 설명한다. 그러면서 바울은 에바브라디도가 자신에게 크게 유익했었던 사람이라고 말한다. 첫째로 바울은 에바브로디도가 자기의 "형제" 라고 말한다. "형제"란 '하나님 가족의 일원'이라는 말이다. 둘째로 바울은 에바브라디도가 자기와 "함께 수고 한" 사람이라고 말한다. 다시 말해, '함께 일한' 사람이라는 뜻이다(롬 16:3, 9, 21; 고전 3:9). 셋째로 바울은 에바브라디도가 자기와 "함께 군사된 자"라고 보고한다. 바울은 그 동안 에바브라디도와 함께 마귀와의 영적전쟁을 치렀다(몬 1:2). 우리는 지금 마귀와의 전투를 치르고 있는 병사들이다. 우리는 예수님 재림의 날까지 이 영적인 전쟁을 수행하기 위해 그리스도의 지략을 빌려야 하고 또한 그리스도의 힘을 구해야 한다. 넷째로 바울은 에바브로디도가 빌립보 교회의 "사자로" 자신의 "쓸 것을 돕는 자"라고 말한다(고후 8:23). 여기에서 "사자"(ἀπόστολον)란 말은 '사도'라는 뜻이다. 에바브라디도는 빌립보 교회가 로마의 바울에게 파송한 '사도'였다. 에바브라디도는 12사도 중에 들어가는 사도는 아니었고 일반적 의미에서의 사도란 말이다. 바나바도 일반적인 의미에서의 사도였다(행 14:14). 에바브로디도는 바울의 "쓸 것을 돕는 자"였다. "돕는 자"(λειτουργὸν)란 말은 '봉사자'란 말이다. 에바브로디도는 바울의 필요를 위해 빌립보 교회로부터 보냄을 받은 봉사자였다. 바울은 이렇듯 자신에게 크게 도움이 되었던 에바브로디도를 빌립보 교인들을 위로하기 위해 그들에게 돌려보내는 것이다. 바울은 교인들을 끔찍이 생각하는 사람이었다(몬 1:8-21). 바울은 빌립보 교회 교우들에게 에바

브로디도를 네 가지로 극찬한다. 우리도 함께 일한 사람들을 높이 평가해야
하고 주위에 있는 사람들을 존경하며 살아야 한다. 우리는 남을 나보다 낮게
여기는 태도를 견지하면서 처신해야 한다(2:3).

**빌 2:26-27. 그가 너희 무리를 간절히 사모하고 자기 병든 것을 너희가 들은
줄을 알고 심히 근심한지라.**
에바브로디도는 빌립보 교인들을 "간절히 사모하는" 사람이었다(1:3). 그는
그리스도의 피가 지불된 성도들을 귀하게 여겨 사랑했다. 또한 그는 자기가
병들었다는 사실을 빌립보 교회의 성도들이 들은 줄 알고 심히 근심했다.
자기의 문제가 성도들에게 노출되어 성도들이 근심한다는 소식을 듣고 근심했
던 것이다. 우리는 나 때문에 다른 사람들이 근심하게 말고 오히려 우리 자신들
이 다른 사람의 안녕과 복지를 염려해주어야 한다.

**저가 병들어 죽게 되었으나 하나님이 저를 긍휼히 여기셨고 저 뿐 아니라
또 나를 긍휼히 여기사 …**
에바브라디도가 병들어 거의 죽을 지경에 이르렀을 때 하나님께서 저를
긍휼히 여기셨고(욥 5:19; 시 30;1-3; 10:11; 34:19; 103:3-4; 107:19-22;
사 38:17; 43:2; 행 9:39-41) 또한 바울을 긍휼히 여기셔서 고쳐주셨다. 하나님
은 긍휼의 하나님이시다(삼하 24:14; 느 1:5; 9:17; 9:19; 시 69:16; 119:156;
애 3:22; 사 63:9; 단 9:18; 눅 1:58; 엡 2:4; 히 4:16). 우리가 그리스도의
이름으로 하나님 앞에 나아가면 언제라도 긍휼히 여김을 받는다(히 4:16).

빌 2:28. 그러므로 내가 더욱 급히 저를 보낸 것은 너희로 저를 다시 보고 기뻐하게 하며 내 근심도 덜려 함이니.

바울은 병에서 놓인 에바브로디도를 급히 보내기로 했다. 그 이유는 빌립보 교인들이 그를 "다시 보고 기뻐하게 하며" 바울 자신도 "근심을 덜기" 위함이었다. 바울은 성도들이 기뻐하기 전까지는 근심하는 사람이었다. 이런 근심은 믿음이 없어서 하는 근심이 아니라 신령한 근심으로서 훗날에는 기쁨을 얻게 된다. 우리는 내 자신의 죄 때문에 근심해야 하며 또 다른 이들의 영혼이 잘 되게 하기 위해서 근심해야 한다.

빌 2:29. 이러므로 너희가 주 안에서 모든 기쁨으로 저를 영접하고 또 이와 같은 자들을 존귀히 여기라.

바울은 본 구절에서 두 가지를 부탁한다. 하나는 "주 안에서 모든 기쁨으로 저를 영접하라"는 것이고, 다른 하나는 "이와 같은 자들을 존귀히 여기라"는 것이다. "주 안에서 모든 기쁨으로 저를 영접하라"는 말씀은 '예수님을 믿는 믿음을 가지고 온전히 기쁜 마음으로 에바브로디도를 영접하라'는 것이다. 그리고 바울은 '이런 사람들을 영예스럽게 그리고 존귀하게 여기라'고 한다(고전 16:18; 살전 5:12; 딤전 5:17). 우리는 주님을 존중하는 사람을 존귀하게 여겨야 한다. 우리는 모든 전도자들을 참으로 존귀하게 여겨야 한다. 이 시대는 윤리가 땅에 떨어져 모든 사람을 의심의 눈으로 보고 있으며 전도자들을 향해서까지 사정없이 비난하고 모략할 수가 있다. 이럴 때일수록 정신을 가다듬고 참 전도자들을 귀하게 여겨 하나님을 기쁘시게 할뿐 아니라 복을 넉넉히 받아야 할 것이다.

빌 2:30. 저가 그리스도의 일을 위하여 죽기에 이르러도 자기 목숨을 돌아보지 아니한 것은 나를 섬기는 너희의 일에 부족함을 채우려 함이니라.

바울은 에바브라디도가 죽을 지경에 이르기까지 목숨을 돌아보지 아니하고 자신을 섬긴 이유를 밝히고 있다. 그것은 빌립보 교인들이 먼 거리에 있기 때문에 사정상 바울의 복음 전파사역에 직접 동참할 수 없었으므로 그들 대신에 자기가 죽을 지경에 이르도록 바울의 복음 사역에 시중들었다는 것이다. 에바브로디도는 헌신의 사람이었다. 그는 생명을 돌아보지 않고 복음을 위해서 수고한 사람이었다. 이는 마치 아굴라와 브리스길라가 바울을 위하여 목숨을 걸고 시중들었던 것과 같다(롬 16:3-4). 그러므로 빌립보 교인들은 에바브라디도를 기쁨으로 영접해야 했다.

우리는 지금 그리스도의 일을 위하여 죽기에 이를 정도로 헌신하고 있는가? 순교의 정신을 가지고 그리스도의 일을 하고 있는가? 혹시 생계를 위하여 전도자의 일을 하고 있지는 않은가? 사례금의 적음을 불평하고 사례금이 많은 곳을 찾아 순례를 하고 있지는 않은가? 우리가 알아야 할 것은 주님을 위하여 최선을 다할 때 예수님은 우리에게 넉넉히 주신다는 것이다(마 6:33).

제3장

율법주의를 포기한 바울이 율법주의를 경계한다

VI. 율법주의 이단에 대한 경계 3:1-21

이제 바울은, 자기가 빌립보 교회로 두 사람을 파송한다는 삽입구적인 말(2:19-30)을 하고 난 후, 성화생활에 관한 앞부분의 권면(2:12-18)에 이어 유대의 율법주의 이단에 대한 혹독한 경계를 퍼붓고 있다.

1. 율법주의자들을 삼가라 3:1-3

바울은 빌립보 교인들에게 유대의 율법주의 이단을 경계하기에 앞서 예수님을 믿는 중에 기뻐할 것을 권고한다(1절). 그리고 유대의 율법주의 이단을 삼가라고 권고하고(2절), 율법주의와 참 할례당인 성도들과의 차이를 극명하게 대조시킨다(3절).

빌 3:1. 종말로 나의 형제들아 주 안에서 기뻐하라.

바울은 본 절을 "종말로"란 말로 시작한다. 그렇다고 이 말이 '끝으로'라는 뜻은 아니다. 바울 서신에서 "종말로"란 말은 종종 새로운 주제를 내 세울 때 사용되었다(살전 4:1; 살후 3:1). 바울은 이제 새로운 주제인 이단을 경계할 목적으로 분위기를 잡아나가고 있는 것이다.

율법주의 이단을 경계하라는 말을 하기 전에 바울은 빌립보서의 주제인 '기뻐함'(1:18; 4:4, 10)에 대해 말한다. 바울은 빌립보 교회의 교우들을 "나의 형제들아"라는 사랑 섞인 호칭을 사용해 부르면서 "주 안에서 기뻐하라"고 권한다. 다시 말해, '주님을 믿는 믿음 중에 기뻐하라', 즉 주님에 대한 믿음 안에서 기뻐하라는 말이다(고후 13:11; 살전 5:16).

우리는 우리 자신들도 주님을 믿는 중에 기뻐해야 하고 다른 사람들에게도 주님을 믿는 중에 기쁨을 가지라고 권해야 한다. 우리 주위에는 예수님을 믿는다고 하면서도 우울하게 지내는 사람들, 혹은 아예 우울증을 앓는 사람들이 많이 있다. 그런 사람들을 향하여 그냥 기뻐하라는 말을 한다면 별 유익을 주지 못한다. 예수님을 바라보는 중에, 예수님을 믿는 중에 기뻐하라고 권해야 한다.

너희에게 같은 말을 쓰는 것이 내게는 수고로움이 없고 너희에게는 안전 하니라.

바울은 이제 온전히 주제를 바꾼다. 곧 유대의 율법주의 이단을 경계하라는 말을 시작한다. 그러면서 앞서 말했던 율법주의자들에 대한 경고(1:27-30)와 "같은 말을 쓰는 것이" 자신에게는 수고로운 일이 아니고 빌립보 교인들에게는 "안전"을 위해서 좋은 것이라고 말한다. 한 가지 중요한 것에 대해서는 여러 번 경고한다고 해도 자신에게는 번폐스러운 일이 아니며, 경계를 받는 빌립보 교인들에게는 안전을 위해서 좋은 일이라는 것이다. 바울 사도의 반복되는 경고는 유대주의와 율법주의가 참으로 위험한 이단 사상임을 알 수 있다.

빌 3:2. 개들을 삼가고 행악하는 자들을 삼가고 손할례당을 삼가라.

율법주의자들은 바울의 눈으로 보기에는 "개들"이었고 "행악하는 자들"이었고 "손할례당"이었다. "개들"이란 말은 그들이 진리를 거역했고(마 7:6) 성도들을 괴롭히는 자들이었기에 붙여진 이름이었고(사 56:10; 갈 5:15), "행악하는 자들"(τοὺς κακοὺς ἐργάτας)이란 말은 '악한 일군들'이니 그들이 십자가의 은혜를 배척했고 율법을 지켜서 구원을 받는다고 가르쳤기 때문에 붙여졌으며 (고후 11:13), "손할례당"(κατατομήν)이란 말은 '절단한 자' 혹은 '살을 끊은 자'라는 말이니 그들의 할례 의식은 그저 살을 끊은 것 이외에 아무 의미가 없었으므로 붙여진 이름이었다(롬 2:28; 4:11-12; 골 2:11). 빌립보 사람들은 그들을 삼가야 했다. 오늘 우리 주위에 혹시 이단자들이 침입한다면 한두 번 훈계한 후에 멀리해야 할 것이며(딛 3:10) 성도들에게는 그들을 삼가라는 경계령을 발표해야 할 것이다. 이단자들이야말로 개들이다.

빌 3:3. 하나님의 성령으로 봉사하며 그리스도 예수로 자랑하고 육체를 신뢰하지 아니하는 우리가 곧 할례당이라.

바울은 예수님을 믿는 성도가 곧 참된 "할례당"이라고 말한다(신 10:16; 30:6; 렘 4:4; 롬 2:29; 4:11-12; 골 2:11). 예수님을 믿는 성도는 성령으로 말미암아 중생하고, 성령의 인도대로 살며, 성령의 뜻을 따라 "봉사"한다(요 4:23-24; 롬 7:6). 여기에서 "봉사한다"는 말은 '예배한다'는 말이다. 진정한 할례당은 어떤 규제에 꼭 매어서 기쁨 없이 예배드리는 것이 아니라, 성령의 인도하심에 따라 기쁨으로 예배한다. 또한 성도들은 자기 공로는 없는 줄 알고 전적으로 만복의 근원이신 예수님만 "자랑"하면서 살며(갈 6:14) "육체"적인 자랑거리 (4-6)를 전혀 신뢰하지 않는 자들이다. 바울은 앞 절의 율법주의자들과 본 절의 성도들을 극명하게 대조한다. 우리는 성령의 사람들이고, 예수님만 자랑하는 예수님의 사람들이고, 육체의 자랑을 멀리하고 하나님만 신뢰하는 하나님의 사람들이어야 한다.

2. 율법주의 자랑을 포기한 바울 3:4-7

바울은 자신도 유대의 율법주의 이단자들 못지않게 육체적인 자랑거리들이 많았다고 말하며(4절) 그 자랑거리들을 일일이 열거한다(5-6절). 그리고 그 자랑거리들은 그리스도를 더 알아가는 데 해가 된다고 말한다(7절).

빌 3:4. 그러나 나도 육체를 신뢰할만하니 만일 누구든지 다른 이가 육체를 신뢰할 것이 있는 줄로 생각하면 나는 더욱 그러하리니.

바울은 성도들이 마땅히 성령의 인도로 예배를 드리고 예수님만 자랑하며 하나님만 의지해야 하지만(3절) 자신이 개인적으로는 이단자들 못지않게 육체적인 자랑거리를 많이 갖고 있다고 말한다. 그러면서 자신의 특유의 자랑거리들을 열거한다(5-6절). 우리 성도가 이단자들보다 무슨 자랑거리가 없는 것은 아니다. 다만 자랑하지 않는 것은 그런 자랑거리들이 예수님을 경험적으로 아는 것에 비하면 쓰레기같기 때문이다.

빌 3:5-6. 내가 팔일 만에 할례를 받고 이스라엘의 족속이요 베냐민의 지파요 히브리인 중의 히브리인이요 율법으로는 바리새인이요 열심으로는 교회를 핍박하고 율법의 의로는 흠이 없는 자로라.

바울의 첫 번째 자랑거리는 자신이 세상에 태어난 지 8일 만에 "할례를 받았다"는 것이다. 오늘 우리에게는 어떤 사람이 태어난 지 8일 만에 할례를 받은 것이 아무 것도 아닌 것처럼 보이지만, 유대인들에게는 그것이 큰 자랑거리였다(창 17:12; 레 12:3; 눅 2:21; 요 7:21-24). 할례를 받은 유대인들은 할례 받은 것을 얼마나 자랑했던지 할례 없는 이방인을 무시했고(삼상 14:6; 31:4; 삼하 1:20) 구원받지 못할 자로 규정했다. 그러나 바울은 유대의 율법주의자들보다 더 엄격한 과거를 가지고 있었다.

바울의 두번째 자랑거리는 자신이 "이스라엘의 족속"이라는 것이었다(고후 11:22). '이스라엘의 족속'은 원래에서의 동생 야곱 족속이었다. 야곱 족속을 그냥 '야곱 족속'이라고만 하면 별 자랑거리가 되지 않았다. 하지만 야곱은 얍복강 가에서 기도로 승리한 결과로 하나님으로부터 '이스라엘'이라는 이름을 받았기 때문에 이스라엘 족속은 이 이름을 자랑스럽게 여겼다(창 32:28). 유대인들은 이 이름이야 말로 하나님의 택하신 백성을 가리키는 것으로 알고 자랑했다(롬 9:4, 6; 11:21-22). 바울은 정통 유대 가문에서 태어난 사람으로 이스라엘 족속이라는 것을 자랑스럽게 여겼었다.

바울의 세번째 자랑거리는 자신이 "베냐민의 지파"라는 것이었다(롬 11:1). 이스라엘 족속 중에 베냐민 지파만은 배반을 하지 않은 지파였다. 이스라엘 왕국이 분열될 때 다른 지파는 모두 다윗 왕조를 배반하는 중에 베냐민 지파만은 성실하게 충성했다(왕상 12:21). 또 이 베냐민 지파는 바벨론 포로 때에 성전 건축을 위해서 다윗 지파와 레위 지파와 함께 예루살렘으로 가서 수고했다(느

11:7-9). 바울은 이런 지파에 속해 있었던 것을 자랑스럽게 여겼다. 그러나 바울은 그리스도를 안 뒤 자신이 이런 지파에 속해 있었다는 것조차 별 것 아닌 것, 곧 배설물 정도로 여기게 되었다. 그리스도는 그만큼 바울에게 엄청난 분이었다.

바울의 네번째 자랑거리는 자신이 "히브리인 중의 히브리안"이라는 것이었다(고후 11:22). 우리는 여기에서 이상한 표현을 만난다. 그냥 "히브리안"이라고만 해도 되는 것을 바울은 굳이 자신이 "히브리인 중의 히브리안"이라고 말하고 있는 것이다. 이것은 아마도 자신은 아브라함의 후손으로 이방인의 피가 전혀 섞이지 않은 순수한 히브리인임을 강조하기 위한 표현일 것이다. 실제로 바울은 히브리 방언을 말하며 살았던 사람이었다(행 22:2-3). 과거에 바울은 자신이 순종 히브리인이라는 것을 자랑으로 여겼으나, 다메섹 도상에서 예수님을 만난 후에는, 그것 역시 별 의미 없는 것이 되고 말았다.

바울의 다섯번째 자랑거리는 자신이 "율법으로는 바리새인"이라는 것이었다(행 23:6; 26:4-5). 이것은 '율법을 잘 준수하는 면에 있어서는 바리새인이라'는 말이다. 바울은 바리새인의 아들로 태어나서 그 당시 가장 존경받는 선생이었던 가말리엘 밑에서 수학했다(행 22:3). 이런 자랑은 걸핏하면 그의 입에서 튀어나올 법한 것이었다. 그러나 바울이 예수님을 안 뒤의 표준으로 본다면, 그런 것은 아무것도 아니었다.

바울의 여섯번째 자랑거리는 자신이 "열심으로는 교회를 핍박했다"는 것이었다(행 22:3-4; 갈 1:13-14). 바울은 열심이라는 측면에서는 교회를 핍박한 전력(前歷)이 있을 정도로 유대교에 열심이 특심한 사람이었다. 그는 이스라엘 안에서 교회를 핍박하는 것으로도 부족해서 외국 도시로 출장까지 하면서 기독교인을 핍박하던 사람이다(행 8:3; 9:1; 9:13, 21). 바울은 자신이 그렇게 교회를 핍박하는 것을 자랑거리로 알고 있었다. 그러나 훗날 그는 자신이 교회를 핍박했던 것을 참으로 안타까워했다(딤전 1:13).

바울의 일곱 번째 자랑거리는 자신이 "율법의 의로는 흠이 없는 자"라는 것이었다(롬 10:5; 눅1:6). 바울은 율법을 철저히 지켜서 겉으로 보기에는 흠이 없는 사람이었다. 사실 그는 빌립보 교회 안에 침입한 율법주의자들 앞에서는 조금도 위축되지 않을만큼 철저히 율법을 지켰던 사람이었다. 그러나 그는 자신이 율법을 지켜서 의를 얻으려 했던 과거를 생각하며 훗날 많이 회개했다(갈 2:16; 3:11). 바울은 "사람이 의롭게 되는 것은 율법의 행위에서 난 것이 아니요 오직 예수 그리스도를 믿음으로 말미암는 줄 아는 고로 우리도 그리스도 예수를 믿는다"고 간증한다(갈 2:16a). 과거에 바울은 자랑하지 못할 것들을 가지고 자랑했다. 이제 예수님을 알고 나자 과거의 자랑거리들은 모두 부끄러운 것이 되어 버리고 말았다. 과거에 바울은 배설물을 배설물인 줄 모르고 끌어 안고 살았다. 오늘도 수많은 사람들은 배설물을 배설물인 줄 모르고 없어질세라 혹은 빼앗길세라 끌어 안고 하루하루를 살아가고 있다.

빌 3:7. 그러나 무엇이든지 내게 유익하던 것을 내가 그리스도를 위하여 다 해로 여길뿐더러.

본 절에서 바울은 이제 자신이 과거에 유익한 것으로 여겼던 모든 것들을 그리스도를 위하여, 즉 그리스도를 경험적으로 더 알기 위하여 모두 다 해가 되는 것으로 여긴다고 말한다(마 13:44). 여기에서 "해로 여긴다"(ἥγημαι)는 말은 과거사이다. 바울은 과거에 자랑거리였던 것을 벌써 자기에게 해가 되는 것으로 여겨 버렸다는 것이다. 그런 것을 자랑하는 순간 그리스도로부터 멀어지므로 모두 배설물처럼 여기고 버렸다는 것이다.

오늘 우리는 벌써 해로운 것으로 여겼어야 할 것들을 그냥 가지고 있지는 않은가? 명함에 무수한 직함들을 찍어가지고 다니면서 이곳저곳에 뿌리고 있지는 않은가? 그리고 혹시 자기의 장점이라는 것을 늘어놓으면서 남의 약점이나 들추고 다니고 있지는 않은가? 만약 그렇다면, 그것은 참으로 저주스러운 행동이 아닐 수 없다. 우리는 그리스도를 더 알기 위하여 인생들이 말하는 자랑거리가 될 듯싶은 모든 것을 해로 여겨야 한다.

3. 모든 자랑을 배설물로 여기는 바울 3:8-11

바울은 자신이 과거의 모든 자랑거리들만 버린 것이 아니라(7절) 현재에도 그런 모든 것들을 해로운 것으로 여긴다고 말한다. 그는 자신이 이렇게 모든 것을 해로운 것으로 여기는 이유는 그리스도를 더욱 알고 그리스도를 영적으로 더욱 얻기 위함이며(8절) 그리스도 안에서 자기를 더욱 발견하기 위함이라고 말한다(9절). 또한 바울은 스스로 그리스도의 고난에 동참함으로써 그리스도의 부활을 현세에서 경험하고자 한다(10-11절).

빌 3:8. 또한 모든 것을 해로 여김은 내 주 그리스도 예수를 아는 지식이 가장 고상함을 인함이라.

본 절에서 바울은 자신이 "모든 것" 곧 과거에 자랑거리로 여겼던 것뿐 아니라 현재 자기에게 유익해 보이는 모든 것들도 해로운 것으로 여긴다고 말한다(사 53:11; 렘 9:23-24; 요 17:3; 고전 2:2; 골 2:2). 여기에서 "해로 여긴다"(ἡγοῦμαι)는 말은 현재동사이다. 계속적으로 해가 되는 것으로 여긴다는 말이다. 그렇게 계속해서 해가 되는 것으로 여기는 이유는 예수님을 아는 지식이 가장 "고상하기" 때문이라는 것이다. "고상하다"(ὑπερέχον)는 말은 '탁월하다'는 뜻이다. 예수님을 경험적으로 아는 지식이 세상에서 가장 탁월하다는 것이다. 이 탁월한 것을 위하여 다른 것들을 배설물로 여기는 것은 당연하다.

우리는 우리에게 해가 되는 것이 무엇인지 하나님께 물어서 그 정체를 알고 그것을 버리기 위해 기도해야 한다. 어떤 것이 해가 되는지를 아는 것도 우리의 지식으로는 불가능하다. 또한 그것을 버리는 것도 우리의 힘으로는 불가능하다. 많은 사람들이 술과 담배를 끊는 것도, 도박과 마약을 끊는 것도 스스로의 힘으로는 못해서 일생 매달려 있다가 망하지 않는가? 그러므로 우리는 기도하지 않으면 안 된다.

내가 그를 위하여 모든 것을 잃어버리고 배설물로 여김은 그리스도를 얻고.

바울은 자신이 "그를 위하여," 곧 '예수님을 얻기 위하여' 모든 것을 "잃어버린다"고 말한다. 그 모든 것을 전혀 자랑거리로 생각지 않고 혐오스러운 것으로 처리해 버린다는 것이다. 또한 그는 자신이 모든 유익한 것들을 "배설물로 여긴다"고 말한다. 여기에서 "배설물"(σκύβαλα)이란 말은 '똥,' '쓰레기' 혹은 '음식찌꺼기'를 지칭한다. 바울은 자기 주위에서 제일 더러운 것을 가리키는 단어를 택했다. 우리 역시 더 적합한 낱말을 택할 수는 없을 것이다.

바울이 모든 것을 배설물로 여기는 이유는 그리스도를 "얻기" 위함이다. 여기에서 그리스도를 "얻는다"는 말은 바로 앞에서 말한 "그리스도를 안다"는 말과 동일한 의미이다. 그리스도를 얻는 것은 영적으로 그리스도를 더 소유하는 것을 뜻한다.

우리는 영적으로 예수님을 더 소유하기 위해서 예수님을 아는 데 방해가 되는 모든 것들을 사정없이 배설물로 여겨 버려야 한다. 우리는 우리 자신의 배설물이 무엇인지 알기 위해 기도해야 한다. 어떤 사람에게는 세상 지식이 배설물일 수가 있다. 그것 때문에 예수님을 믿지 못하는 수가 있다. 혹은 학력이나 외모나 재산이 배설물일 수가 있다. 우리는 무엇이 우리의 배설물인지 알기 위해서 기도하고 또 버릴 힘을 얻기 위해 기도해서 예수님을 영적으로 더 많이 소유해야 할 것이다.

빌 3:9. 그 안에서 발견되려 함이니 내가 가진 의는 율법에서 난 것이 아니요 오직 그리스도를 믿음으로 말미암은 것이니 곧 믿음으로 하나님께로서 난 의라. 바울은 자신이 모든 것을 배설물로 여기는 이유를 앞 절 상반 절에서는 그리스도를 알기 위해서라고 했고, 하반 절에서는 그리스도를 더 얻기 위해서라고 했는데, 본 절에서는 "그 안에서 발견되기" 위해서라고 말한다. 그러므로 그리스도를 '안다'는 표현이나 '얻는다'는 표현이나 '그 안에서 발견되려 한다'는 표현이나 동일한 것이다.

　　바울은 그리스도 안에서 발견되기를 원해서 모든 것을 배설물로 알고 버렸다. 바울은 그리스도 안에 있는 자신을 발견하기를 원하는 마음이 간절했다. 그는 이미 다메섹 도상에서 예수님과 연합되었는데도 자기가 연합되었다는 사실을 더 사실적으로 알고 싶었다.[25] 바울이 그리스도를 믿는 순간, 그는

---

25) William Hendriksen은 "*그리스도와의 연합*은 그리스도의 속죄의 모든 경험들이 신자 안에서 복사되는 것을 의미한다. 그리스도와의 연합으로 크리스천은 그리스도와 함께 고난을 받고(롬 8:17), 그리스도와 함께 십자가에 못 박히며(롬 6:6), 그리스도와 함께 죽고(롬 6:8; 딤후 2:11), 그리스도와 함께 장사되며(롬 6:4; 골 2:12), 그와 함께 살게 되고(2:13), 그와 함께 일으키심을 받으며(골 2:12; 3:1), 그와 함께 후사가 되고(롬 8:17), 그와 함께 영광을 받게 되며(롬 8:17), 그와 함께 하나님 우편에 앉게 되고(골 3:1; 계20:4), 그와 함께 다스리게 된다(딤후 2:12; 계20:4)"고 말한다. William Hendriksen, *Exposition of Philippians*, (Grand Rapids: Baker Book House, 1985), p. 169.

그리스도와 연합되었고 새 생명을 얻었고 의롭다함을 얻었고 하나님의 양자로 입적되었다. 하지만 이제 그는 영적으로 더 풍부한 경험을 원하고 있는 것이다.

혹자는 바울이 "그 안에서 발견되려" 한다는 것을 두고 바울이 예수님의 재림시에 구원받기를 원한다는 뜻으로 해석하고 있으나, 우리는 그것을 그가 그리스도를 믿었을 때 그리스도와 연합된 사실을 현세에서 더욱 발견하기를 원한다는 뜻으로 보아야 한다. 만약 "그 안에서 발견되려 함이니"라는 말을 예수님의 재림 시에 구원을 얻기를 원한다는 뜻으로 본다면 성경 전체의 사상에 비추어 모순에 빠지게 된다. 사실 우리의 구원은 예수님을 구주로만 믿으면 되는 것이고(행 15:11) 무엇을 배설물로 여기는 데까지 이르지 않아도 된다. 그러나 바울은 이미 그리스도와 연합된 사람으로서 그 사실을 더 알기를 원해서 모든 것을 버리고 주 안에 깊숙이 들어가 있는 자신을 발견하기를 소원했던 것이다.

혹자는 "그 안에서 발견되려 함이니"라는 구절과 "내가 가진 의는 … 오직 그리스도를 믿음으로 말미암은 것이니 곧 믿음으로 하나님께로서 난 의라"라는 문장 사이의 관계를 말하면서 "그 안에서 발견되면," 다시 말해, '그리스도와 연합되면' 결과적으로 의롭다함을 받는 것으로 해석한다. 하지만 그렇게 해석하면 바울은 지금 발견되기를 더욱 원하는 단계에 있으니 아직 그는 의롭다함을 얻지 못했다는 결과를 초래할 수가 있다. 그러므로 우리는 바울이 이미 의롭다함을 얻었는데 그리스도와의 연합의 사실을 더욱 사실적으로 생생하게 경험하기를 소원하는 것으로 보아야 한다. 바울은 이미 '율법에서가 아니고 오직 그리스도를 믿음으로 의롭다 함을 받았다'(롬 1:17; 3:21-22; 9:30; 10:3, 6; 갈2:16). 다시 말해, 그는 이미 구원을 받았다. 바울이 구원을 아직 못 받아서 "그 안에서 발견되려 함이니"라는 표현을 쓴 것이 아니라 이미 구원을 받았는데 그리스도와의 연합의 사실을 더 알기를 원해서 모든 것을 배설물로 알고 버린다는 것이다.

오늘 우리는 우리의 구주 예수 그리스도를 믿기 때문에 구원을 받았다. 그러나 우리는 아직 영적으로는 미완성이다. 우리는 영적으로 더욱 성숙하기 위해서 세상에서 소위 보화라고 하는 것들을 버리고 그리스도 안에서 발견되기를 소원해야 한다.

빌 3:10-11. 내가 그리스도와 그 부활의 권능과 그 고난에 참예함을 알려하여 그의 죽으심을 본받아 어찌하든지 죽은 자 가운데서 부활에 이르려 하노니. 앞 절에서 바울은 그리스도를 경험적으로 아는 지식이 가장 고상하다고 말했는데, 본 절에서는 세 가지, 즉 그리스도와 그의 부활의 권능과 그 고난에 참예함을 더욱 경험적으로 "알기"를 원한다고 말한다.

바울은 그리스도를 더 알기를 원하고 있었다. 여기에서 그리스도를 경험적으로 더 알기를 원한다는 것은, 바로 뒤따라오는 말씀, 곧 "그 부활의 권능과 그 고난에 참예함을 알기"를 원한다는 말씀과 똑같은 내용이다. 뒤집어 말하면 부활의 권능을 알고 그리스도의 고난을 알면 결국 그리스도를 알게 되는 것이다.

바울은 그리스도의 부활의 권능을 알기를 원했다. 그리스도의 부활의 권능을 알기를 원한다는 것은, 그리스도의 역사적인 부활의 권능을 알기를 원한다는 뜻이 아니라, 하나님께서 그리스도를 부활시키신 그 권능을 현재 생활 속에서 체험하기를 원한다는 뜻이다. 곧 그리스도의 권능을 지금 현재 더욱 알기를 원한다는 말이다.

그리고 바울은 그리스도의 고난에 참예함을 더욱 체험적으로 알기를 소원한다(롬 8:17; 고후 4:1-11; 딤후 2:11-12; 벧전 4:13). 다시 말해, 그리스도의 고난에 더욱 동참하기를 소원한다. 그리스도의 고난에 더욱 동참하기를 원한다는 것은 그리스도의 대속의 고난을 알기를 원한다는 뜻이 아니라, 예수님께서 남기고 가신 고난(골 1:24)을 더욱 알기를 원한다는 뜻이다. 그리스도는 인류를 위한 대속의 고난을 홀로 당하셨다. 그러나 그리스도께서는 사도들과 성도들에게 교회 확장을 위한 고난(말씀 전파를 위한 고난)을 남겨놓고 가셨다. 그래서 바울은 예수님께서 남기고 가신 고난을 하나라도 더 자기 몸에 채우기를 소원하였다(골 1:24). 바울은 그리스도께서 남기고 가신 고난에 동참키를 간절히 소원했다.

바울이 그리스도를 알고 그리스도의 부활의 권능을 체험하고 그리스도의 고난을 알려고 하는 궁극적인 목적은 "그의 죽으심을 본받아 어찌하든지 죽은 자 가운데서 부활에 이르기" 위해서였다. 바울은 그리스도의 죽으심을 본받아 어떻든지 부활에 이르기를 간절히 소원한다. "그의 죽으심을 본받는다"(συμ-μορφιζόμενος τῷ θανάτῳ αὐτοῦ)는 말씀은 '그의 죽으심과 똑같은 모양을 한다'는 뜻이다. 바울은 그리스도의 고난에 동참하는 것뿐만(상반절) 아니라, 그리스도와 연합되어 자신의 옛 사람을 그리스도와 함께 장사지내기를 원한다(롬 6:5-6; 고전 15:31; 갈 2:20). 윌리엄 헨드릭슨(William Hendriksen)은 "이 말씀은, 사도 자신이 병행 구절(롬 6:4-11)에서 설명한 바와 같이, '죄에 대해 죽는 것'(dead to sin)을 의미한다. 이것은 이기심에 대해 죽는 것을 의미한다. 다시 말해, 예수님께서 그의 죽으심으로 다른 사람들에게 복이 되신 것처럼, 자기도 다른 사람에게 복이 되고자 하는 열망을 의미한다. 이와 같이 하여 사람은 그리스도의 죽으심에 연합하게 된다"고 설명한다.[26]

---

26) William Hendriksen, pp. 168-169.

그리고 바울은 그리스도의 죽으심을 본받아 "어찌하든지 죽은 자 가운데서 부활에 이르려 한다"고 말한다. 여기에서 "부활에 이르려 한다"는 말씀은 현세에서 '부활의 경험을 가지기를 소원한다'는 뜻이다. 바울은 어떻게 하든지 현세에서 사탄과 죄와 그리고 이기심을 극복하고 성화된 사람으로 우뚝 서기를 소원한다.

바울이 현세에서 부활의 경험, 곧 사탄과 죄와 이기심을 누르고 성화된 사람으로 우뚝 서기를 간절히 소원한다고 보아야 하는 이유는 우선 첫째, 오늘 우리의 본문인 "어찌하든지 죽은 자 가운데서 부활에 이르려 한다"(If by any means I might attain unto the resurrection of the dead.)는 표현 속에서 잘 나타나고 있다. 바울은 "어찌하든지" 현세에서 부활의 경험을 하기를 원한다. 바울은 결코 "어찌하든지" 내세에서 부활에 이르려고 노력하지는 않는다. 내세의 부활을 위하여 노력한다는 말씀은 성경에 없다. 바울은 예수님께서 재림하신 후에 믿는 자들이 분명히 부활할 것이라고 여러 번 말한다(롬 8:11; 고전 6:14; 고후 4:14). 그리고 둘째, 바울이 다음 절들(12-13절)에서 자신은 끊임없이 완전을 향해서 전진한다고 말한 것을 보면, 바울 사도의 부활의 경험은 현세의 경험인 것을 알 수가 있다. 바울은 현세에서 부활의 경험을 하고 싶었다.

우리는 현세에서 부단히 노력해야 한다. 죄에 대해서 죽고 이기심에 대해 죽어서 온전한 신자가 되고자 노력해야 한다. 다시 말해, 그리스도와의 연합의 삶을 살아야 한다. 우리는 자신의 죄를 합리화하고 자신의 입장을 두둔하고 자신을 동정하는 쪽으로 기울어지지는 않는지 살펴야 할 것이다.

4. 오직 그리스도만을 향해 달리는 바울 3:12-16

바울은 자신이 다메섹 도상에서 예수님을 알았기에 모든 자랑거리들을 이미 버렸고 또 현재에도 예수님을 더욱 알기 위해서 모든 것을 버리고 있지만 그렇다고 하여 완전에 이른 것은 아니라고 말한다(12절). 그는 앞에 계신 예수님을 바라보며 계속해서 달린다고 말하며(13-14절) 율법주의자들에게 이미 다 되었다는 망상에 빠지지 말고 계속해서 전진할 것을 권장한다(16-17절).

빌 3:12. 내가 이미 얻었다 함도 아니요 온전히 이루었다 함도 아니라 오직 내가 그리스도 예수께 잡힌바 된 그것을 잡으려고 좇아가노라.
바울은 자신이 현세에서 이미 온전히 얻었다거나 완성했다고 생각하지 않고 "오직 그리스도 예수께 잡힌바 된 그것을 잡으려고 좇아가는" 사람이었다. 그는 다메섹 도상에서 예수님께 잡혔는데, 즉 포로가 되었는데(행 9:1-9), 이제 더욱 그분께 잡히기를 소원하며 전진한다. 다시 말해, 그는 예수님과의 연합의 경험을 더욱 갖게 되기를 소원하고 있는 것이다.

빌 3:13. 형제들아 … 오직 한 일 즉 뒤에 있는 것은 잊어버리고 앞에 있는 것을 잡으려고.
바울은 자기가 온전히 그리스도와의 연합을 한 것도 아니고 부활을 경험한 것이 아니라 "오직 한 일 즉 뒤에 있는 것은 잊어버리고 앞에 있는 것을 잡으려고 푯대를 향하여 그리스도 예수 안에서 하나님이 위에서 부르신 부름의 상을 위하여 좇아간다"고 말한다.
　　바울은 자기가 "뒤에 있는 것"을 잊어버린다고 말한다(시 45:10). 즉 과거의 자랑거리들을 잊어버린다는 뜻이다. 혹은 자기의 위신을 세워주는 것들을 배설물로 여겨 버린다는 것이다. 우리 역시 과거의 자랑거리들을 뒤돌아보지 말고 예수님을 향하여 달려가야 한다. 우리는 혹시 과거에 엄청난 일이나 한 것처럼 생각하고 사람들 앞에 자랑거리로 알고 늘어놓지는 않는가? 이런 것들을 자랑하는 동안 예수님은 우리 밖에 멀리 계신 것이다.

바울은 자신이 "앞에 있는 것을 잡으려고," 즉 '예수님을 더욱 소유하려고' 좇아간다고 말한다(고전 9:24, 26; 히 6:1-2). 즉 예수님을 더욱 알고 더욱 소유하고 예수님 안에서 발견되기 위하여 전진한다는 뜻이다. 우리는 예수님을 더 알려고 노력해야 하고 더 소유하려고 계속해서 달려야 한다. 세례 받은 것으로 족하게 여겨서는 안 된다. 집사가 되고 혹은 장로가 되고 혹은 목사가 되면 다 된 줄로 알면 안 된다. 사도인 바울이 이렇게까지 노력했다면, 우리는 더욱 성령 안에서 노력해야 한다. 부단히 성경을 연구하고 기도하며 자기를 쳐 복종시키고 예수님만 따라가야 한다.

빌 3:14. 푯대를 향하여 그리스도 예수 안에서 하나님이 위에서 부르신 부름의 상을 위하여 좇아가노라.

바울은 "푯대를 향하여 … 좇아간다"고 말한다. '푯대 되시는 그리스도를 향하여 부단히 좇아간다'는 뜻이다(히 12:1-2). 그렇게 하는 이유는 "그리스도 예수 안에서 하나님이 위에서 부르신 부름의 상을 위하여"이다. "부름의 상"은 하나님께서 우리를 부르신 후에 주시는 상을 말함인데 '그리스도를 더 아는 것,' '그리스도를 더 소유하는 것,' '그리스도와의 온전한 연합' 등을 말한다. 우리는 하나님께서 우리에게 주시고자 하는 상을 얻기 위하여 부단히 노력해야 한다.

빌 3:15. 그러므로 누구든지 우리 온전히 이룬 자들은 이렇게 생각할지니 만일 무슨 일에 너희가 달리 생각하면 하나님이 이것도 너희에게 나타내시리라.

바울은 본 절을 "그러므로"로 시작한다. 바울은, 자기가 그리스도를 더 알고, 더 소유하기를 또한 부활을 현세에서 더 경험하기를 소원했지만 아직도 온전한 경지에 이른 것은 아니라고 말하면서, "그러므로" 빌립보 교회 안에 "누구든지 온전히 이루었다"고 큰소리치는 완전주의자들(perfectionists)은 자신처럼 아직 불완전하다고 생각하라고 명령한다. 또한 그는, 만일 유대의 율법주의 이단이 바울 사도와 달리 생각하는 경우, 하나님께서 그들이 달리 생각하는 것을 바로 지적해서 나타내 주실 것이라고 말한다. 항상 다 되었다고 교만하게 생각하는 것은 위험한 일이다.

빌 3:16. 오직 우리가 어디까지 이르렀든지 그대로 행할 것이라.

바울은 빌립보 교인들에게 "우리가 어디까지 이르렀든지," 곧 '믿음의 정도가 어느 정도에 가 있든지 간에' 계속해서 전진하라고 말한다. 노력하지 않고 그대로 있어서는 안 된다는 것이다. 우리는 신앙의 정도가 어떻든지 간에 바쁘게 전진하여 온전한 성화에 이르러야 한다.

5. 율법주의자들은 십자가의 원수 3:17-19

바울은 빌립보 교인들에게 자기와 자기를 본받아 사는 사람들을 본받으라고 권한다(17절). 그리고 율법주의자들을 본받지 말라고 명한다. 그들은 십자가의 원수요, 결국은 망할 사람들이며, 세상주의자들이고 부끄러움을 영광삼고 살아가는 사람들이다(18-19절).

빌 3:17. 형제들아 너희는 함께 나를 본 받으라. 또 우리로 본을 삼은 것 같이
그대로 행하는 자들을 보이라.

바울은 빌립보 교인들에게 자신을 본받으라고, 또한 곁들여 자기 주위에서
자신을 본받아 살며 행하는 사람들을 주목하여 따르라고 말한다. 바울은 예수님
을 본받고 사는 사람으로서 감히 "나를 본받으라"고 말한다(고전 4:16; 11:1
빌 4:9; 살전 1:6). 바울은 빌립보 교회에 침입한 이단자들과 달라서 푯대
되시는 그리스도를 향하여 달음질하며 영적인 성숙을 위하여 노력하는 사도로
서 감히 빌립보 교인들에게 자신을 따르라고 말하는 것이다. 또한 그는 자기
주위에서 자기를 본받아 행동하는 사람들, 곧 디모데와 에바브로디도 같은
사람들을 주의하여 보고 그대로 행하라고 권한다. 바울은 율법조문이나 지키고
혹은 할례나 받고서 완전한 사람이 된 줄로 착각하는 율법주의 이단을 따라가지
말고 자기와 자기를 본받아 행하는 사람들을 본받아 끊임없이 영적으로 성숙해
야 한다고 간곡히 권하고 있는 것이다.

오늘날 우리 주위에는 잘못 된 길로 들어서 있으면서도 돌이킬 줄을 모르고
자기들이 표준이라고 착각하면서 교회를 어지럽히는 사람들이 많이 있다. 우리
는 자신이 아직도 덜 된 줄 알고 영적인 성숙을 위해 끊임없이 전진해야 한다.

빌 3:18. 내가 여러 번 너희에게 말하였거니와 이제도 눈물을 흘리며 말하노니
여러 사람들이 그리스도 십자가의 원수로 행하느니라.

바울은 한 주제를 가지고 "여러 번" 말해서 빌립보 교인들로 하여금 이단자들한
테 넘어가지 않도록 주의를 준다. 그는 여러 번 말할 뿐 아니라 "눈물을 흘리며"
말하는 사랑의 사도였다. 바울이 말하는 내용은 다름 아니라 "여러 사람들이
그리스도 십자가의 원수로 행한다"는 것이다(갈 1:7; 2:21; 6:12). 빌립보

교회 안에는 십자가의 원수들이 꽤 많이 있어서 그리스도의 십자가 대속의 진리를 배척하고 자기들 나름대로의 주장을 폈던 것 같다.

그러면 본 절에서 말하는 "십자가의 원수들"은 누구인가? 혹자는 이들을 관능주의자(官能主意者)들로 여긴다. 이유는 다음 절에 쓰인 대로 이들이 "배"(belly)를 하나님으로 삼고 살기 때문이다. 관능주의자들은 예수님만 믿으면 구원을 받으므로 세상에서는 마음 내키는 대로 살아도 된다고 주장한다. 그런 점에서 바울이 말하는 십자가의 원수들을 관능주의자들로 볼 수도 있을 것이다. 그러나 우리는 십자가의 원수를 관능주의자들이 아니라 바울이 그 동안 "여러 번" 말해온 율법주의자들로 보는 것이 더 좋을 것이다. 즉 바울은 그 동안 여러 번에 걸쳐(1:27-30; 3:1-16) 그리고 "이제도" 계속해서 율법주의자들에 대해서 이야기하면서 눈물을 흘리고 있는 것이다. 만약 이 단락에서(17절-21절) 말하는 십자가의 원수들이 자신이 앞에서 여러 번 말했던 율법주의자들이 아니고 전혀 새로운 관능주의자들이라면, 바울은 자신이 "여러 번" 말했다는 말을 하지 않았을 것이고 "이제도" 계속해서 말한다고 하지도 않았을 것이다. 그러므로 이 단락에서 말하는 십자가의 원수는 관능주의자들이라기보다는 율법주의자들이라고 보는 것이 더 옳을 것이다. 또한 실제적으로 율법주의자들은 십자가를 등진 사람들이었고 하나님 보시기에는 세상주의자들이었다.

오늘 우리는 십자가의 원수로 행동하고 있지는 않은가? 자기를 내세우고 자기를 자랑하며 십자가를 멀리하고 있지는 않은가? 우리는 지금 예수님만 말하고 십자가만 자랑하고 있는가? 우리는 우리의 메시지에 거품은 없는지를 살펴야 할 것이다.

빌 3:19. 저희의 마침은 멸망이요 저희의 신은 배요 그 영광은 저희의 부끄러움에 있고 땅의 일을 생각하는 자라.

율법주의 이단의 "마침," 곧 '결국'은 "멸망"이라는 것이다(고후 11:15; 벧후 2:1). 그들은 그리스도의 십자가 대속의 은혜를 배척하는 까닭에 이 세상에서도 불행하고 예수님 재림하실 때 지옥으로 갈 수밖에 없는 사람들이다. 성경은 다른 복음을 전하는 사람은 저주를 받는다고 말씀한다(갈 1:8).

또한 성경은 율법주의자의 "신(神)은 배"(belly)라고 말씀한다(롬 16:18; 딤전 6:5; 딛 1:11). 그들이 끔찍이 위하는 것은 육신의 배라는 말이다. 사실 그들은 하나님을 끔찍이 위하여야 하는데, 오히려 육신의 배를 위하여 자신들의 인격을 팔아버리고 남들을 해치면서 산다. 그리고 그들의 소위 영광이라고 하는 것은 하나님 보시기에나 믿는 사람보기에 유치하고 "부끄러운" 일일 뿐이다(호 4:7). 결국 율법주의자들은 그리스도의 일을 생각하지 못하고 자기들의 배를 위하고 부끄러운 일을 영광 삼는 사람들이니 땅의 일이나 생각하는 사람들이다(롬 8:5).

오늘 21세기를 살고 있는 우리들은 배를 위하여 살고 있지는 않은가? 말로는 주님을 위한다고 하지만 실제 생활은 세상을 위하여 살고 있지는 않은가? 또한 부끄러운 일을 오히려 영광으로 생각하면서 살고 있지는 않은가? 우리는 되돌아서서 우리 자신의 모습을 살펴보아야 할 것이다.

6. 성도들의 소망 3:20-21

바울은 성도들의 소망은 하늘에, 그리고 예수님의 재림에 있다고 말한다(20절). 또한 그는 예수님께서 이 땅에 오셔서 놀라운 이적으로 성도들을 영광스러운 몸으로 만드실 것이라고 말한다(21절).

빌 3:20-21. 오직 우리의 시민권은 하늘에 있는지라. 거기로서 구원하는 자 곧 주 예수 그리스도를 기다리노니.

바울은 앞 절(18-19절)의 이단자들과 "우리," 곧 빌립보 교회의 진실한 성도들을 극명하게 대조한다. 바울은 "우리의 시민권은 하늘에 있다"고 말한다. "우리의 시민권은 하늘에 있다"는 것은 '우리의 나라가 하늘에 있다'는 뜻이다(엡 2:6; 골 3:1, 3). "시민권"(πολίτευμα)이란 '시민권, 국적, 나라'를 뜻하는 것으로서 '시민권'이라고도 또는 '나라'라고도 해석할 수 있다. 그러므로 이런 경우에는 문맥에 의지해석 해석하는 수밖에 없다. 문맥을 보면 '나라'로 해석하는 것이 더욱 타당해 보인다. 이유는, 바울이 앞 절에서 이단자들은 '땅의 일'이나 생각하고 애착하는 자들이고, 본 절에서 빌립보 교인들은 땅의 일을 생각하지 않고 하늘의 일(그리스도의 재림)을 생각하는 사람들이라고 말하기 때문이다.

빌립보 교인들의 나라는 하늘에 있으므로 그들은 그곳으로부터 오실 구원자 곧 예수 그리스도를 기다리며 살아가야 한다(행 1:11; 고전 1:7; 살전 1:10; 딛 2:13). 우리의 나라도 하늘에 있으므로, 오늘 우리도 예수 그리스도의 재림을 기다리며 살아야 한다. 그런제 지금 우리는 졸거나 자고 있지는 않은가?(마 25:1-13) 혹은 오늘은 이 음식점, 내일은 저 음식점 돌아다니면서 음식 맛에 취해 흥청망청 살고 있지는 않은가?(마 25:32-51) 혹은 세상에 믿지 않는 자들과 다름없이 부동산 투기나 하면서 돈 벌 생각만 하며 살고 있지는 않은가? 우리는 지금 무서운 타락의 시대를 살아가고 있다.

그가 만물을 자기에게 복종케 하실 수 있는 자의 역사로 우리의 낮은

몸을 자기 영광의 몸의 형체와 같이 변케 하시리라.

바울은 여기에서 앞으로 재림하실 예수 그리스도가 어떤 분이신지를 밝히고 있다. 예수님은 "만물을 자기에게 복종케 하실 수 있는 자"이시다. 예수님은 만물을 창조하셨으므로(요 1:3; 골 1:15-17) 만물을 자기에게 복종케 하실 수 있다.

예수님은 만물을 자기에게 복종케 하실 수 있으신 놀라운 "역사($\acute{\epsilon}\nu\acute{\epsilon}\rho$-$\gamma\epsilon\iota\alpha\nu$)," 곧 '초자연적 능력'으로 말미암아 "우리의 낮은 몸을 자기 영광의 몸의 형체와 같이 변케 하시는" 분이시다. 예수님은 "우리의 낮은 몸," 곧 '죄 짓기 쉬운 몸, 병들어 죽을 몸, 썩어질 몸'을 "예수님의 영광의 몸의 형체," 곧 '썩지 아니할 몸, 신령한 몸'(고전 15:42-44)으로 변화시키실 것이다.

예수님은 모든 것이 가능한 분이시다. 앞으로 재림하실 예수님은 놀라운 이적으로 우리에게 영광을 주실 것이다. 우리는 지금 그 분을 기다리면서 살아야 한다. 우리는 재림이라는 말에 대해서 혐오감을 가져서는 안 되고, 오히려 그 말을 듣고 가슴이 두근거려야 한다.

제4장

빌립보 교회를 향한 바울의 여러 가지 권면

7. 주 안에 굳게 서라 4:1

빌 4:1. 그러므로 나의 사랑하고 사모하는 형제들, 나의 기쁨이요 면류관인 사랑하는 자들아 이와 같이 주 안에 서라.

앞에서 바울은 빌립보 교인들에게 이단자들을 경계하라고 권했는데, 이제 그는 결론적으로 본 절의 말씀을 주고 있다. 바울은 빌립보 교인들을 "나의 사랑하고 사모하는 형제들" 그리고 "나의 기쁨이요 면류관인 사랑하는 자들아"라는 애칭을 사용해서 부른다. "나의 사랑하고 사모하는 형제들"이라는 애칭은(1:8; 2:26) 빌립보 교인들에 대한 바울의 깊은 애정을 보여 준다. 바울은 빌립보 교인들에게 분열이 있음에도 불구하고(2-3절) 그들을 지극히 사랑하고 사모한다.

또한 바울은 빌립보 교인들을 "나의 기쁨이요 면류관인 사랑하는 자들아"라고 부른다(고후 1:14; 빌 2:16; 살전 2:19-20). 바울은 빌립보 교인들이 자신의 교훈을 따라 영적으로 성장하는 것을 생각하고 기뻐했다. 앞에서 바울은 빌립보 교인들의 믿음의 성장은 자신이 면류관을 받을 증거가 된다고 말했다(2:16;

고전 15:58).

바울은 자신이 사랑하고 사모하는 빌립보 교인들에게 "이와 같이 주 안에 서라"고 권한다. "이와 같이," 즉 '지금까지 잘 해온 것처럼 앞으로도' 주님을 믿는 믿음 안에 '굳게 서 있으라'는 것이다. 즉 계속해서 영적으로 성장하고 전진하라는 것이다.

오늘 우리는 주님을 믿는 중에 굳게 서서 흔들림이 없어야 할 뿐 아니라, 계속해서 영적으로 더욱 전진해야 하며, 다른 성도들도 주 안에서 전진하고 또 영적으로 성장하도록 북돋아 주어야 한다. 우리는 자신이 믿음의 형제자매들을 격려하기는커녕 오히려 깎아내려서 믿음을 싸늘하게 식혀버리는 일을 하고 있지는 않은지 살펴야 할 것이다.

VII. 그리스도인이 가져야 할 덕행들 4:2-9

바울은 빌립보 교회의 약점인 분열을 생각하며 주 안에서 같은 마음을 품고(2절) 복음의 일꾼들을 도우라고 권한다(3절). 그리고 주 안에서 기뻐하기 위한 방법으로 모든 사람에게 관용하고 또 기도하라고 부탁한다(4-7).

1. 형제들과의 화평 4:2-3

빌 4:2. 내가 유오디아를 권하고 순두게를 권하노니 주 안에서 같은 마음을 품으라.

바울은 두 사람, 곧 유오디아와 순두게 두 여인을 향하여(3절) "주 안에서

같은 마음을 품으라"고 권한다(2:2; 3:16). "같은 마음을 품으라"(τὸ αὐτὸ
φρονεῖν)는 것은 '같은 것을 생각하라'는 뜻이다. 다시 말해, 한 분 예수님을
생각하라는 말이다. 우리는 한 분 예수님을 생각할 때에 하나가 될 수 있다.
우리가 자신의 유익을 구하고 세상에 관심을 둘 때, 우리의 마음은 복잡해지고
성도들의 마음은 갈리게 된다. 우리는 우리를 위하여 십자가 대속의 죽음을
죽으신 예수 그리스도를 바라보고 한 마음을 품어야 한다.

빌 4:3. 또 참으로 나와 멍에를 같이 한 자 네게 구하노니 복음에 나와 함께
힘쓰던 저 부녀들을 돕고 또한 글레멘드와 그 외에 나의 동역자들을 도우라.
그 이름들이 생명책에 있느니라.
바울은 자신과 함께 "멍에를 같이한 자," 곧 빌립보 교회의 지도자에게 바울
사도와 함께 복음을 위하여 힘쓰던 사역자들, 곧 두 여인들(유오디아와 순두게)
을 도우라고 권하고 또 글레멘드(이 사람이 누구인지 알 수는 없다)와 그
외에 바울 사도의 동역자들을 도우라고 권한다. 우리는 복음 사역에 힘쓰는
자들을 도와야 한다. 그런데 오늘 우리의 현실은 어떤가? 복음의 사역자들을
돕기는커녕 비난하고 헐뜯는 추세가 아닌가?

　　여기에서 한 가지 문제가 되는 것은, 바울 사도와 "멍에를 같이한 자"가
누구냐 하는 것이다. 바울은 도움을 받아야 할 두 여인과 글레멘드라는 이름도
쓰면서 정작 "멍에를 같이한 자"가 누구인지는 구체적으로 밝히지 않기 때문이
다. 그래서 학자들은 '멍에를 같이한 자'가 누구인지에 대하여 많은 추측을
해왔다. 그 중에 가장 합당한 것으로는 이 '멍에를 같이한 자'가 '쉬지고스'라는
이름을 가진 사람으로 보는 것이다. 그 이유는 '멍에를 같이 한자'라는 말이
헬라어로 '쉬지고스'(σύζυγοσ)라고 발음되는데, 이 낱말이 바로 사람의 이름이

라는 것이다. 그러므로 "멍에를 같이한 자 네게 구하노라"라는 구절을 번역하면, "쉬지고스 네게 구하노라"가 된다. 그러나 사실은 이런 추측도 추측의 범위를 넘기는 힘들 것이다.

바울은 그 사람들이 복음 사역에 힘을 썼을 뿐 아니라 "그 이름들이 생명책에 있다"고 말한다(출 32:32; 시 69:28; 단 12:1; 눅 10:20; 계 3:5; 13:8; 20:12; 21:27). 복음의 사역자들의 이름은, 비록 세상에서는 잘 알려지지 않고 죽은 후에도 기억되지 않으나, 하나님의 생명책에서는 영원히 지워지지 않는다는 것이다. 예수님도 제자들에게 "귀신들이 너희에게 항복하는 것으로 기뻐하지 말고 너희 이름이 하늘에 기록된 것으로 기뻐하라"고 말씀하셨다(눅 10:20). 예수님은 지금도 사역자들을 향하여 세상에서 이룬 업적을 기뻐하지 말고 자신의 이름이 생명책에 기록되어 있는 것으로 기뻐하라고 하신다. 오늘의 교역자들은 교인이 불어나는 것으로 기뻐하거나 교회 당 건물이 높이 올라가는 것으로 기뻐하거나 사례금을 많이 받는 것 때문에 기뻐하는 것이 아니라, 오직 자신의 이름이 하늘의 생명책에 기록된 것으로 기뻐해야 할 것이다. 그러나 오늘의 현실은 반대가 아닌가? 우리의 이름이 하늘에 기록 것에 대해서는 별로 기뻐하지 않고 오히려 세상의 업적에만 마음이 쏟고 있지 않은가?

2. 항상 기뻐하라 4:4-9

이제부터 바울은 본격적으로 '기쁨의 문제'를 다룬다. 사도는 빌립보 교인들에게 항상 기뻐하라고 권하고(4절), 기뻐할 수 있는 방법을 제시한다(5-9절). 바울이 말하는 항상 기뻐할 수 있는 방법은 첫째, 모든 사람에게 넓은 마음을 갖는 것(5절), 둘째, 하나님께 기도하고 간구하는 것(6-7절), 그리고 셋째,

자신의 교훈을 따라 사는 것이다(8-9절).

빌 4:4. 주 안에서 항상 기뻐하라. 내가 다시 말하노니 기뻐하라.
바울은 "주 안에서 항상 기뻐하라"고 권한다(롬 12:12; 빌 3:1; 살전 5:16;
벧전 4:13). '주님을 믿는 믿음 안에서 항상 기뻐하라'는 말이다. "항상" 기뻐하
라는 권면은 '어떤 환경에서도' 기뻐하라는 것이다. 또한 바울은 "다시 말하노니
(πάλιν ἐρῶ) 기뻐하라"고 말한다. 여기에서 "다시 말하노니"란 말은 미래
동사로서 '다시 말할 것이니'라는 뜻이다. 다시 말해, 앞으로도 다시 기뻐하라고
말할 것이라는 뜻이다. 바울은 빌립보 교회 성도들에게 기뻐하라고 권하고
또한 자신이 앞으로도 그들에게 계속해서 기뻐하라고 말 할 것이라고 말한다.
우리는 우리 자신들도 기뻐해야 하며 또 다른 사람들에게도 기뻐하라고 권면해
야 한다. 그리고 기뻐할 수 있는 방법을 말해 주어야 한다.

빌 4:5. 너희 관용을 모든 사람에게 알게 하라. 주께서 가까우시니라.
기뻐할 수 있는 방법 중 하나는 "관용을 모든 사람에게 알게 하는" 것이다.
넓은 마음을 모든 사람에게 보여 주는 것이다. 좁은 마음의 소유자는 기쁨이
없다. 다시 말해, 이기적인 자는 기쁨이 없다. 오늘 서구인들은 이기심이 심히
발달했다. 어느 미국 목사는 미국의 3대 우상은 다름 아니라 돈, 성(性), 이기심
이라고 하였다. 이기심이 강한 사람들은 기쁨이 없으므로 기쁨을 찾기 위해
여러 가지로 애를 쓴다. 그러나 그들의 심령에는 여전히 기쁨이 없다.

　　모든 사람에게 관용을 베풀어야 할 이유는 "주께서 가까우시기" 때문이다
(히 10:25; 약 5:8-9; 벧전 4:7; 벧후 3:8-9). 예수님께서 오실 날이 머지않다.
그리고 성도가 죽을 날도 머지않다. 우리는 두 날, 즉 예수님의 재림의 날과

우리의 죽을 날이 머지않으므로 모든 사람들을 용납하고 용서하면서 살아야 한다. 아옹다옹하면서 살면 기쁨이 없다. 남을 용납하고 용서하려면 뼈를 깎는 기도를 해야 한다. 그러지 않으면 죽는 날까지 남을 용납하지 못하여 기쁨 없이 살다가 끝이 난다.

빌 4:6. 아무 것도 염려하지 말고 오직 모든 일에 기도와 간구로, 너희 구할 것을 감사함으로 하나님께 아뢰라.

성도가 기뻐할 수 있는 또 한 가지 방법은 기도하는 것이다. 기도할 때는 하나님께 모든 것을 맡기고 "아무 것도 염려하지 말아야" 한다(시 55:22; 잠 16:3; 마 6:25; 눅 12:22; 벧전 5:7). 모든 짐을 하나님께 맡기고 다시 찾아오지 말아야 한다. 우리는 새벽기도회 때는 우리의 짐을 하나님께 맡겼다가 낮에나 저녁에는 되찾아오는 경우가 많다. 새벽기도회 때는 모든 짐을 맡겼으므로 기뻤다가 낮에나 저녁이 되어 다시 그 문제를 찾다가 근심하면 안 된다. 계속해서 맡기고 염려하지 말아야 한다.

아무 것도 염려하지 않을 뿐 아니라 "오직 모든 일에 기도와 간구로 구할 것을 감사함으로 하나님께 아뢰어야" 한다. 기도할 때는 "감사함으로" 해야 한다. 감사가 없는 기도는 원망으로 인도될 수가 있다. 성도는 하나님께서 이루어주실 줄 믿고 감사해야 하며, 범사에 감사하라는 말씀을 따라 감사한 마음을 품고 기도해야 한다.

빌 4:7. 그리하면 모든 지각에 뛰어난 하나님의 평강이 그리스도 예수 안에서 너희 마음과 생각을 지키시리라.

아무 것도 염려하지 않고 감사함으로 기도하면 "모든 지각에 뛰어난 하나님의 평강이 그리스도 예수 안에서 … 마음과 생각을 지키시리라"고 한다. 우리의 생각보다 뛰어난 "하나님의 평강"이 우리의 심령에 자리 잡고 우리를 지켜주신다는 것이다(요 14:27; 롬 5:1; 골 3:15). 여기에서 "지키시리라"(φρουρήσει)는 말씀은 '호위하리라'는 의미의 군대 용어이다(Martin). 성도가 하나님께 기도하면 하나님의 평강이 성도의 심령에 주어져서 성도의 마음을 지켜주신다.

우리는 하나님의 평강이 우리의 심령을 주장할 때까지 하나님께 기도하고 간구해야 한다. 우리의 심령 속에 모든 불결한 것들과 원심(怨心)이 사라지고 평강의 마음과 기쁨의 마음이 자리 잡을 때까지 계속해서 간구해야 한다. 그러기 위해서는 많은 기도 시간이 필요하다.

빌 4:8. 종말로 형제들아 무엇에든지 참되며 무엇에든지 경건하며 무엇에든지 옳으며 무엇에든지 정결하며 무엇에든지 사랑할만하며 무엇에든지 칭찬할만하며 무슨 덕이 있든지 무슨 기림이 있든지 이것들을 생각하라.

바울은 본 절과 다음 절에서 성도가 기뻐할 수 있는 또 하나의 방법을 제시한다. 그것은 다름 아니라 바울의 모본을 따라 성도가 덕을 실행할 때 "평강의 하나님이 함께 하신다"는 것이다(9b). 그러므로 기도만이 아니라(6-7) 성도가 각종 덕을 실행할 때 평강이 있으며 따라서 기쁨을 가질 수 있다는 것이다.

바울은 본 절에서 성도가 기쁨을 누리기 위해서 행해야 할 8가지 덕을 나열한다. 첫째, 성도는 "무엇에든지 참되어"야 한다. 이 말은 '어떤 환경을 만나서도 참되어'야 한다는 뜻이다. 다시 말해, '거짓과 거품을 뺀 행동을 해야'한다는 말이다. 둘째, 성도는 "무엇에든지 경건해야" 한다. '어떤 처지나 혹은 어떤 환경을 만나서도 존엄하게, 존귀하게 행동해야'한다는 것이다. "경건하다"는 말은 도덕률을 높여서 존귀하게 행동하는 것을 뜻한다. 셋째, 성도는

"무엇에든지 옳아야" 한다. 이것은 '어떤 사건을 만나서도 대인관계에 있어서 바르게 행동'해야 한다는 말이다. 넷째, 성도는 "무엇에든지 정결해야" 한다. '어떤 환경을 만나서도 흠이 없어야 한다는 것이다. 다섯째, 성도는 "무엇에든지 사랑할만해야" 한다. '어떤 처지를 만나든지 하나님의 사랑을 얻을만해야' 한다는 뜻이다. 성도는 어떤 환경을 만나든지 하나님의 호의를 얻을만하게 행동해야 한다. 여섯째, 성도는 "무엇에든지 칭찬할만해야" 한다. '어떤 환경을 만나서도 덕이 고상해서 칭찬을 받을만해야'한다는 것이다. 일곱째, 성도는 "무슨 덕이 있어야" 한다. 성도는 '높은 덕을 소유해야' 한다는 뜻이다. 여덟째, 성도는 "무슨 기림이 있어야" 한다. 성도는 '높은 덕을 소유하여 칭찬받을만해야' 한다는 뜻이다.

바울은 이 8가지 덕목들을 나열한 다음 "이것들을 생각하라"고 권한다. 다시 말해, '위에 나열한 것들을 귀하게 여기라'는 것이다. 위에 나열한 8가지 덕목들은 귀한 것들이니 소홀히 하지 말고 귀한 것으로 알아서 실천하라는 것이다. 이런 덕들을 실천할 때 평강의 하나님께서 함께 해주신다는 것이다.

오늘 우리 교회는 하나님 앞에 복을 달라고 많이 간구하고 있지만 실제로 덕을 실천하지는 않고 있다. 주일날에나 신자같이 보이고 다른 날에는 불신자들과 별반 다를 바 없는 생활을 한다. 그래서 평강이 없고 기쁨이 없이 지내면서 자살 심리를 가지기도 한다.

빌 4:9. 너희는 내게 배우고 받고 듣고 본 바를 행하라. 그리하면 평강의 하나님이 너희와 함께 계시리라.

바울은 빌립보 교인들에게 앞 절에 기록한 바와 같이 바울에게서 "배우고 받고 듣고 본 바"가 있는데 그것들을 놓치지 말고 "행하라"고 권한다(3:17).

그들은 바울에게서 직접 "배우고 받은" 교훈들이 있었고 바울을 관찰함으로 "듣고 본 것들"이 있었다. 그런 것들을 행하면 평강의 하나님께서 그들과 함께 계셔서 기쁨이 있게 된다는 것이다(롬 15:33; 16:20; 고전 14:33; 고후 13;11; 살전 5:23; 히 13:20).

우리는 예수님의 교훈을 그리고 예수님의 교훈을 해설해 놓은 사도들의 교훈을 실천에 옮겨야 한다. 그래서 평강의 하나님을 경험하며 복되게 살아야 한다. 우리 앞에는 평강의 하나님을 경험할 수 있는 길이 얼마나 많은지 알 수 없다. 복이 우리 앞에 얼마나 많이 쌓여 있는지 헤아릴 수가 없다. 이 엄청난 복의 기회를 놓치고 한숨쉬면서 사는 것은 개탄할만한 일이다.

VIII. 결론 4:10-23

1. 빌립보 교인들에 대한 감사 4:10-20

바울은 빌립보 교인들에게 일치단결할 것을 촉구하고(2-3절) 또 항상 기뻐할 것을 말한 후(4-9절) 이제 편지를 마감하면서 빌립보 교인들에게 감사의 글을 쓴다. 바울은 빌립보 교인들이 선교헌금을 보내준 것을 감사하면서 헌금의 의의를 여러 가지로 정의한다(10-20절).

빌 4:10. 내가 주 안에서 크게 기뻐함은 너희가 나를 생각하던 것이 이제 다시 싹이 남이니 너희가 또한 이를 위하여 생각은 하였으나 기회가 없었느니라. 바울은 자신이 크게 기뻐하는 또 다른 이유를 제시한다. 사도가 기뻐하는

이유는 빌립보 교회가 자신에게 다시 호의를 베풀 기회를 마련하였기 때문이다
(고후 11:9). 사실 그동안 빌립보 교회는 바울에게 선교 헌금을 제공할 기회를
갖고자 했으나 외부적 사정이 여의치 않았다. 바울이 가이사랴의 헤롯 궁에
갇혀 있다가 로마로 호송되었기 때문에 물질 봉사를 할 기회를 얻지 못했던
것이다. 그래서 바울은 빌립보 교회가 지금까지 기회를 얻지 못했다고 말하고
있는 것이다. 우리는 사람들을 양해하기 위해 애써야 한다. 하나하나 부정적인
면만 드러내다가는 우리 자신들도 복을 받지 못하고 상대방도 상처를 받고
믿음이 성장하지 않는다.

빌 4:11. 내가 궁핍하므로 말하는 것이 아니라 어떠한 형편에든지 내가 자족하기
를 배웠노니.
바울이 이처럼 빌립보 교회의 물질적인 원조에 대해서 칭찬하는 이유는 "궁핍함
으로 말하는 것"은 결코 아니었다. 그는 "자족하기를 배웠기" 때문에(딤전
6:6, 8), 그가 물질 원조를 받고 기뻐하는 이유는 다른 데 있었다(14절). "자족하
기를 배웠다"는 것은 '스스로 만족하게 사는 방법을 배웠다'는 뜻이다. 다시
말해, '스스로 충족하기를 배웠다'는 뜻이다. 바울은 하나님을 믿는 중에 지혜를
얻어서 충족하게 지내는 비결을 체득한 것이다.

우리는 여기에서 물질에 초연한 바울을 본다. 바울은 결코 물질에 흔들리는
사람이 아니었다. 우리 전도자들은 자족하기를 배워서 물질로부터 자유로워야
할 것이다. 물질에 초연하게 살기 위해서는 우리도 만족하게 사는 비결을
체득해야 한다. 주 안에 불가능이 없는 것으로 알고 비결을 배워야 한다.

빌 4:12. 내가 … 모든 일에 … 일체의 비결을 배웠노라.

바울은 자신이 어떤 상황에서도 잘 처신하는 비결을 예수님으로부터 전수받았다고 말한다(고전 4:11; 고후 6:10; 11:27). 우리는 세상에 살 때 일체의 비결을 예수님으로부터 전수받아야 한다. 그냥 환경에 잘 적응하는 정도여서는 안 된다. 환경에 잘 적응하는 것 정도는 믿지 않는 사람들도 얼마든지 할 수 있는 일이다. 우리는 그리스도를 따르는 중에 모든 비결을 배워야 한다.

빌 4:13. 내게 능력 주시는 자 안에서 내가 모든 것을 할 수 있느니라.

바울은 자신이 풍부와 궁핍에서만 아니라 "능력 주시는 자"이신 예수님(딤전 1:12) 안에서 "모든 것"을 잘 처리하는 비결을 배웠다고 말한다(요 15:5; 고후 12:9). "모든 것을 할 수 있다고 함은 자기의 맡은 직책에 관하여 모든 필요한 일을 할 수 있다는 의미이다."[27] 어느 맹인이 신학교에서 헬라어를 공부할 때 일등을 하였는데, 그는 자신이 그렇게 할 수 있었던 비결은 빌립보서 14:13에 있다고 고백했다고 한다.

우리는 사람들의 비난에 대처하는 비결도 배워야 하고, 병을 극복하는 비결도 배워야 하고, 일이 잘 진행될 때 겸손히 처신하는 비결도 배워야 한다. 모든 필요한 비결을 예수님으로부터 배워야 한다.

빌 4:14. 그러나 너희가 내 괴로움에 함께 참예하였으니 잘 하였도다.

바울은 빌립보 교인들이 자산을 위하여 다시 물질봉사를 한 것은 자기의 궁핍을 채워주었다는 차원에서가 아니라, 그들이 자기의 "괴로움에 함께 참예하였다"

---

27) 박윤선, p. 269.

는 점에서 잘한 일이라고 말한다(1:7). 바울은 자기는 궁핍과 풍부 등 일체의 환경에서 자족하는 비결을 배웠기 때문에 그 물질봉사가 자기를 구제해 주었다는 차원에서가 아니라 오히려 그들이 자기의 고난에 동참했다는 차원에서 잘 한 일이라고 말하는 것이다.

복음 전도자의 괴로움에 참예하는 것은 얼마나 귀한 일인지 모른다. 우리는 물질과 기도로 참예해야 한다. 둘 다 못하면 몸으로라도 참예해야 한다. 그리고 성도들의 괴로움에 동참하는 것도 귀한 일이다. 그래서 "초상집에 가는 것이 잔치 집에 가는 것보다 낫다"고 성경은 말씀한다(전 7:2). 우리는 남의 괴로움을 외면해서는 안 된다. 외면하면 내가 괴로움을 당할 때에 외면을 당하게 된다.

빌 4:15. 빌립보 사람들아 … 복음의 시초에 내가 마게도냐를 떠날 때에 주고받는 내 일에 참예한 교회가 너희 외에 아무도 없었느니라.
바울 사도의 괴로움에 빌립보 교인들이 참예한 구체적인 실례를 들어 말한다. 바울이 빌립보에서 복음을 전하기 시작한 "복음의 시초," 곧 바울이 "마게도냐를 떠날 때에" 물질로 봉사한 교회가 빌립보 교회 이외에 다른 사람들이 없었다는 것이다. 훗날에는 헌금으로 봉사한 교회들이 있었으나(고후 11:8) 바울이 빌립보에서 복음을 전하고 떠날 때까지는 다른 교회들이 헌금으로 봉사하지 않았다. 바울은 그 사실을 기억하고 감사한다.

우리는 물질로 혹은 기도로 봉사한 봉사자들을 알아 주고, 격려해 주고, 기도해 주어야 한다(고전 16:18; 빌 2:29). 그리고 그들에게 감사한 마음을 전해야 한다. 하나님께서 헌금하게 하신 것이니 하나님께만 감사하면 된다고 생각해서는 안 된다. 하나님께 감사하는 것은 당연한 일이고 물질 봉사를 한 사람들에게도 감사의 마음을 표해야 한다.

빌 4:16. 데살로니가에 있을 때에도 너희가 한번 두번 나의 쓸 것을 보내었도다.

바울은 자신이 빌립보에 있을 때에만 아니고 데살로니가에 있을 때에도 빌립보 교인들이 한 두 차례 헌금하여 보내 준 사실을 기억하고 감사한다. 바울은 제 2차전도 여행 때에 데살로니가에 머물면서 3주간 복음을 전한 일이 있었는데 (행 17:1-9), 그 때에도 빌립보 교인들이 물질로 봉사한 일이 있었다는 것이다.

어떤 교인들은 전도자에게 마음도 두지 않고 기도로 돕지도 않으며 더욱이 물질 봉사는 절대로 하지 않는다. 불행한 교인들임에 틀림없다. 전도자를 대접하는 것이 곧 예수님을 대접하는 것인 줄 알아야 한다(마 10:40-42). 전도자를 잘 대접하는 사람들에 대해서는 하나님께서 꼭 갚아주신다(고후 9:6).

빌 4:17. 내가 선물을 구함이 아니요 오직 너희에게 유익하도록 과실이 번성하기를 구함이라.

바울은 자신이 빌립보 교인들의 물질 봉사에 대하여 감사하고 또 칭찬한 것은 그들에게서 다시 물질을 구하기 위해서가 아니라고 말한다. 바울은 빌립보 교인들의 영적인 성장과 복이 넘치기를 바라고 있다. 헌금 봉사의 정성은 곧 바로 축복으로 이어지는 법이다(행 20:35).

전도자들은 교인들에게서 물질을 기대해서는 안 된다. 오직 믿음으로 전도하고 선교해야 한다. 다시 말해, 오직 하나님만 바라보고 전도하고 또 선교해야 한다. 혹시 교인들이 물질로 봉사했으면 전도자는 그들에게 복이 넘치기를 기대하고 축복 기도를 해주어야 한다. 전도자는 오직 하나님만 바라보고 살아야 하고 전도해야 한다.

빌 4:18. 내게는 모든 것이 있고 또 풍부한지라. 에바브로디도 편에 너희의 준 것을 받으므로 내가 풍족하니 이는 받으실만한 향기로운 제물이요 하나님을 기쁘시게 한 것이라.

바울은 자신이 빌립보 교인들이 헌금을 해서 에바브로디도를 통해서 보내준 것을 받았기 때문에 넉넉하다고 말한다. 그리고 교우들이 보내준 물질은 하나님께 드리는 제물이며 하나님을 기쁘시게 한 것이라고 물질 봉사의 의의를 밝힌다.

바울은 "내게는 모든 것이 있고 또 풍부하다"고 말하고, 또한 에바브로디도 편을 통하여 받으므로 "풍족하다"고 말한다. 바울은 욕심을 내지 않는 사도였다. 만약 그가 욕심 많은 사도였다면, 그는 '풍부한지라,' 혹은 '풍족하니'라는 말들을 하지 않았을 것이고, 오히려 '조금 모자라다'고 말하거나 침묵으로 일관했을 것이다. 그러나 그는, 소위 오늘날의 말로 표현하자면, 정치적인 사람이 아니었다. 그는 솔직한 사람이었고 모든 것을 족하게 여기는 사도였다.

우리는 다른 사람의 물질 봉사를 받을 때 항상 풍족하게, 넉넉하게 여겨야 할 것이고 절대로 사람 앞에서는 궁색한 면모를 보이지 않아야 할 것이다. 모든 물질은 하나님께 있고(마 6:33) 예수 그리스도 안에 있다(골 1:19).

바울은 헌금이 하나님께서 "받으실만한 향기로운 제물"이라고 말한다. 구약 시대의 제물이 하나님께서 받으실만한 향기로운 제물이었던 것처럼(창 8:21; 출 29:18; 레 1:9, 13, 17; 겔 20:41) 헌금도 역시 하나님께서 받으실만한 향기로운 제물이라는 것이다(고후 9:12; 히 13:16). 그런데 바울은 자기가 헌금봉사를 받은 후 어떻게 감히 그 헌금을 하나님께서 받으실만한 향기로운 제물이라고 말할 수 있었는가? 그것은 바로 그가 그 헌금봉사를 받고 예수님을 전하는 복음전도에 사용했기 때문이다. 바울에게 온 헌금은 바울이 받은 것이 아니라 하나님께서 받으신 것이다.

빌 4:19. 나의 하나님이 그리스도 예수 안에서 영광 가운데 그 풍성한대로
너희 모든 쓸 것을 채우시리라.

바울은, 하나님께서 받으실만한 향기로운 제물이며 하나님을 기쁘시게 한 헌금
과 관련해, 하나님께서는 그 헌금을 바친 이들을 "예수 그리스도 안에서"
채우실 것이라고 말한다. "예수 그리스도 안에서" 모든 쓸 것을 채우시리라는
말씀은 '예수 그리스도를 통하여' 빌립보 교인들에게 하나님께서 앞으로 풍성하
게 채워주실 것이라는 뜻이다. 하나님은 모든 일을 하실 때 예수 그리스도를
통하여 하신다(엡 1:3-14). 또 하나님은 우리의 감사와 찬미와 헌금도 예수
그리스도를 통하여 받으신다(골 3:17). 예수님은 하나님과 우리 사이에 중보자
이시다(딤전 2:5).

바울은 하나님께서 "그 풍성한대로 모든 쓸 것을 채우시리라"고 말한다(시
23:1; 고후 9:8). 여기에서 "채우시리라"(πληρώσει)는 말씀은 미래 능동태이
다. 하나님은 '풍성하신 분으로서(엡 1:7; 3:16) 앞으로 모든 필요한 것을
채우실 것이다'라는 뜻이다. 하나님은 후하게 갚으시는 분이시다(약 1:5).

오늘날 잘 믿는다고 큰소리는 치지만 실제로는 잘 믿지 못하는 신자들이
있다. 하나님께 물질 봉사도 하지 않고 전도자들에게도 무관심한 성도들이
많다. 결국 이들의 큰 소리는 내용이 없는 헛된 소리이다. 호주머니를 하나님을
향하여 열어놓기 전에는 그들의 신앙을 믿을 수 없다.

빌 4:20. 하나님 곧 우리 아버지께 세세 무궁토록 영광을 돌릴지어다. 아멘.
바울이 빌립보 교인들의 물질봉사에 대해 감사하고 또 물질봉사의 의의를
말하다가 갑자기 "우리 아버지께 세세토록 영광을 돌릴지어다"라고 말하는
것은 좀 이상하게 보인다. 그러나 바울 사도의 의도는 하나님께서 빌립보

교인들을 감동하셔서 복음 사역에 물질로 봉사하게 하신 사실을 생각할 때 모든 것이 하나님으로부터 왔음을 믿고 영광과 찬송을 하나님께 돌리고 있는 것이다(롬 16:27; 갈 1:5). 우리도 역시 우리에게 구원을 주실 뿐 아니라 한없는 복과 필요한 모든 것을 공급해 주시는 우리 아버지께 세세 무궁토록 영광을 돌려야 한다. 우리는 지구상에서도 하나님께 영광을 돌리고 내세(來世)에서도 하나님께 영광을 돌려야 한다.

2. 마지막 인사 4:21-23

빌 4:21. 그리스도 예수 안에 있는 성도에게 각각 문안하라. 나와 함께 있는 형제들이 너희에게 문안하고.

바울은 이제 마지막 인사를 한다. 먼저 빌립보 교회의 대표를 향해서 "그리스도 예수 안에 있는 성도에게 문안해" 줄 것을 부탁한다. 이 말씀은 '그리스도 예수와 생명적인 연합의 관계에 있는 성도에게 하나하나 문안해' 달라는 말이다. 바울은 성도들을 그리스도와 연관 짓는다. 오늘날 우리는 그리스도와의 관계는 뒷전이고 교회에 출석하기만 하면 교인으로 인정하고 있지 않은가? 너무 큰 대조이다. 우리는 모든 점에서 그리스도 중심이어야 한다.

다음으로 바울은 "나와 함께 있는 형제들이 너희에게 문안한다"고 말한다 (갈 1:2). 바울과 함께 있는 디모데와 에바브로디도 그리고 로마에 있는 그리스도인들 중에 어떤 형제들이 빌립보 교인들에게 문안한다는 뜻이다. 성도들이 다른 성도들에게 문안하는 것은 아름다운 일이다. 오늘날 우리는 나만 알고 겨우 내 교회나 아는 형편이 아닌가?

빌 4:22. 모든 성도들이 너희에게 문안하되 특별히 가이사 집 사람 중 몇이니라.
"가이사 집 사람들 중 몇" 사람이라도 빌립보 교회의 교우들에게 문안하게
된 것은 복음 전파가 놀랍게 진행된 것을 암시한다. 가이사 집 사람들은 로마
황제의 궁전에서 시위대원으로 일하는 사람들일 것이다(1:13). 이들에게까지
복음이 전파되었을 뿐 아니라 이들 중에 몇 사람이라도 빌립보 교회에 문안까지
하게 된 것은 바울 사도의 복음 전파가 그만큼 힘이 있었다는 것을 보여 주는
것이다. 우리는 구석구석 복음을 전파할 뿐 아니라 복음으로 말미암아 사람들의
생각이 변하고 생활이 변하도록 해야 할 것이다.

빌 4:23. 주 예수 그리스도의 은혜가 너희 심령에 있을지어다.
끝으로 바울은 "주 예수 그리스도의 은혜가 있을지어다"라고 축복하며 기도한
다(롬 16:24; 갈 6:18; 살전 5:28; 몬 1:25). 주 예수 그리스도의 은혜란 주님과
연합한 성도에게 계속해서 필요한 하나님의 호의를 일컫는 말이다. 하나님의
호의는 우리들에게도 있어야 하고 다른 이들의 심령 속에도 있어야 한다.
그러므로 우리는 다른 이들에게 은혜가 임하도록 기도해 주어야 한다.

-빌립보서 주해 끝-

골로새서 주해
Colossians

총론

저작자 본 서신이 바울의 저작임은 본 서신 안에 명시되어 있다(1:1, 23; 4:18). 본서의 바울 저작을 의심하는 학설은 고대에 일찍이 없었다. 근대에 이르러 본 서신의 저작자가 바울임을 의심하는 학설(Mayerhoff, F.C Bauer, Holzmann, C. Masson)이 일어나기는 했으나 고대의 학설을 뒤집을 만한 것이 못된다. 또 본 서신이 바울 저작임을 입증하는 간접적인 증거도 있다. 즉 본 서신과 빌레몬서가 모두 똑같은 장소 루커스 계곡(Lycus Valley)에 위치한 골로새에 보내졌는데, 본 서신의 저자와 빌레몬서의 저자가 동일인데다가(1:1; 몬 1:1), 두 서신에 동역자의 이름들이 일치한다는 점이다(4:10, 12, 14; 몬 1:23-24). 이처럼 수신인이 같고 동역자가 동일하다면 저자가 바울일 것은 확실하다.

기록한 장소 본 서신은 로마 옥에서 바울이 기록했다. 바울은 본 서신만이 아니라 로마 옥에서 에베소서와 빌립보서를 기록했다(골 4:10; 행 28:30-31).

기록한 때 바울은 본 서신을 주후 61년 혹은 62년경에 기록으로 보인다.

편지를 쓴 이유 바울은 에바브라를 통하여 골로새 교회의 형편을 전해 듣고 (1:7-9) 그 교회 안에 퍼져 있는 유대주의적 특성을 띤 이단들(2:11-17)을 퇴치하고, 교회 안에 침투한 천사숭배 사상(2:8), 금욕주의 사상(2:20)에 대응하며, 나아가 모든 성도들이 누구나 형식을 탈피하여 참 신앙의 길을 걸어야 할 것을 천명할 뿐 아니라(3:1-4:6), 예수 그리스도야말로 하나님의 속성으로 충만하신 분임을 증거하기 위해 본 서신을 기록했다(1:15-20).

내용 분해 본서신의 내용을 분해하면 다음과 같다.

I. 서론 1:1-12

    1. 인사 1:1-2

    2. 감사 1:3-8

    3. 기도 1:9-14

II. 탁월하신 그리스도 1:15-23

    1. 예수님은 하나님의 형상 1:15a.

    2. 예수님은 창조주 1:15b-17a.

    3. 예수님은 유지주 1:17b

    4. 예수님은 교회의 머리 1:18-19

    5. 예수님은 화목주 1:20-23

III. 바울은 탁월하신 그리스도의 사역자 1:24-2:5

    1. 복음전파의 노력 1:24-29

골로새서 주해를 위한 참고도서

1. 박윤선. 『바울서신: 성경주석』. 서울: 영음사, 1985.

2. 이상근. 『옥중서신: 신약성서주해』. 서울: 대한예수교장로회총회교육부, 1971.

3. 『에베소서·빌레몬서: 호크마종합주석 8』. 강병도 편. 서울: 기독지혜사, 1992.

4. Barclay, W. *The Letters to the Philippians, Colossians, and the Thessalonians*. Philadelphia: Westminster Press, 1959.

5. Bengel, J. A. 『에베소서·빌레몬서: 벵겔신약주석』. 오태영 역. 서울: 도서출판 로고스, 1992.

6. Bruce, F. F. *The Epistles to the Colossians, to Philemon, and to the Ephesians*: NICNT. Grand Rapids: Eerdmans, 1984.

7. Calvin, John. *Galatians, Ephesians, Philippians, Colossians*: Calvin's New Testament Commentaries. Trans. T. H. L. Parker. Grand Rapids: Eerdmans, 1974.

8. Campbell Donald K. 『갈라디아서, 빌립보서, 골로새서』. 정민영 역. 서울: 도서출판 두란노, 1996.

9. Ellis, E. Earle. "Colossians," *The Wycliffe Bible Commentary*. Chicago: Moody Press, 1962.

10. Fausset, A. R. "I Corinthians-Revelation," *A Critical, Exegetical, and Practical Commentary on the Old and New Testaments*. Grand Rapids: Eerdmans, 1989.

11. Geisler, Norman L. "Colossians," *The Bible Knowledge Commentary*. ed. John F. Walvoord & Roy B. Zuck. Wheaton, Ill: Victor Books, 1987.

12. Lenski, R. C. H. *The Interpretation of St. Paul's Epistles to the Galatians, to the Ephesians and to the Philippians*. Columbus, Ohio: Wartburg, 1946.

13. Lightfoot, J. B. *St. Paul's Epistles to the Colossians and to Philemon*. London: Macmillan, 1879.

14. Maclaren, *A. Expositions of Holy Scripture*. ed. W. R. Nicoll. Grand Rapids: Baker Book House, 1982.

15. Martin, R. P. 『에베소서, 골로새서, 빌레몬서』. 김춘기 역. 한국장로교출판사, 2002.

16. Moule, H. C. G. *Colossian Studies: Lessons in Faith and Holiness from St. Paul's Epistles to the Colossians and Philemon*. London: Pickering and Inglis, 1926.

17. O'Brien, P. T. *Colossians-Philemon*: Word Biblical Commentary 44. Waco, Texas: Word Books, 1982.

18. Hendriksen, *William. Exposition of Colossians and Philemon*: New Testament Commentary. Grand Rapids: Baker Book House, 1984.

19. Lenski, R. C. H. *The Interpretation of St. Paul's Epistles to the Colossians, to the Thessalonians, to Timothy, to Titus and Philemon*. Columbus, Ohio: Wartburg, 1937.

20. Vaughan Curtis. "Colossians," *The Expositor's Bible Commentary*. ed. Frank E. Gaebelein. Grand Rapids: Zondervan, 1978.

제1장

탁월하신 그리스도를 소개하다

I. 서론 1:1-12

1. 인사 1:1-2

바울은 서신을 쓸 때마다 그렇듯이 먼저 인사를 한다. 바울은 인사를 할 때 자기 혼자의 이름으로 하지 않고 함께 동역하고 있는 동역자의 이름도 넣었다. 바울은 인사를 할 때 세상 사람들이 하는 형식을 따르지 않고 은혜와 평강을 기원한다.

골 1:1. 하나님의 뜻으로 말미암아 그리스도 예수의 사도 된 바울과 형제 디모데는. 바울은 자기가 예수님의 사도('보냄을 받은 자')가 된 것이 하나님의 뜻에 의한 것이라고 말한다(고전 1:1; 고후 1:1; 엡 1:1; 딤후 1:1). 세상만사는 어느 것 하나라도 하나님의 뜻이 아니고는 진행되는 것이 없다(눅 12:6-7). 우리가 성도가 된 것도 다 하나님의 뜻에 의한 것이다.

바울은 또한 자기와 동역하고 있는 디모데와 함께 인사하는 형식을 취한다 (고후 1:1; 빌 1:1; 살전 1:1; 몬 1:1). 바울은 결코 동역자를 무시하지 않는다. 오늘 우리는 동역자들을 가볍게 여기지는 않고 있는지 살펴야 할 것이다. 많은 경우 동역자들을 가볍게 취급하여 하나님으로부터 책망을 듣거나 심한 경우 징계를 받는 것을 볼 수 있다.

골 1:2. 골로새에 있는 성도들 곧 그리스도 안에서 신실한 형제들에게 편지하노니. 바울은 자기의 편지를 받는 수신자들이 어떠한 사람들인지를 밝히고 있다. 그들은 다른 사람들이 아니라 소아시아 루커스 계곡(Lycus Valley)에 위치한 골로새 교회의 성도들('거룩하게 구별된 자들')이었다. 다시 말해, 이들은 예수 그리스도를 믿어 예수님과 연합된 자들이었다. 그리고 예수님을 믿는 자들로서 예수님께 충실한 사람들이었다(고전 4:17; 엡 6:21). 누구든지 그리스도 안에 있으면, 다시 말해, 예수님을 믿는 믿음이 있다고 하면, 예수님께 충실한 사람들이 되어야 한다.

우리 아버지 하나님으로부터 은혜와 평강이 너희에게 있을지어다.

바울은 수신자들에게 하나님께서 거저 주시는 호의(好意), 곧 긍휼과 자비가 있기를 기원했으며 그 결과로 그들의 마음에 평강이 있기를 기원했다(갈 1:3). 혹자는 여기에서 "은혜"를 '구원의 은혜'라고 말하나 바울이 이미 구원을 받은 신자들(2a)에게 다시 구원의 은혜를 기원했을 이유는 없었을 것이다. 그러므로 우리는 여기에서 "은혜"를 긍휼과 자비로 보아야 한다. 우리 신자들도 다른 성도들에게 이 두 가지, 긍휼과 평강이 임하기를 기원해야 한다.

2. 감사 1:3-8

바울은 골로새 교우들이 구원을 받은 사실 외에도 그들에게 있는 세 가지, 즉 믿음, 사랑, 소망을 인하여 하나님께 감사를 드린다. 바울은 자기의 눈으로 보지도 못했던 교우들에게 신자가 갖추어야 할 세 가지 요소가 있는 것을 듣고(1:9) 감사를 한 것이다. 믿는 자들에게는 단번에 받은 믿음만으로 족한 것이 아니라 끊임없이 믿는 믿음도 있어야 하고, 성도들에 대한 사랑도 있어야 하고, 하나님과 그리스도 그리고 천국에 대한 소망이 있어야 한다는 것이다(고전 13:13).

골 1:3-5a. 우리가 … 하나님 곧 우리 주 예수 그리스도의 아버지께 감사하노라. 이는 그리스도 예수 안에 너희의 믿음과 모든 성도에 대한 사랑을 들음이요. 너희를 위하여 하늘에 쌓아둔 소망을 인함이니.

바울은 기도할 때마다 꼭 골로새 교회의 교우들 때문에 하나님께 감사했다(고전 1:4; 엡 1:16; 몬 1:3; 4:6). 그가 감사한 이유는 골로새 교우들에게 믿는 자들이 지녀야 할 세 가지 덕이 있었기 때문이었다. 골로새 교회의 교우들에게는 예수님을 믿는 믿음이 있었고(9절; 엡 1:15; 몬 1:5), 모든 성도에 대한 사랑이 있었고(히 6:10), 하늘에 쌓아 둔 소망이 있었다(딤후 4:8; 벧전 1:4).

골로새 교회의 교우들에게는 예수 그리스도 안에 들어간 믿음(τὴν πίστιν ὑμῶν ἐν Χριστῷ Ἰησοῦ)이 있었다. 다시 말해, 그들은 예수님과 연합된(2a) 후 계속해서 예수님을 믿는 믿음이 있었고, 그 믿음 때문에 모든 성도를 사랑하고 있었다. 또한 그 교회의 교우들은 이 세상에 소망을 두지 않고 하늘에 소망을 두고 살았다. 우리 성도는 세상의 물질이나 명예 같은 것에 소망을

둘 것이 아니라, 믿음과 사랑의 결과로 받을 하늘의 복에 관심을 두고 살아야
할 것이다.

골 1:5b-6. 곧 너희가 전에 복음 진리의 말씀을 들은 것이라. 이 복음이 이미
너희에게 이르매 … 온 천하에서도 열매를 맺어 자라는도다.

골로새 교회의 교우들이 이처럼 그리스도를 믿는 믿음과 성도들에 대한 사랑과
하늘에 대한 소망을 가질 수 있었던 것은 그들이 이전에 에바브라를 통하여
예수님의 대속의 죽음과 부활의 소식을 들었기 때문이다. 그들은 예수님 소식을
들은 후 하나님의 은혜를 깨달아서(고후 6:1; 엡 3:2; 딛 2:11; 벧전 5:12)
예수님을 믿는 믿음을 계속해서 가지고 있었고 성도들 상호간에 사랑이 생겼으
며 하늘에 소망을 두고 살게 되었다. 이런 열매들은 그들에게서만이 아니라(막
4:8; 요 15:16; 빌 1:11) 온 천하(당시 다메섹, 다소, 안디옥, 고린도, 에베소,
로마 등)에서도 맺혀졌다(마 24:14; 막 16:15; 롬 10:18; 빌 1:23). 지금 우리의
믿음은 가정의 담을 넘고 있는가? 우리가 섬기는 교회 전체에 영향을 끼치고
있는가? 또한 나라와 민족에게 영향을 끼치고 있는가?

골 1:7. 이와 같이 우리와 함께 종 된 사랑하는 에바브라에게 너희가 배웠나니.
바울은 복음 전도자 에바브라를 사도와 함께 종 된 사랑하는 동역자라고 평가한
다. 에바브라는 빌립보 교회에서 바울에게 선교헌금을 전달했던 마게도냐 사람
에바브로디도(빌 2:25)와는 다른 사람이다. 에바브라는 골로새 태생이며(4:12;
몬 1:23), 라오디게아와 히에라볼리에서도 사역했던 복음 전도자(4:13)로서
골로새 교회의 교우들은 그를 통하여 복음을 배워서 성도들이 갖추어야 할
덕을 갖추게 되었다.

그는 너희를 위하여 그리스도의 신실한 일군이요.

에바브라는 골로새 교회에 만연했던 이단자들과는 달리 그리스도께 충실했던 참된 종으로서 그리스도를 떠나지 않았던 종이었다(고후 11:23; 딤전 4:6). 우리는 그리스도를 떠나지 않고 계속해서 그리스도께 충실한 종들이 되어야 한다.

골 1:8. 성령 안에서 너희 사랑을 우리에게 고한 자니라.

에바브라는 골로새 교회의 설립자로서(7절) 바울을 방문하여 골로새 교회의 형편을 들려주었다. 에바브라는 골로새 교회의 교우들이 성령으로 말미암은 사랑을 가지고 있다고 보고했다. 그들은 세상 사람들이 가지고 있는 육적인 사랑이 아니라 성령의 역사에 의해서 생겨난 영적이고 희생적인 사랑을 갖추고 있었다(롬 15:30).

3. 기도 1:9-14

바울은 골로새 교인들에게 부족한 점이 있는 것을 확인하고 기도한다. 골로새 교인들에게는 단번에 얻은 믿음도 있었고(2a), 그리스도에 대한 계속적인 믿음도 있었고, 성도에 대한 사랑도 있었다. 뿐 아니라 그들에게는 하늘에 대한 소망도 알고 있었다(3-5a). 하지만 바울은 이런 네 가지 것들만 가지고는 아직도 온전하다고는 볼 수 없었기에 그 부족을 보충하기 위해서 기도한다. 바울은 에바브라를 통하여 골로새 교회의 형편을 듣던 날부터 기도하기를 쉬지 않았다.

골 1:9. 이로써 우리도 듣던 날부터 너희를 위하여 기도하기를 그치지 아니하고 구하노니.

바울은 에바브라를 통하여 골로새 교인들의 형편을 듣던 날부터 기도하기를 쉬지 않았다. 사도는 골로새 교회의 장점 때문에 하나님 앞에 감사하기를 쉬지 않았고(3절) 단점을 보충하기 위해서 간구하기를 쉬지 않았다. 구약의 사무엘 선지자도 기도하기를 쉬지 않았다(삼상 12:23). 바울은 다른 서신에서도 자신이 기도하기를 쉬지 않는다고 말했다(롬 1:9).

우리도 기도할 때 쉬지 않고 해야 한다. 자칫 우리는 기도를 쉬는 죄를 범하는 수가 있다. 성령께서 심령에 역사하지 않으시면 기도를 계속할 수가 없는 것이다. 그러므로 성도는 성령 충만을 위해 기도해야 하며(엡 5:18), 성령 충만에 이르기 위해 그리스도의 말씀을 읽어야 하고, 많은 묵상을 해야 한다.

너희로 하여금 모든 신령한 지혜와 총명에 하나님의 뜻을 아는 것으로 채우게 하시고.

바울은 골로새 교인들에게 신령한 지혜와 총명이 임하기를 간구했고(엡 1:8) 그 결과 하나님의 뜻을 알기를 간구했다(롬 12:2; 엡 5:10, 17). 바울은 골로새 교인들을 위하여 세상적인 지혜와 총명이 아니라 성령으로 말미암은 지혜와 총명이 임하기를 간구했다.

여기에서 지혜는 사물들의 "관계와 목적을 잘 이해하는 통찰력을 가리키고, 총명은 단편적 사리를 바로 보아 아는 판별력"을 가리킨다.[28] 하나님은 성도들이 지혜를 얻는 것이 세상에 그 어떤 것을 얻는 것보다 낫다고 말씀하신다(잠

---

28) 박윤선, 『바울서신』(서울: 영음사, 2001), p. 284.

3:14). 성도에게 통찰력이나 판별력이 필요한 이유는 그것들을 얻은 결과 하나님의 뜻을 알 수 있기 때문이다. 우리는 무엇보다도 지혜와 총명을 구하고 하나님의 뜻을 알기 위해 간구해야 한다(롬 12:2b). 우리는 매일 하나님의 뜻을 알기 위해 기도해야 한다. 우리는 참으로 어두운 사람들이다.

골 1:10. 주께 합당히 행하여 범사에 기쁘시게 하고.
바울은 골로새 교인들이 주님께 합당하게 행하여(엡 4:1; 빌 1:27; 살전 2:12) 주님을 기쁘시게 해드리기를 간구했다(살전 4:1). 다시 말해, 주님께 칭찬을 받도록 행하여 주님을 기쁘시게 해드리기를 위해서 간구한 것이다. 하나님의 뜻을 안 후에는 칭찬을 받도록 실천하여 주님을 기쁘시게 해드려야 한다. 우리는 하나님의 뜻을 아는 것만으로 만족해서는 안 된다. 하나님의 뜻을 안 후에는 주님께 칭찬을 받을 정도로 합당하게 행하기 위해 기도해야 한다.

모든 선한 일에 열매를 맺게 하시며.
하나님의 뜻을 안 후에는 각종 선한 일을 행해야 한다(요 15:16; 고후 9:8; 빌 1:11; 딛 3:1; 히 13:21). 각종 선한 일을 행하는 것이 하나님께 합당하게 행하는 것이다. 우리가 모든 일에 하나님을 기쁘시게 하고 선을 행하는 것이 하나님께 합당하게 행하는 것임을 알아야 한다.

선한 일을 행한다는 것은 바로 하나님의 뜻에 순종하는 것을 말한다. 그저 한두 가지 착한 일을 하는 정도가 아니라 깨달아진 하나님의 뜻을 삶의 모든 측면에서 실천하는 것을 말한다. 우리는 하나님의 선하신 뜻을 실행하기 위해서 기도하지 않으면 안 된다.

하나님을 아는 것에 자라게 하시고.
바울은 골로새 교회 교인들로 하여금 하나님을 아는 지식의 성장을 위해 기도했다. 앞 절에서 바울은 골로새 교인들이 '하나님의 뜻'을 아는 지식으로 채워지기를 위해 기도했다. 이제 그는 '하나님 자신'을 아는 그들의 지식이 성장하기를 위해 기도한다. 즉 하나님의 뜻을 아는 것보다 하나님 자신을 아는 것을 한층 더 깊은 지식으로 본 것이다.

하나님 자신을 아는 지식은 하나님을 "기쁘시게 하고" 또 "선한 일"을 실천할 때 결과적으로 얻어지는 것인데, 바울은 그 결과를 위해서도 기도하고 있는 것이다. 기도하지 않고는 좋은 결과를 얻을 수 없다.

골 1:11. 그 영광의 힘을 좇아 모든 능력으로 능하게 하시며 기쁨으로 모든 견딤과 오래 참음에 이르게 하시고.
바울은 골로새 교인들이 하나님께 칭찬받을만하게, 다시 말해, 하나님을 기쁘시게 하고 또 선을 행하게 하려면 여러 가지 어려움이 있을 것을 예상하고, 그들이 그것들을 기쁨으로 견디고 오래 참도록 하기 위해서 그들을 위해 "모든 능력"을 간구했다.

우리는 때로는 어려움을 제거하기 위해서 기도해야 하지만, 또 때로는 모든 어려움을 견디고 오래 참음에 이르도록 능력을 구해야 한다. 신자와 불신자의 차이가 많이 있지만, 어려움을 극복하는 능력의 차이야말로 아주 큰 차이일 수 있다.

골 1:12. 우리로 하여금 빛 가운데서 성도의 기업의 부분을 얻기에 합당하게 하신 아버지께 감사하게 하시기를 원하노라.
바울은 골로새 교인들이 하나님께서 내려 주신 최고의 은혜를 인하여 그분께 감사하기를 원했다. 즉 그들이 하늘 기업을 받은 것을 인하여 하나님께 감사하게 되도록 기도했다(엡 5:20; 골 3:15). 성도는 범사에 감사해야 하지만(살전 5:18) 더욱이 하나님께서 영원한 나라를 주셨으니(행 26:18; 엡 1:11; 히 9:15) 감사해야 하는 것이다.

우리의 신앙은 물량주의 영향을 받아서 세상에 필요한 것을 얻은 것에 대해 감사할 줄은 알지만 그리스도로 말미암아 영원한 천국기업을 받은 일에 대해서는 그다지 감사하지 않는 경우가 있다. 그러나 우리는 무엇보다도 우리가 하나님 나라를 얻은 것을 인하여 하나님께 감사를 드려야 한다.

골 1:13-14. 그가 우리를 흑암의 권세에서 건져내사 … 그 아들 안에서 우리가 구속 곧 죄 사함을 얻었도다.
이 두 구절은 우리가 어떻게 영원한 나라를 얻기에 합당한 자가 되었는가를 보여 준다. 우리가 천국 기업을 얻게 된 것은 우리에게 어떤 자격이 있어서가 아니라 순전히 하나님의 은혜로 되었다는 것이다. 즉 하나님께서 우리를 사탄의 권세에서 건져내셔서(엡 6:12; 히 2:14; 벧전 2:9) 그의 사랑의 아들의 나라로 옮기셨기 때문이다(살전 2:12; 벧후 1:11). 우리는 예수님 안에서 피 값으로 죄로부터 해방을 받았다(롬 3:24-25; 엡 1:7; 히 9:14-15).

II. 뛰어나신 그리스도 1:15-23

바울은 골로새 교인들을 위하여 기도를 마치자 곧 골로새 교회의 제일 큰 문제거리였던 이단을 척결하기 위하여 예수님의 탁월성을 천명한다. 바울은 먼저 예수님은 다른 분이 아니라 바로 하나님의 형상이며(15a), 창조주이시며

(15b-17a), 유지주이시며(17b), 교회의 주장자이실 뿐 아니라(18-19절), 또한
화목주이시라고 밝힌다(20-23절).

1. 예수님은 하나님의 형상이심 1:15a

바울은 예수님의 탁월하심을 말하는 중에 제일 먼저 예수님께서 하나님의
형상이심을 말한다. 다시 말해, 예수님은 하나님 자신이라는 것이다.

골 1:15a. 그는 보이지 아니하시는 하나님의 형상이요.
바울은 예수님이 보이지 아니하시는 하나님의 "형상"이라고 말한다(고후 4:4;
히 1:3). "형상"(εἰκών)이라는 말은 원형을 그대로 보여 주는 실상(實像)을
말한다. 예수님은 보이지 아니하시는 하나님(요 4:24)을 그대로 보여 주시는
실제의 상(像)이시다. 우리는 실상을 모시고 있는 행복자들이다. 우리는 예수님
밖에서 하나님을 찾는 어리석은 일을 하지 말아야 한다. 오늘날 다른 종교들은
모두 예수님 밖에서 하나님을 찾고 있다.

2. 예수님은 창조주 1:15b-17a

골 1:15b. 모든 창조물보다 먼저 나신 자니.
예수님은 모든 창조물보다 시간적으로 먼저 존재하셨다는 말이다(계 3:14).
이것은 결코 예수님께서 시간적으로 먼저 피조되었다는 뜻이 아니다. 예수님께
서 피조되었다는 사상은 성경의 주장과 다르다.

골 1:16. 만물이 그에게 창조되되.

만물이 "그에게"(ἐν αὐτῷ) 창조되었다는 말은 만물이 '예수님 안에서' 창조되었다는 말이다(요 1:3; 고전 8:6; 엡 3:9). 다시 말해, 예수님께서 만물을 창조하셨다는 말이다.

하늘과 땅에서 보이는 것들과 보이지 않는 것들과.

바울은 위에서 말한 "만물"을 "보이는 것들과 보이지 않는 것들"로 구분해서 말한다.

혹은 보좌들이나 주관들이나 정사들이나 권세들이나.

바울은 만물 중에서 특별히 이단자들이 숭배했던 것들도 그리스도께서 만드셨다고 주장한다. 여기에서 "보좌들"은 하나님의 보좌 가까이서 봉사하는 그룹들을 지칭하고(대상 28:18; 시 18:10; 겔 9:3; 10:1; 11:22), "주관들이나 정사들이나 권세들"은 모두 천사들을 지칭한다(2:10, 15; 롬 8:38; 고전 15:24; 엡 1:21; 6:12; 골 2:15; 벧전 3:22). 우리는 그룹들이나 천사들을 숭배할 것이 아니라 그들을 만드신 그리스도를 경외하고 따라야 한다.

만물이 다 그로 말미암고 그를 위하여 창조되었고.

만물이 다 예수 그리스도에 의해 만들어졌고 또 그리스도의 영광을 위해 창조되었다는 것이다. 그룹들이나 천사들도 그리스도의 영광을 위해서 존재해야 하는 것이다. 그리스도 앞에 무릎을 꿇어야 할 존재들 앞에 우리가 무릎을 꿇을 것이 아니라 그리스도 앞에서만 무릎을 꿇어 경배하고 영광을 돌려야한다.

골 1:17a. 또한 그가 만물보다 먼저 계시고.

예수님은 보이는 것들과 보이지 않는 것들 모두를 만드셨으며 또한 여러 천사(보

좌들, 주관들, 정사들, 권세들)들을 만드셨다. 예수님은 이 모든 것들을 예수님
자신을 위하여 창조하셨다. 따라서 예수님은 만물보다 먼저 계신 분이시다(요
1:3; 17:5; 고전 8:6). 바울은 골로새 교회의 천사 숭배를 이단으로 규정한다
(2:18). 사람은 피조물이 아니라 창조주를 섬겨야 한다.

3. 예수님은 유지주 1:17b

골 1:17b. 만물이 그 안에 함께 섰느니라.
예수님에 의해서 창조된 만물은 예수님 안에서 "함께" 통일을 이루고 있고
예수님 안에 "서 있다." 다시 말해, 예수님에 의해 부지되고 있다. 만물은
지금도 예수님에 의해서 유지되고 있다.

　　때로 사람들이 하늘의 유성들이 지구의 한 모퉁이나 지구 전체를 파괴시킬
지도 모른다는 생각 때문에 위협을 느끼곤 하지만, 우리는 예수님께서 세상
끝 날까지 이 지구를 유지하실 것을 믿고 평안을 누려야 한다. 성경은 인류의
끝은 이런 유성과의 충돌 때문이 아니라 불로 말미암아 이루어진다고 말씀한다
(벧후 3:12). 아마도 지구는 지금까지 세상에 쌓아놓은 핵 때문에 불에 타서
종말을 맞이할 것이다.

4. 예수님은 교회의 머리 1:18-19

골 1:18. 그는 몸인 교회의 머리라.
앞에서 바울은 예수님이 창조주요 유지주라고 천명했다(15b-17). 이제 그는
예수님이 "교회의 머리"가 되신다고 말한다(엡 1:10, 22, 4:15, 5:23; 고전

11:3). "머리"(ή κεφαλη)라고 하는 말은 '주장자' 혹은 '주관자'라는 뜻이다. 예수님은 몸 된 교회의 주관자이시다. 예수님은 지금도 교회의 주관자로서 교회를 주장하고 계신다(계 2:1). 천주교의 교황은 물론이고 프로테스탄트 교회의 목사도 교회의 머리 곧 교회의 주장자가 아니다. 더욱이 교회의 장로나 창립 멤버도 교회의 주관자가 아니다.

그가 근본이요.

예수님께서 교회의 주장자가 되신 것은 바로 예수님께서 부활하셔서 교회의 "근본"(the beginning)이 되셨기 때문이다(마 16:18, 18:17-20; 고전 3:11). 다시 말해, 예수님께서 부활하셔서 교회를 시작하셨기 때문이다. 교회를 생기게 하신 예수님께서 교회의 주장자가 되신 것은 당연한 일이다.

죽은 자들 가운데서 먼저 나신 자니 이는 친히 만물의 으뜸이 되려 하심이요.

예수님은 죽은 자들 가운데서 죽음을 정복하시고 부활하신 부활의 첫 열매이시다(행 26:23; 고전 15:20, 23; 계 1:5). 예수님은 부활의 첫 열매가 되셔서 다음으로 성도들을 부활케 하신다(요 5:28-29; 계 20:11-15). 이런 의미에서 예수님은 교회 곧 성도들의 머리가 되셨다. 예수님은 부활의 첫 열매가 되시고 성도들을 부활하게 하심으로써 결국 만물의 "으뜸" 곧 주장가가 되신 것이다(고전 15:25-28).

아무도 예수님의 자리에 앉지 말아야 한다. 아무도 교회를 좌지우지(左之右之) 하는 망동을 하지 말아야 한다. 아무리 교회를 개척한 전도자나 장로라 할지라도 자기 마음대로 교회를 주장하지 말아야 한다. 우리는 예수님께 자리를 내드리고 겸손히 예수님을 시중드는 입장에 서야 한다.

골 1:19. 아버지께서는 모든 충만으로 예수 안에 거하게 하시고.

본 절은 예수님이 만물의 머리가 되셨다는 주장에 대한 또 하나의 이유를 제시한다. 다시 말해, 예수님께서 어떻게 해서 만물의 주장자가 되셨는가를 보여 준다. 예수님이 만물의 머리가 되신 것은 앞 절에서 말씀한대로 예수님께서 교회를 시작하셨고 부활의 첫 열매가 되셨기 때문인데(18절), 또 하나의 이유를 말하자면 하나님께서 예수님 안에 "모든 충만"으로 영원히 거하게 하셨기 때문이다(요 1:16; 3:34; 골 2:9). 하나님은 예수님 안에 하나님의 신성으로 채우셨다(골 2:9). 그러므로 우리는 예수님께서 하나님과 똑같으신 하나님이시라는 것을 알아야 한다. 우리는 예수님 밖에서 구원이나 복을 찾아서는 안 된다. 예수님 안에 하나님의 모든 것이 다 있다.

5. 예수님은 화목주 1:20-23

골 1:20. 그의 십자가의 피로 화평을 이루사 만물 곧 땅에 있는 것들이나 하늘에 있는 것들을 그로 말미암아 자기와 화목케 되기를 기뻐하심이라.

여기에서 바울은 하나님의 화목의 사역에 대해 말한다. 바울은 하나님께서 그 아들 예수님의 "십자가의 피" 곧 예수님의 육체의 죽음을 통하여 "땅에 있는 것들이나 하늘에 있는 것들" 모두를 자신과 화목하게 하시기를 기뻐하셨다고 말한다(고후 5:18; 엡 1:10; 2:14-16). "땅에 있는 것들"은 사람뿐만 아니라 만물 모두를 지칭하고 "하늘에 있는 것들"은 하늘에 있는 피조물들 곧 천사들을 가리킨다(Calvin). 하나님은 예수님의 십자가의 피를 통하여 땅에 있는 사람들과 만물, 그리고 하늘에 있는 천사들을 하나님 자신과 화목하게 하시기를 원하셨다. 하나님은 지금도 사람들이 예수님의 십자가의 피를 믿어 하나님과 화목한 관계를 맺기를 원하고 계신다.

현대는 '불안의 시대'라고 일컬어진다. 현대철학은 수없이 불안을 말한다. 이런 말씀들은 하나님과 화목이 없음을 표현하는 말이다. 비록 오늘이 불안의 시대라 할지라도, 그리스도 앞에 나아가 그리스도의 피를 믿으면, 하나님과 화평을 누리게 된다. 그리고 그리스도의 화목의 피를 믿어 하나님과 화평한 관계에 도달하면, 이웃과도 평화스럽게 지내게 된다. 우리는 지금 화평의 십자가의 피를 멀리 두고 불안을 말하고 있지는 않은가?

골 1:21-22. 전에 악한 행실로 멀리 떠나 마음으로 원수가 되었던 너희를 … 거룩하고 흠 없고 책망할 것이 없는 자로 그 앞에 세우고자 하셨으니.

앞에서 바울은 하나님께서 아들의 피를 통하여 만물을 자신과 화목케 되기를 기뻐하셨다고 말했다. 이제 본 절에서 그는 하나님과 골로새 교회의 신자들과의 화목을 거론한다. 바울은 먼저 골로새 교회의 성도들이 하나님과 화목되기 이전의 형편에 대해 말한다. 골로새 교회의 교인들은 하나님과 화목되기 전에는 마음으로 하나님과 원수가 되어(엡 2:1-2, 12, 19; 4:18) 악한 행실을 맺고 있었다는 것이다(딛 1:15-16). 이런 사람들이 예수님의 피로 말미암아(엡 2:15-16) 하나님과의 관계가 원래대로 회복되었다는 것이다. 바울은 더 나아가 화목의 결과로 골로새 교회의 교인들이 거룩해지고 흠이 없으며 책망할 것이 없는 신자가 될 것이라고 말한다(눅 1:75; 엡 1:4, 5:27; 살전 4:7; 딛 2:14; 유 1:24). "거룩"해진다는 것은 두 가지 의미를 내포한다. 하나는 존재적으로 하나님께 속한 자들이라는 뜻이고, 다른 하나는 육체적으로나 도덕적으로나 점점 순결해져 가고 있다는 뜻이다. "흠이 없다"는 말은 구약 시대의 제물들에게 흠이 없었던 것처럼 골로새 교인들도 도덕적으로 결점이 없게 되리라는 뜻이다.

"책망할 것이 없는" 자가 된다는 것은 흠 잡힐 만한 것이 없게 되리라는 뜻이다. 골로새 교회의 교인들은 예수님과 연합되었기 때문에(2절) 벌써 원리적으로 거룩해졌고 실제로 결과 흠이 없어지기 시작했다. 그러나 그 완성은 점진적으로 되어질 일이다.

하나님은 시종일관(始終一貫) 모든 것을 하신다. 화목도 하나님께서 이루시고 그 뒤에 따라오는 성도의 거룩함도 하나님이 이루신다. 우리는 다만 하나님만 의지하고 순종하면 된다.

골 1:23. 만일 너희가 믿음에 거하고 터 위에 굳게 서서 너희 들은 바 복음의 소망에서 흔들리지 아니하면 그리하리라.
이 구절은 골로새 교인들이 거룩해지고 흠이 없고 책망 받을 만한 일이 없는 신자로 하나님께 바쳐지기 위해서 어떻게 해야 하는지를 보여 준다. 오늘 우리들의 경우도 마찬가지이다. 먼저 계속해서 "믿는 것"이 필요하다. 그 믿음은 예수님이라는 "터 위에" 선 믿음이여야 한다(엡 3:17; 골 2:7). 그리고 복음이 말하는 "소망"으로부터 멀리 떨어져 나가지 말아야 한다(요 15:6). 그러면 점점 거룩해지고 흠이 없어지며 책망 받을 것이 없는 신자로 변케 된다.

성도는 예수님을 믿고 흔들리지만 않으면, 점점 거룩해지고 흠이 없어지고 책망 받을 것이 없는 신자로 변하게 된다. 우리는 예수님을 잘 믿기 위해 매일 성경을 상고하며(롬 10:17) 묵상해야 할 것이며(시 1:1-3), 또 흔들리지 않기 위해서 기도의 연단을 쌓아야 할 것이다.

이 복음은 천하 만민에게 전파된 바요 나 바울은 이 복음의 일군이 되었노라.
바울이 전파하는 복음은 당시에 골로새뿐 아니라 벌써 세상에 널리 "전파되었다"(롬 10:18; 골 1:6). 그리고 바울은 그 복음 전파자로 세움을 입었다(고후

3:6; 4:1; 5:18; 엡 3:7; 골 1:25; 딤전 2:7). 그러므로, 비록 골로새 교회를
바울이 세우지는 않았다고 할지라도, 골로새 교인들은 바울이 전하는 복음을
잘 들어야 했다. 우리는 지금 천하를 교구삼고 여러 가지 방법을 동원하여
복음을 전해야 한다.

III. 바울은 탁월하신 그리스도를 위한 사역자 1:24-2:5

앞에서 바울은 비교도 할 수 없이 탁월하신 그리스도를 골로새 교인들에게
소개했다(15-23절). 이제 이 단락에서 그는 자신이 그 뛰어나신 그리스도를
전파하는 전파자로서 노력하고 있음을 말한다. 그렇게 함으로써 바울은 자신의
매임과 고난이 결코 개인적인 불행이 아니라 그리스도께서 남기고 가신 고난을
감당하고 있는 것임을 밝힌다. 바울은 여기에서 자신이 골로새 교회를 위하여
수고하고 있음을 말하고(24-29절), 또한 자신이 여러 교회를 위하여 기도하는
이유를 밝힌다(2:1-5).

1. 복음 전파의 노력 1:24-29

바울은 자신이 예수님께서 남기고 가신 고난을 기쁘게 감당할 뿐 아니라
나아가 그 고난을 하나라도 더 당하기를 바라고 있으며, 또한 그 고난을 당할
때 힘을 다하여 수고한다고 말한다.

골 1:24-25. 내가 이제 너희를 위하여 받는 괴로움을 기뻐하고 그리스도의 남은 고난을 그의 몸 된 교회를 위하여 내 육체에 채우노라 … 내게 주신 경륜을 따라 하나님의 말씀을 이루려 함이니라.

바울은 자신이 골로새 교인들을 위하여 "괴로움"(24a)을 당하고 있음을 말한다. 그 괴로움이란 다름 아니라 예수님께서 남기고 가신 "고난"을 당하는 것이다 (24b; 고후 1:5-6; 빌 3:10; 딤후 1:8, 2:10). 그것은 "하나님의 말씀을 이루는 것"(25절), 즉 하나님의 말씀을 전파하는 것이다. 예수님은 십자가 위에서 우리를 위한 대속의 고난을 다 당하셨다. 그러나 예수님의 말씀을 전파하는 일은 바울과 다른 사도들에게 그리고 오늘 우리들에게 맡겨졌다.

바울은 자신이 복음 전파를 위해서 당하는 괴로움을 "기뻐했으며"(24a; 롬 5:3; 고후 7:4), 예수님께서 남겨 놓고 가신 복음 전파의 사역을 위한 고난을 조금이라도 더 자기 "육체에 채우기" 위해 노력했다(2b).

바울이 복음 전파를 위해서 조금이라도 더 수고하지 않을 수 없었던 것은 그의 사도직이 하나님께서 그에게 주신 "경륜"이었기 때문이다(25절). 바울은 자기의 사도직이 하나님께서 주신 사명으로 분명히 알았다.

우리는 교역자나 일반신도나 예수님을 전하는 전도사역을 기쁨으로 해야 하며 예수님 자랑하는 일을 한번이라고 더 하기를 소원해야 한다. 우리가 건강할 때에 시간을 아껴 이 일을 하지 않으면 후회할 날이 닥칠 것이다.

골 1:26-27. 이 비밀은 … 그의 성도들에게 나타났고 하나님이 그들로 하여금 이 비밀의 영광이 이방인 가운데 어떻게 풍성한 것을 알게 하려 하심이라. 이 비밀은 너희 안에 계신 그리스도시니 곧 영광의 소망이니라.

바울은 앞에서 언급한 "하나님의 말씀"을 여기에서는 "비밀"이라는 말로 바꾸어 부른다. 그리고 이 비밀은 다름 아니라 성도들 안에 계신 "그리스도"라고 밝힌다(27절).

바울은 예수님이 창세 이후로 감춰여 있다가 이제 신약시대를 당하여 성도들에게 계시되었다고 말한다(26절). 또한 하나님께서는 성도들이 예수님의 영광이 이방인들 가운데 풍성하게 나타난 사실을 알기를 원하신다고 말한다. 즉 하나님은 예수님께서 사람을 구원하시고 병을 고치시고 인생의 문제를 해결하심으로써 크게 영광을 받고 계시다는 사실을 성도들이 알기를 원하신다는 것이다.

이 비밀은 성도들 속에 계신 예수님이신데, 그 비밀은 현세에서만이 아니라 훗날에도 성도들에게 "영광"을 안겨주실 것이다. 다시 말해, 예수님이 성도들 안에 현재 내주(內住)하고 계신 것은 훗날 내세에 가서 성도들이 영광을 받을 소망의 근거가 된다는 것이다(롬 8:1-11; 고후 3:17-18). 이는 마치 우리 안에 계신 성령이 우리의 구원의 보증이 되는 것과 같은 이치다(엡 1:14).

성도는 예수님을 더 알기를 소원하고 알기 위해 노력해야 한다. 성도들은 예수님을 안 만큼 예수님의 영광을 알게 되고 또 영광도 받게 된다. 성도는 세상 영광을 탐하지 말고 예수님을 더욱 알아서 예수님의 영광스러움 속으로 들어가야 한다. 또한 성도는 우리 안에 계신 예수님을 더욱 잘 모셔서 훗날 영광을 받아야 할 것이다.

골 1:28-29. 우리가 … 각 사람을 그리스도 안에서 완전한 자로 세우려 함이니 이를 위하여 나도 내 속에서 능력으로 역사하시는 이의 역사를 따라 힘을 다하여 수고하노라.

바울은 예수님께서 남기고 가신 "고난"(24b)을 여기에서는 다른 말로 바꾸어 말한다. 즉 그것을 "각 사람을 권하는 것," "각 사람을 가르치는 것"이라는 말로 바꾸어 설명한다. 또한 바울은 사역자들이 성도들 한 사람 한 사람을 권하고 가르치는 이유는 각 사람을 그리스도를 믿는 "완전한 자"로 세우기 위함이라고 말한다. 완전한 자로 세운다는 것은 다름 아니라 각 사람을 "거룩하고 흠 없고 책망할 것이 없는 자"가 되게 하는 것이다(22절; 고후 11:2; 엡 5:27).

바울은 자신이 이 사역을 위하여 하나님께서 주시는 "능력"을 받아(엡 1:19; 3:7, 20), "힘을 다하여 수고한다"고 말한다(고전 15:10; 엡 2:1). 바울은 자기의 힘이 아니라 하나님께서 주시는 능력을 받아 일하는 사람이었다. 우리는 하나님께 능력을 구하여 하나님의 힘을 가지고 그리스도를 전파해야 한다. 그래야 내 자랑이 없고 하나님께만 영광을 돌리게 된다.

제2장

여러 이단자들을 주의하라

2. 교회들을 위한 노고 2:1-5

앞에서 바울은 자신이 탁월하신 그리스도를 위한 사역자로서 그리스도께서
남기고 가신 고난을 당하고 있음을 밝혔다(24-29). 이제 그는 자신이 골로새서
의 수신자들을 위하여 혼신의 기도를 드리고 있음을 밝힌다.

골 2:1. 내가 너희와 라오디게아에 있는 자들과 무릇 내 육신의 얼굴을 보지
못한 자들을 위하여 어떻게 힘쓰는 것을 너희가 알기를 원하노니.
바울은 자신이 "너희," 곧 골로새 교회의 교인들뿐 아니라 라오디게아[29] 교회의
교인들과 그 두 교회 이외의 다른 교회의 교인들을 위해서까지 로마 옥에서
"힘쓰고" 있음을 알리고 또한 그들이 자신의 그런 노력에 대해 알기를 원한다고
말한다(1:29; 살전 2:2).

---

29) 골로새 근처 루커스 평야에 있는 도시로 문화와 예술이 발달한 곳, 바울은 이곳 라오디게아
교회에 서신을 보낸 적이 있었다(4:16).

여기에서 "힘쓴다"는 말은 기도하는 것을 뜻한다. 기도만큼 힘든 일은 없다. 바울은 자신이 골로새와 라오디게아의 교인들, 그리고 자신의 "얼굴을 보지 못한" 사람들을 위하여 얼마나 열심히 기도하고 있는지를 밝히고 있다.

오늘 우리는 다른 사람들을 위하여 기도해줄 뿐만 아니라 또 자신이 그렇게 기도한다는 사실을 알려 주어야 한다. 다른 것은 오른손이 하는 일을 왼손이 모르게 해야 하지만(마 6:3), 자신이 누군가를 위해 기도하고 있는 사실은 그에게 알려 줄 필요가 있다. 그래야 나중에라도 그 사람이 모든 일이 우연히 되는 것이 아니라 누군가의 기도의 응답으로 하나님께서 이루어주신 것을 알고 하나님께 감사드릴 수 있기 때문이다. 바울은 자신이 기도한다는 사실을 성도들에게 알려주었다(골 1:9; 롬 1:9; 빌 1:9; 몬 1:4).

골 2:2. 이는 저희로 마음에 위안을 받고 사랑 안에서 연합하여 원만한 이해의 모든 부요에 이르러 하나님의 비밀인 그리스도를 깨닫게 하려 함이라.

바울은 "저희," 곧 골로새 교인들, 라오디게아 교인들, 그리고 다른 교인들을 위하여 기도하고 있는 목적을 밝히고 있다. 첫째, 바울은 저희 각자의 마음이 "위안을 받기"를 바랐다(고후 1:6). 그는 거짓 교훈과 싸우고 있는 저희를 위해서 기도함으로써 저희들의 마음이 위안을 받아서 강하게 되기를 원했다. 둘째, 바울은 저희들이 서로 간에 "사랑"으로 연결되어 거짓 교훈을 잘 대처하기를 바랐다(3:14). 그는 자기의 편지를 받는 모든 사람들이 사랑으로 하나가 되어 당시에 만연해 있던 이단들과 싸워 퇴치하기를 원했던 것이다. 셋째, 바울은 저희들의 "이해," 곧 '통찰력'이 풍부해져서 그리스도의 비밀을 깨닫게 되기를 바랐다(1:9; 빌 3:8).

그리스도는 하나님께서 구약 시대에 감추어 오셨던 비밀이었는데, 신약 시대가 하나님께서 그 비밀을 드러내 주셨다(엡 3:9). 그러나 신약 시대가 되어서도 그리스도는 여전히 그 분을 찾지 않는 사람에게는 감추어져 있는 비밀이시다. 우리는 이 비밀 되신 예수 그리스도를 더욱 깨닫기 위해서 힘써 기도해야 한다.

골 2:3. 그 안에는 지혜와 지식의 모든 보화가 감취여 있느니라.
골로새 교인들이 그리스도를 깨달아야 하는 이유는 그리스도 안에 지혜와 지식의 보화가 감추어져 있기 때문이다(1:9; 롬 11:33; 고전 1:24; 고전 2:6-7; 엡 1:8). 성도는 이 지혜와 지식을 가질 때 이단자들이 갖고 있는 지혜를 능가할 수 있고 또 그들을 퇴치할 수 있게 된다.

"지혜"는 성령에 의해서 깨달아지는 하나님의 계획과 하나님의 역사에 대한 이해를 말하고, "지식"은 성령에 의해 깨달아지는 진리에 대한 이해를 말한다. 우리가 그리스도를 깨달으면 깨달을수록, 우리는 하나님의 계획과 역사를 알게 되고 진리가 무엇인지를 알게 된다.

우리는 세상의 다른 곳에서 지혜와 지식을 찾을 것이 아니다. 철학책이나 무슨 정보를 통해서가 아니라 예수님 안에서 찾아야 한다. 그러면 무궁무진하게 찾을 수 있다. 하루의 기도 시간 중에 잠시 동안이라도 할애해서 지혜와 지식을 구한다면 놀라운 변화의 삶을 살 수 있을 것이다.

골 2:4-5. 내가 이것을 말함은 아무도 공교한 말로 너희를 속이지 못하게 하려 함이니 … 너희의 규모와 그리스도를 믿는 너희 믿음의 굳은 것을 기쁘게 봄이라.
바울이 "이것을 말하는" 이유, 곧 1-3절의 내용을 말하는 이유는 이단자들이

"공교한 말," 즉 속이는 말로 교인들을 속이지 못하게 하려는 것이었다(롬 16:18; 고후 11:13; 엡 4:14; 5:6; 골 2:8, 18). 바울은 골로새 교인들이나 라오디게아 교인들이 이단자들에게 속임을 당하는 것을 원치 않았다. 그 이유는 바울이 저들의 "규모와 그리스도를 믿는 믿음의 굳은 것을 기쁘게 보았기" 때문이었다. 저들은 신앙생활에 있어서 "규모"가 있었다(고전 14:40). 다시 말해, 훈련을 잘 받은 군인들처럼 흐트러짐 없는 질서, 곧 이단자들을 물리칠 수 있는 질서가 있었다. 그리고 저들에게는 예수님을 "굳세게" 믿는 믿음이 있었다(벧전 5:9). 바울은 이렇게 저들의 두 방면의 장점을 보았기에 저들이 이단자들의 꼬임에 넘어가기를 원치 않았다. 그래서 바울은 저들이 이단자들한 테 넘어가지 않도록 혼신을 다해 기도했다(1절).

오늘 우리 모두에게도 이단자들의 미혹에 넘어가지 않기 위해 혼신을 다해 드리는 기도가 있어야 한다. 오늘 우리 교계의 형편을 보라. 이단자들이 오히려 정통인 것처럼 더 떳떳하게 광고하면서 활보하고 있지 않은가?

IV. 결정적인 권면 2:6-7

앞에서 바울은 자신이 본 서신의 수신자들을 위하여 혼신의 기도를 드리고 있음을 밝혔다(1-5절). 이제 그는 수신자들 모두가 그리스도 예수를 주님으로 받은 자답게 살 것을 권면한다.

골 2:6. 그러므로 너희가 그리스도 예수를 주로 받았으니.
바울은 서신의 수신자들 모두가 그리스도 예수를 주님으로 받은 사실에 근거하

여 권면을 시작한다. 사실 우리가 그리스도 예수를 주님으로 받았다는 것은
엄청난 사건이다(살전 4:1; 유 1:3). 그리스도 예수를 주님으로 받았다는 것은
그리스도 예수를 하늘과 땅의 모든 권세를 가지신 분으로 받았다는 말이며(마
28:18), 죽은 자 가운데서 부활하신 분으로 받았다는 말이다(롬 10:9). 이런
사실에 근거해 권면을 받을 때 그 권면을 거부할 수는 없는 것이다.

그 안에서 행하되.

바울의 첫번째 권면은 "그 안에서(예수님 안에서) 행하라"는 것이다(고후
4:2; 갈 5:16). 곧 '예수님을 믿는 믿음을 가지고 생활하라'는 것이다. 이단자들
의 유혹에 미혹되지 말고 예수님만을 신앙하면서 매일의 삶을 살아가라는
것이다. 오늘을 사는 신자들도 세상 것에 유혹되지 말고 오직 예수님만을
신앙하는 중에 살아야 한다(마 14:25-33).

골 2:7. 그 안에 뿌리를 박으며 세움을 입어.
바울의 두번째 권면은 "그 안에(예수님 안에) 뿌리를 박으며 세움을 입으라"는
것이다. 여기에서 "뿌리를 박으며"라는 말은 과거형으로서 서신의 수신자들이
이미 과거에 예수님 안에 뿌리를 박은 것을 염두에 둔 말이다(1:23; 엡 2:21-22;
3:17). 한번 중생한 신자에게는 성장하는 일만 남아 있다. 여기에서 "세움을
입으라"는 말은 현재 시상이다. 계속해서 세움을 입으라는 것이다. 계속해서
신앙이 성장해나가야 한다는 뜻이다. 그리스도의 분량에 이르기까지 신앙이
성장해 나가야 한다(엡 4:15). 간혹 성도들 중에는 믿음이 자라지 않는 사람들이
있다. 소위 앉은뱅이 신자들이 있다. 그런 이들은 믿음이 성장하도록 하나님의
말씀에 착념해야 하며(롬 10:17; 딤후 6:3-5), 기도에 힘을 써 모든 더러운
것을 버려야 한다(시 32:5; 51:2; 잠 28:13; 요일 1:9).

교훈을 받은 대로 믿음에 굳게 서서 감사함을 넘치게 하라.

바울의 세번째 권면은 "믿음에 굳게 서서 감사함을 넘치게 하라"는 것이다. 골로새 교인들과 라오디게아 교인들 그리고 그 주변의 교인들은 이미 전도자를 통하여 "교훈을 받은 바" 있다(1:6-7). 그들은 이미 받은 교훈에 따라 흔들리지 말고 "믿음에 굳게 서서 감사함을 넘치게" 해야 한다. 그들은 이단자들의 유혹에 흔들리지 말고 탁월하신 예수님을 믿으면서 넘치도록 감사해야 한다. 여기에서 "감사함을 넘치게 하라"는 말은 현재 능동형으로서 강물이 제방을 넘쳐흐르듯이 성도는 감사의 마음이 몸에 밸 뿐 아니라 마음으로부터 넘쳐나야 하고 입을 통하여 밖으로 나가야 한다. 그 이유는 그들이 그리스도 예수를 주님으로 받았기 때문이다.

V. 이단사상에 대한 경계 2:8-23

앞에서 바울은 자신이 탁월하신 예수님의 종으로서 노력하고 있음을 밝히고 (2:1-5) 수신자들을 향하여 세 가지의 권면 사항을 전했다(6-7절). 이제 그는 골로새 교인들뿐 아니라 라오디게아 교인들, 그리고 주변에 있는 교인들에게 이단자들을 경계할 것을 권한다.

1. 헛된 철학에 대한 경계 2:8-10

바울은 이단에 대한 경계를 하면서 제일 먼저 헛된 철학을 조심하라고 말한다. 아마도 이 이단이 당시에 제일 문제가 되었던 같다.

골 2:8. 누가 철학과 헛된 속임수로 너희를 노략할까 주의하라.

바울은 '누군가' 철학과 헛된 속임수로 골로새 교인들과 라오디게아 교인들과 그 주변의 교인들을 속일지 모르니 주의하라고 말한다. 그는 속이는 사람의 이름을 대지 않고 그저 '누군가' 그런 일을 할지 모른다고 주의를 환기시킨다. 바울은 종종 사람의 이름은 대지 않고 그들이 하는 일만 조심하라고 말한다(고전 11:16; 고후 3:1; 10:2, 12; 11:20-21; 갈 1:7, 9; 살후 3:10-11; 딤전 1:3, 6; 6:3, 21). 사람은 숨기고 이단은 드러내었던 것이다.

여기에서 언급된 "철학과 헛된 속임수"는 두 가지의 이단이 아니라 하나의 이단을 설명하는 말이다. 그 이유는 철학과 헛된 속임수라는 말들 앞에 각기 정관사가 있는 것이 아니라 단 한 개의 정관사가 "철학"이라는 낱말 앞에 놓여있기 때문이다. 그러므로 이 두 단어의 뜻은 '헛된 속임수의 철학'이라는 뜻이 된다. 원래 철학은 '지혜를 사랑함'이라는 뜻을 가진 말인데, 골로새 교회에 들어온 철학은 사람을 속이는 헛된 철학이었다. 아마도 이 속임수의 철학은 당시에 유행했던 영지주의(Gnosticism)였을 것이다. 그렇게 주장할 수 있는 이유는 바울이 다음 절에서 이 철학을 반박하면서 육체로 오신 예수님 안에는 신성이 충만하다고 말하고 있기 때문이다. 영지주의는 예수님이 육체를 입고 오신 것을 부인한다. 만약 예수님이 육체를 입고 이 땅에 오셨다면 예수님은 악한 존재라는 것이다. 그들은 주장하기를 물질은 다 악하고, 영적인 것만이 선하다고 한다. 영지주의는 예수님께서 동정녀 마리아에게서 잉태되신 것을 믿지 않았고 예수님의 무죄하심을 알지 못했다. 그러나 우리에게 중요한 것은 육체를 입고 오신 예수님이 바로 우리의 대속주이시라는 사실이다.

바울은 이 영지주의 철학이 성도들을 "노략할까 주의하라"고 말한다. "노략한다"(συλαγωγῶν)는 말은 '전쟁터에서 포로로 잡아 노획해 간다'는 뜻이다.

골로새 지방의 성도는 영지주의 철학자들의 그럴듯한 속임수의 철학을 듣고 질질 끌려가지 않도록 주의해야 한다는 것이다. 오늘의 성도들도 이단자들에게 끌려가지 않는 면역주사를 맞은 것은 아니다. 성도는 하나님의 말씀에 착념하고 혼신을 다하는 기도를 드림으로써 이단자들을 물리쳐야 할 뿐 아니라 오히려 이단자들을 바른 곳으로 인도해야 할 것이다.

이것이 사람의 유전과 세상의 초등 학문을 좇음이요. 그리스도를 좇음이 아니니라.

바울은 '헛된 속임수의 철학'을 두 가지로 설명한다. 하나는 이 영지주의 철학이 "사람의 유전"이라는 것이다. 다시 말해, 사람이 만든 사람의 교훈이라는 것이다. 또 하나는 이 영지주의가 "세상의 초등학문을 좇는" 이단이라는 것이다. 다시 말해, 세상의 저급한 학문이라는 것이다. 영지주의는 영적 지식을 강조하는데, 바울은 이 철학이 "그리스도를 좇는" 학문이 아니라고 반박한다. 세상의 이단자들은 자기들이 큰 발견이나 한 것처럼 떠들지만 사실 그들의 주장은 헛된 철학에 지나지 않으며 초등학문에도 미치지 못한다.

골 2:9. 그 안에는 신성의 모든 충만이 육체로 거하시고.
바울은 예수님 안에 하나님의 속성과 권능의 전부가 육체로(몸으로) 거(居)하신다고 말한다. 예수님은 사람의 몸을 입고 이 땅에 오셨지만(1:19; 요 1:14) 그 안에 신성의 모든 속성과 권능의 전부가 거하신다는 것이다. 예수님 안에는 하나님의 전부가 계신다. 그러므로 우리는 예수님 안에서 하나님을 만나야 한다. 우리는 사람에게서 무엇을 구할 것이 아니라 매일 예수님에게 나아가 하나님의 은혜와 평강을 구해야 한다.

골 2:10. 너희도 그 안에서 충만하여졌으니 그는 모든 정사와 권세의 머리시라.
바울은 골로새 교인들이나 주변의 성도들도 예수님 안에서 충만하여 졌다고
말한다(요 1:16). 그러면서 그는 예수님이 바로 "정사와 권세의 머리시라"고
역설한다(엡 1:20-21; 골 1:16; 벧전 3:22). 이 말씀은 교회가 충만해지는
것은 천사로 말미암아서가 아니라 천사의 머리(주장자)가 되시는 예수님으로
말미암아서라는 뜻이다.

9절과 10절을 순서대로 말해보면, 하나님의 속성과 권능의 전부가 예수님
안에 거하게 되었고, 교회는 그 예수님 안에서 충만에 이르게 되었다는 것이다.
우리 모두는 예수님 안에서 충만해졌다. 우리는 예수님 안에서 구원을 얻었고,
다른 모든 신령한 은혜를 받았고, 육신적인 복까지 받게 되었다.

2. 율법주의에 대한 경계 2:11-17

앞에서 바울은 골로새 교인들에게 영지주의를 경계하라고 했는데, 이제는
이어서 유대의 율법주의를 조심하라고 말한다. 바울은 사람이 율법(할례)을
지켜야 구원을 얻는 것이 아니라 예수님과 연합됨으로 구원을 얻는다고 말한다.
또한 그는 하나님께서 율법을 십자가에 못 박으셨다고 선언하고, 따라서 이제는
율법주의자들의 비난에 시달리지 말라고 권고한다.

골 2:11. 또 그 안에서 너희가 손으로 하지 아니한 할례를 받았으니 곧 육적
몸을 벗는 것이요 그리스도의 할례니라.
바울은 골로새 교인들이 "그(예수님) 안에서 손으로 하지 아니한 할례를 받았
다"고 알려 준다(신 10:16; 30:6; 렘 4:4; 롬 2:29; 빌 3:3). 다시 말해, 그들은

육적 할례가 아닌 영적 할례를 받았다고 말한다. 골로새 교인들은 성령 세례에 의해 이미 마음에 할례를 받았다는 것이다.

바울은 골로새 교인들이 받은 영적 할례를 다시 두 가지로 설명한다. 첫째, 영적 할례는 "육적 몸을 벗는 것"이다. 육적 몸을 벗는다는 것은 육적인 사람, 곧 옛 사람을 벗어버린다는 말이다(롬 6:6; 엡 4:22; 골 3:8-9). 골로새 교인들은 이미 육적인 몸을 벗게 되었다. 둘째, 영적 할례는 "그리스도의 할례"이다. 즉 '그리스도께서 행하신 할례'라는 말이다. 예수님은 성령으로 사람들에게 세례를 베푸셔서(마 3:11) 옛 사람을 벗게 하신다. 그러므로 예수님께서 승천하신 후 성령을 보내서서 골로새 교인들에게 세례를 베풀게 하신 것이다. 결국 골로새 교인들이 받은 영적 할례는 예수님께서 베푸신 할례인 것이다.

우리도 그리스도께서 성령을 통하여 주시는 성령세례를 받았다. 다시 말해, 영적인 생명을 받게 되었다. 이제 우리는 영생을 얻기 위해서 율법을 지키는 것이 아니라 성도의 본분을 다하기 위해 도덕적 율법을 지키는 것이다.

골 2:12. 너희가 세례로 그리스도와 함께 장사한바 되고.
앞에서 바울은 골로새 교인들이 영적 할례를 받았음을 말했다. 이제 본 절에서 그는 골로새 교인들이 "세례로 그리스도와 함께 장사한바 되었음"을 알려 준다(롬 6:4). 즉 앞 절에서는 골로새 교인들이 영적인 할례를 받았음을 말하고, 본 절에서는 성령 세례를 받았음을 밝히고 있는 것이다. 비록 본 절에서 말하는 세례가 물세례를 의미할지라도, 그것은 성령 세례를 동반한 물세례를 말하는 것이다. 그냥 물세례만 가지고는 성령세례를 받을 수가 없다. 성령세례를 받아야 예수님과의 연합이 이루어지는 것이다.

성령 세례란 성령님께서 사람을 예수님의 몸 된 교회 안으로 이끄시는 사역을 말한다(고전 12:13). 성령님은 사람을 주님의 몸 된 교회 안으로 이끄셔서 교회의 일원이 되게 하실 뿐 아니라 예수님 안으로 들어가게 하신다. 다시 말해, 예수님과 연합하게 하신다. 골로새 교회의 교인들은 성령 세례로 말미암아 예수님과 연합하게 되었다. 그래서 "예수님과 함께 장사지낸바" 되었다. 성령 세례로 말미암아 예수님 안으로 들어간 성도는 예수님과 함께 죽고, 함께 장사되고, 함께 부활하고(3:1), 또한 함께 하늘에 앉혀진다(엡 2:5-6). 그러므로 그리스도와 연합한 성도는 그리스도의 의로운 행위 전체가 그리스도인 자신의 것이 되었음을 알아야 한다.

또 죽은 자들 가운데서 그를 일으키신 하나님의 역사를 믿음으로 말미암아 그 안에서 함께 일으키심을 받았느니라.

바울은 골로새 교인들이 "죽은 자들 가운데서 그(예수님)를 일으키신 하나님의 역사(능력)를 믿음으로 말미암아 그(예수님) 안에서 함께 일으키심을 받았다"고 말한다. 골로새 교인들은 하나님께서 예수님을 죽은 자 가운데서 일으키신 사실을 믿었다(엡 1:19). 그리고 그들은 그 믿음으로 말미암아 예수님과 연합한 상태에서 일으키심을 받았다. 바울은 여기에서 골로새 교인들의 믿음을 강조한다. 하나님께서 하시는 일에는 성도들의 믿음이 요구된다. 하나님께서 이미 하신 일이나 지금 하시는 일을 믿지 않는다면, 그것은 하나님을 하나님으로 알지 않는 것이다.

골 2:13. 또 너희의 범죄와 육체의 무 할례로 죽었던 너희를 하나님이 그와 함께 살리시고.

본 절은 윗 절 하반절의 "그 안에서 함께 일으키심을 받았느니라"는 말씀을 좀 더 구체적으로 설명한다. 바울은 구체적으로 골로새 교인들이 "범죄와 육체

의 무 할례” 가운데서 예수님과 함께 일으키심을 받았다고 말한다. “육체의
무 할례”란 말은 육신에 할례를 받지 못한 것을 지칭하는 말이 아니라 육체,
곧 인간의 부패성에 할례를 받지 못한 것을 지칭한다(엡 2:1, 5, 11). 그들은
범죄와 인간의 부패성 때문에 “죽었던” 사람들이었다. 다시 말해, 하나님으로부
터 멀리 멀리 떨어져 있었던 사람들이었다. 그런 사람들을 하나님이 “그(예수님)
와 함께 살리셨다.” 하나님은 그들에게 성령으로 세례를 베풀어 예수님과 연합
시키셔서 함께 일으키셨다. 즉 중생시키셨다. 골로새 교인들의 중생은 앞날의
부활을 확실하게 한 것이다.

우리에게 모든 죄를 사하시고.

여기에서 바울은 문장의 주어를 “너희”로부터 갑자기 “우리”로 전환한다.
자신뿐만 아니라 유대인과 이방인 그리스도인들의 죄 사함 받은 것이 너무도
감격스러워 갑자기 죄 사함 받은 주체(主體)를 전환하고 있는 것이다. 우리도
그리스도 안에서 죄 사함을 받았다(마 9:2; 눅 7:48). 죄 사함을 받았다는
말은 죄가 깨끗이 씻어진 것을 말한다. 우리는 예수님과 연합되었으므로 죄가
말끔히 씻어졌다.

죄 사함을 받는 비결이 따로 있는 것이 아니다. 또한 죄 사함은 어느 한
교단에만 속한 것이 아니다. 우리 모두는 예수님을 믿을 때 죄 사함을 얻는다.
예수님 앞에 나아올 때 우리의 모든 죄는 말갛게 씻긴다(마 9:1-2). 예수님은
자기에게 나아오는 사람들을 불쌍히 여기셔서 그들의 죄를 말갛게 씻어주신다.

골 2:14. 우리를 거스르고 우리를 대적하는 의문에 쓴 증서를.
앞에서 바울은 골로새 교인들이 성령 세례로 말미암아 예수님과 연합됨으로
예수님과 함께 죽고 함께 부활한 사실에 대해 말했다. 이제 그는 14절과 15절에

서는 우리가 율법(할례)을 지켜 구원을 얻는 것이 아니라고 강변한다. 바울은
하나님께서 "의문에 쓴 증서를 도말하시고 제하여 버리셨으며 십자가에 못
박으셨다"고 말한다. 여기에서 "의문"이란 율법의 '조문'을 뜻하고, "증서
(χειρόγραφον)"란 '손으로 쓴 문서'라고 할 수 있는데 성경에서는 '차용증서'
혹은 '채무증서'를 뜻한다. 그러므로 "의문에 쓴 증서"란 말은 '율법 조문에
쓴 차용증서'를 뜻한다. '율법에 쓴 차용증서' 곧 율법의 요구는 "우리를 거스르
고 우리를 대적하는" 것이다. 율법의 요구는 골로새 교인들을 계속해서 거스르
고 대적하고 있었다. 율법의 요구는 율법의 요구를 다 이행하지 못했던 우리를
거슬렀고 또 대적해 왔다. 그런데 하나님께서 그 율법의 요구를 말소 처분해
주셨다. 이러한 말소 처분에 대해서는 하반절이 밝히고 있다.

도말하시고 제하여 버리사 십자가에 못 박으시고.

바울은 하나님께서 우리를 향한 율법의 요구를 말소하신 사실을 두 가지
표현을 사용해 설명한다. 첫째, 그는 하나님께서 율법의 요구를 "도말하셨다"고
말한다. "도말하셨다(ἐξαλείψας)"는 것은 '지워버렸다'는 뜻이다(엡 2:15-16).
둘째, 그는 하나님께서 율법의 요구를 "제하여 버리셨다"고 말한다. 여기에서
"제하여 버리사"라는 말씀 다음에 "십자가에 못 박으시고"라는 말씀이 나오는
데, 이것은 문장의 논리로 보아 "십자가에 못 박으사 제하여 버리셨다"고
뒤집어 놓아야 한다. 다시 말해, 십자가에 못 박으신 후에 제하여 버리신 것으로
보아야 한다. "십자가에 못 박으사 제하여 버리셨다(ἦρκεν ἐκ τοῦ μέσου
προσηλώσας αὐτὸ τῷ σταυρῷ)"는 말씀은 하나님께서 율법의 요구를 십자가
에 못 박으신 다음 율법의 요구를 아주 없애버리셨다는 뜻이다.

하나님은 예수님을 십자가에 못 박으실 때 율법도 십자가에 못 박으셨다.
예수님은 우리에 대한 율법의 요구를 다 충족시키시는 분이시다. 율법의 요구는

십자가에서 다 완성되었으므로 못 박힌 것이다. 과연 우리를 향한 율법의
요구는 온전히 말소되고 말았다.

어떤 성도는 매일 양심의 가책으로 시달림을 받는다. 우리는 예수님께서
율법의 요구를 모두 말소처분 하신 사실을 믿어야 한다. 그러나 다른 한편으로
우리는 아직도 우리가 모자라고 부족한 인간이라는 의식을 갖고서 살아야
한다(딤전 1:12-15).

골 2:15. 정사와 권세를 벗어버려 밝히 드러내시고 십자가로 승리하셨느니라.
앞에서 바울은 하나님께서 우리를 향한 율법의 요구를 그리스도의 십자가에
못 박으시고 그 요구를 말소시키신 것에 대해 말했다. 이제 그는 하나님께서
인간을 정죄하는 사탄의 세력을 쳐부수시고 그들의 정체를 드러내신 것에
대해 말한다.

여기에서 "정사와 권세"는 '악한 천사들'을 말하고(엡 6:12) "벗어버린다
(ἀπεκδυσάμενος)"는 것은 '세력을 쳐서 완전히 무장 해제시키는 것'을 뜻한다
(창 3:15; 마 12:29; 눅 10:18; 11:22; 요 12:31; 16:11; 히 2:14). 하나님은
사탄의 세력을 쳐서 완전히 무장해제시시고 "밝히 드러내셨다." 여기에서 "밝히
드러내셨다(ἐδειγμάτισεν)"는 말씀은 '정체를 드러내셨다'는 뜻이다. 하나님
은 사탄의 세력을 치셔서 완전히 무장 해제시키시고 "승리하셨다." 하나님은
정사와 권세들 곧 우리를 향하여 끊임없이 참소하는 사탄의 권세를 완전히
쳐부수시고 무장 해제시키셨을 뿐 아니라, 그들의 수치(羞恥)를 드러내시고
승리하셨다.

사탄이 우리를 향하여 아무리 참소하고 정죄해도 우리의 구원을 헛되게
하지 못한다. 사탄은 일찍이 하나님에 의해서 부서져서 무장해제 되고 수치를

당하고 패배를 당한 채 존재하고 있을 뿐이다.

골 2:16. 그러므로 먹고 마시는 것과 절기나 월삭이나 안식일을 인하여 누구든지 너희를 폄론하지 못하게 하라.

앞에서 바울은 율법주의의 헛됨에 대해 말했다. 이제 본 절에서 그는 "그러므로" 그런 이단 사상 때문에 "누구든지 너희를 폄론하지 못하게 하라"고 당부한다(롬 14:3, 10, 13). 다시 말해, "먹고 마시는 것"을 가지고 성도들을 비판하지 못하게 하라는 것이다. 또한 누구든지 "절기나 월삭이나 안식일" 성수문제를 가지고 성도들을 비판하지 못하게 하라는 말이다.

　무엇은 먹을 수 있고 무엇은 먹을 수 없다거나 무엇은 마실 수 있고 무엇은 마실 수 없다는 규정들(레 7:20-27; 민 6:3)은 이미 예수님에 의해서 폐지되었다 (막 7:14-19; 행 10:11-16; 롬 14:2, 17; 고전 8:8). 따라서 이제는 먹어도 죄를 짓는 것이 아니고, 더 이상 먹지 못할 것들도 없게 되었다. 그런 것들은 이래도 저래도 구원과는 관련이 없게 되었으므로 이런 것들을 가지고 이단자들 이 성도들을 비판하게 해서는 안 된다는 것이다. 우리는 이제 모든 것으로부터 자유로워졌다. 다만 건강상 이유로 먹든지 혹은 먹지 않든지 자유롭게 하면 되는 것이다.

　그리고 "절기나 월삭이나 안식일" 같은 것들을 지키는 문제를 가지고 성도 들이 이단자들에게 비판이나 괴롭힘을 당해서는 안 된다. 여기에서 "절기"(민 10:10; 대상 23:31; 대하 2:4; 31:3; 겔 45:17; 호 2:11)는 구약의 유월절을 비롯하여 각종 절기들을 말하고, "월삭"(민 10:10; 29:6; 대상 23:31; 대하 2:4; 8:13; 31:3; 시 81:3; 사 1:13; 암 8:5; 겔 45:17; 호 2:11)은 그 달의 초하룻날을 말하는 것으로 이 날에는 특별한 희생제사가 드려졌다(민 28:11-14;

대상 23:31; 스 3:5). 또한 이 날에는 나팔을 불고(민 10:10; 시 81:3) 일상의
일을 쉬었다(암 8:5). "안식일"(대상 23:31; 대하 2:4; 31:3; 겔 45:17; 호
2:11)은 구약의 이스라엘 사람들이 지켰던 토요일 안식일을 말하는 것으로
유대인들에게 이 안식일을 지키는 것은 하나님의 축복과 속죄에 관련되어
이해되었다(레 23:26-32). 율법주의자들은 절기나 월삭 그리고 안식일을 지키
는 것을 구원과 관련시켰다. 이런 것들을 지켜야 구원을 얻을 수 있고, 만약
지키지 않으면 구원에서 제외된다는 것이었다. 그러나 바울은 이렇게 말한다.
"혹은 이 날을 저 날보다 낫게 여기고 혹은 모든 날을 같게 여기나니 각각
자기 마음에 확정할지니라(롬 14:5)."

오늘 우리는 예수 그리스도의 은혜로 구원받는다는 교리(행 15:11) 이외에
다른 것을 덧붙이려는 모든 시도는 가차 없이 이단으로 여겨 물리쳐야 할
것이다.

골 2:17. 이것들은 장래 일의 그림자이나 몸은 그리스도의 것이니라.
바울은 위에 말한 것들(먹고 마시는 것, 절기나 월삭이나 안식일을 지키는
문제들)은 "장래 일의 그림자"라고 말하면서 우리는 그 그림자가 아니라 "몸,"
곧 실체되시는 "그리스도"를 붙잡아야 한다고 주장한다. 지금 신약 시대는
그림자의 시대가 아니라 실체되시는 그리스도의 시대이다. 몸이 오신 이상
그림자를 붙잡고 실체인양 떠들어서는 안 된다(히 8:5; 9:9; 10:1).

3. 천사숭배에 대한 경계 2:18-19

앞에서 바울은 헛된 속임수의 철학(영지주의)을 경계했고(8-10절) 율법주

의를 경계했다(11-17절). 그리고 이제 그는 천사숭배에 대한 경계의 말을 한다
(18-19절).

**골 2:18. 누구든지 일부러 겸손함과 천사 숭배함을 인하여 너희 상을 빼앗지
못하게 하라.**
바울은 어떤 사람이든지 "일부러 겸손함" 곧 "천사 숭배함을 인하여" 성도들의
상을 "빼앗지 못하게 하라"고 권면한다(4절). 오늘날에도 천주교는 예수님께
직접 나아가기 보다는 예수님의 어머니 마리아에게 나아가서 기도하는 것이
옳다고 주장한다. 사실 그것은 겸손이 아니다. 하나님께서 예수님을 중보자로
세우시고 직접 예수님께 당당히 나아가도록 권고하셨는데(엡 3:12; 4:16) "일부
러 겸손한" 척하는 것은 겸손이 아니라 무식(無識)에 속한다. 그런 무식은
결국 엄청난 손해를 보고야 만다. 예수님께 직접 나아가서 기도하면 엄청난
복을 받는데(9-10) 천사를 숭배하면 무슨 복이 있을 것인가? 우리는 매일의
복을 빼앗기지 않아야 한다. 또한 영원한 구원을 빼앗기지 않아야 한다.
　　저가 그 본 것을 의지하여 그 육체의 마음을 좇아 헛되이 과장하고.
　　천사 숭배자들은 자기들이 "본 것을 의지하여" 곧 '무엇인가 보았다는
신비 체험'을 의지하여 "그 육체의 마음을 좇아" 곧 '부패한 마음을 좇아'
헛되게 과장하여 사람들을 천사숭배로 이끈다.
　　인간은 부패하여 하나님의 계시가 아니라 자신이 겪은 신비 체험을 의지하
여 과장할 수가 있다는 것이다. 우리는 마음의 부패함을 철저히 차단하고
계시만을 의지해야 한다. 그리고 계시를 더 잘 알기 위하여 연구하고 기도해야
한다.

골 2:19. 머리를 붙들지 아니하는지라. 온 몸이 머리로 말미암아 … 하나님이 자라게 하심으로 자라느니라.

천사 숭배자들은 천사의 "머리를 붙들지 아니한다." 곧 천사의 '머리(주장자)되시는 예수님'(골 1:18; 엡 4:15-16)을 붙들지 않는다. 그들은 천사들의 머리가 되시는 예수님이 아니라 천사를 의지하고 그들에게 기도한다.

우리가 반드시 머리를 붙들어야 하는 이유는 "온 몸이 머리"로부터 영양분을 공급받아 살기 때문이다. 즉 교회는 머리되시는 예수님으로부터 "마디와 힘줄" 되는 지체들의 역할을 통하여 영양분을 공급받고 하나님이 성장하게 하심으로 성장해 나가는 것이다(1:18; 3:15; 엡 1:22-23).

그러므로 몸 된 교회는 매일 머리되시는 예수님의 통솔을 받으며 또 예수님께 기도하면서 살아가야 한다. 그럴 때 우리는 놀랍게 성장해 나가게 된다. 우리 앞에는 지금 신령한 영양분을 공급받으며 잘 성장할 수 있는 길이 훤히 열려 있다. 우리는 헛일을 하지 말아야 한다.

4. 금욕주의에 대한 경계 2:20-23

앞에서 각종 이단을 경계했던 바울은 이제 금욕주의를 경계한다. 금욕주의는 다른 이단들과는 달리 소극적인 면을 갖고 있다. 다른 이단들은 무엇을 덧붙이거나 달리 해석하는 반면, 금욕주의는 무엇을 금(禁)하는 쪽으로 나간다.

골 2:20. 너희가 세상의 초등 학문에서 그리스도와 함께 죽었거든 … 의문에 순종하느냐.

바울은 이 구절에서 "세상의 초등학문"과 "의문"을 동일시한다. "의문" 곧

'율법주의자들이 만든 법조문'(22절에 "의문"을 "사람의 명" 및 "가르침"이라고 규정하고 있음)은 세상의 초등학문이라는 말이다. 다시 말해, 사람이 만든 법조문은 세상의 유치한 초등학문에 지나지 않는다는 것이다.

바울은 이 구절에서 골로새 교인들은 "세상의 초등학문"(8절) 곧 율법의 조문에 대해 "죽었다"고 말한다. 여기에서 "죽었다"는 말씀은 '관계가 끊어졌다'는 뜻이다(롬 6:3, 5; 7:4, 6; 갈 2:19; 엡 2:15). 즉 이제 그들은 사람이 만들어 놓은 법조문과는 아무 관계가 없다는 것이다. 골로새 교인들은 성령 세례를 받았기 때문에 율법 조문을 지켜서 구원받는 것과는 영원히 관계가 끊어졌다는 것이다.

그럼에도 불구하고 어떤 이들은 이단자들의 꼬임에 빠져 "의문에 순종하려"고 하고 있었다(갈 4:3, 9). 골로새 교인들이 구원을 받기 위해 사람이 만든 율법 조문을 따르려고 했던 것은 바울 사도의 의분을 자아내기에 충분했다.

예수님께서 끊어놓으신 것은 그대로 내버려 두어야 한다. 다시 관계를 회복하려는 시도는 무의미하며 어리석은 짓이다. 예수님은 십자가에서 죽으셔서 우리와 율법과의 관계를 끊어주셨다. 끊어진 관계를 우리가 다시 이어서는 안 된다. 다만 우리는 예수님의 은혜로 구원을 받은 자로서 성령의 힘으로 율법을 지켜야 한다.

골 2:21. 곧 붙잡지도 말고 맛보지도 말고 만지지도 말라 하는 것이니.
바울은 여기에서 금욕주의자들이 만든 표어를 소개한다. 당시의 금욕주의자들은 어떤 음식물에 대해서 "붙잡지도 말고 맛보지도 말고 만지지도 말라"고 했다(딤전 4:3). 그러나 예수님은 모든 음식을 깨끗하다고 하셨고(막 7:14-19), 베드로 역시 모든 음식물은 깨끗하다는 계시를 받았다(행 10:11-16). 성경은

"하나님이 지으신 모든 것이 선하매 감사함으로 받으면 버릴 것이 없다"고 말한다(딤전 4:4).

오늘 우리는 금욕적인 사람들을 만난다. 건강을 위해서 절제하는 것이 아니라, 자신들의 종교 때문에 금욕하는 사람들을 보게 된다. 영양이 부족하여 몸이 말라가도 그냥 금욕하는 것을 본다. 우리는 불교인들을 비롯한 다른 종교인들의 이런 어리석음을 깨우쳐 주어야 할 것이다.

골 2:22. (이 모든 것은 쓰는 대로 부패에 돌아가리라.) 사람의 명과 가르침을 좇느냐.

모든 음식물은 "쓰는 대로" 곧 '먹는 대로' "부패"하게 된다는 것이다. '썩게 된다'는 말이다. 이렇게 부패하게 되어 있는 음식물을 먹거나 먹지 않거나 하는 것은 천국과 아무 관련이 없다. 다시 말해, 구원과는 상관이 없다. 그렇기 때문에 바울은 골로새 교인들이 무엇 때문에 금욕주의자들의 "명과 가르침"을 좇느냐고 탄식하고 있는 것이다(사 29:13; 마 15:9; 딛 1:14). 우리는 이단자들의 감언이설에 유혹당하지 말고 오직 하나님의 계시만을 따라서 살아야 한다.

골 2:23. 이런 것들은 자의적 숭배와 겸손과 몸을 괴롭게 하는데 지혜 있는 모양이나.

바울은 "이런 것들"(앞에서 말씀한 "사람의 명과 가르침"), 곧 '천사숭배'(18-19)나 '금욕주의'(20-22)는 "자의적 숭배와 겸손과 몸을 괴롭게 하는데 지혜 있는" 것처럼 보인다고 말한다. 사도는 천사숭배는 자의적(自意的) 숭배라고 못 박아 말한다. 그것은 자의적 숭배이지 결코 하나님의 계시에 의한 숭배는 아니라는 것이다. 이런 행위는 망할 행위이다. 천사숭배는 겉보기에

"겸손"해 보인다. 자신은 감히 직접 예수님께 나아갈 수 없다고 생각하여 천사숭배를 통하여 하나님께 나아가자는 것이니, 겉보기에 겸손해 보인다. 그러나 그런 행위는 겸손이 아니라 교만이다. 그런 행위는 계시에 의존한 행위가 아니고 자기의 생각에 의존한 행위이니 교만한 짓이다. 무엇이든지 계시에 의지하지 않고 자기의 생각대로 하는 것은 교만이다. 세상에는 겸손처럼 보이는 것이 실제로는 교만한 것이 얼마나 많은가?

오직 육체 좇는 것을 금하는 데는 유익이 조금도 없느니라.

바울은 천사숭배나 금욕주의는 "육체 좇는 것을 금하는 데는 유익이 조금도 없다"고 말한다. "육체 좇는 것" 곧 '부패성 좇는 것'을 제어하는 데는 쓸모가 없다는 것이다. 아무리 천사를 숭배하고 금욕을 해도 죄를 끊는 데는 유익이 조금도 없다는 것이다. 세상 사람들의 명령이나 가르침은 죄를 끊는 데는 아무런 효험이 없다. 그러나 우리에게는 죄를 끊기 위한 최선의 방책이 있으니 그것은 곧 예수님께 나아가 죄를 고백하는 것이다. 그렇게 하면 우리는 우리의 죄 문제를 해결할 수가 있다. 우리의 죄를 말갛게 씻고 살 수가 있다(시 32:5; 51:2; 잠 28:13; 요일1:9).

제3장

성숙한 삶을 영위하라

V. 성도의 성숙한 삶 3:1-4:6

앞에서 바울은 헛된 속임수의 철학(영지주의)과 율법주의, 천사숭배와 금욕주의 이단의 헛됨을 드러냈다. 이제 그는 골로새 교회 성도들에게 성숙한 삶을 살 것을 권장한다. 그는 그들에게 고상한 삶을 살 것을 말하고(1-4절) 이어서 버려야 할 것들을 열거한다(5-11절). 또한 그는 성도들이 취해야 할 것들을 열거하고(12-17절), 올바른 가정생활(18-4:1), 기도생활(4:2-4), 사회생활에 대해 말한다(4:4-6).

1. 성도의 고상한 삶 3:1-4

바울은 먼저 성도들이 고상한 삶을 살아야 할 것을 권장하면서 땅엣 것을 포기하고 위엣 것을 찾으라고 말한다.

골 3:1. 그러므로 너희가 그리스도와 함께 다시 살리심을 받았으면 위엣 것을 찾으라.

앞에서 바울은 예수님의 위대하심과 이단의 헛됨을 드러냈다. 이제 그는 결론을 말하기 위해 "그러므로"라는 말로 시작한다. 사도는 결론적으로 골로새 교인들이 "그리스도와 함께 다시 살리심을 받았으면" 예수님과 연합되어 중생한 것이 확실하니 "위 것을 찾으라"고 권한다. "위엣 것"이란 '영적인 것'(박윤선), '하나님께 속한 본질적이며 초월적인 것'(O'Brien)을 뜻한다. 무엇보다도 바울은 12-14절의 것을 위엣 것으로 제시한다. 우리는 12-14절의 말씀처럼 "긍휼과 자비와 겸손과 온유와 오래 참음을 옷입고 … 용서하고 … 이 모든 것 위에 사랑"을 더해야 한다. 이렇게 윤리적인 것들을 위엣 것으로 보아야 하는 이유는 바울이 5-9절에 기록한 죄악들을 땅에 있는 것으로 말했기 때문이다. 즉 바울이 각종 죄악들(5-9)을 땅에 있는 것들이라고 말했으므로 각종 선한 것들(12-14)은 위엣 것들임에 틀림없다.

바울은 골로새 교회 성도들에게 위엣 것을 찾으라고 권장한다. "찾으라 (ζητεῖτε)"는 말은 현재 명령형으로서 '지속적으로 찾으라'는 말이다. 골로새 교인들은 이미 구원을 받았지만(1:2) 아직도 땅에서 살고 있는 만큼 위에 있는 것들과 윤리적인 것들을 지속적으로 찾아야 했다. 그래야 성화에 이를 수가 있었다.

거기는 그리스도께서 하나님 우편에 앉아 계시느니라.

위에는 하나님이 계시고 또 그리스도께서 하나님 우편에 앉아 계신다. 우리는 하나님과 예수님이 계신 방향을 바라보면서 영적인 것들과 윤리적인 것을 끊임없이 찾고 찾아서 고상한 삶을 살아가야 한다.

골 3:2. 위엣 것을 생각하고.

바울은 골로새 교인들에게 위엣 것을 "생각하라"고 권장한다. "생각하라"(φρο-νεῖτε)는 말은 '애착심을 가지라,' '주의를 기울이라'는 의미이다. 우리는 위엣 것에 애착심을 가져야 한다.

땅엣 것을 생각지 말라.

"땅엣 것"은 다름 아니라 5-9절에 나오는 윤리적인 것들이다. 골로새 교인들이나 우리들은 땅엣 것, 곧 음란, 부정, 사욕, 악한 정욕과 탐심(5-7절), 그리고 노함, 분, 악의, 훼방, 부끄러운 말, 거짓말(8-9절) 등을 버려야 한다. 버리는 방법은 이 모든 죄악들을 그리스도께 고백하면 된다. 우리가 이런 죄악들을 그리스도께 고백할 때 그리스도의 피로 우리를 깨끗하게 해주신다(시 32:5; 51:2; 잠 28:13; 요일 1:9).

골 3:3. 이는 너희가 죽었고 너희 생명이 그리스도와 함께 하나님 안에 감취였음이니라.

"이는"(γὰρ)이란 말은 이유를 나타내는 말이다. 본 절은 앞 절의 이유를 말한다. 골로새 교인들이 "땅엣 것"(앞 절)을 생각하지 말아야 하는 이유는 골로새 교인들이 "죽었기" 때문이다. 다시 말해, 이미 구원 받은(1:2) 골로새 교인들은 땅엣 것에 대해서는 아주 죽은 것처럼 관계가 끊어졌기 때문이다. 여기에서 "죽었다"(ἀπεθάνετε)는 말은 단순과거 시제로서 골로새 교인들이 땅의 것에 대해서는 이미 죽었다는 뜻이다.

그리고 골로새 교인들이 "위엣 것"(앞 절)을 생각해야 하는 이유는 그들의 "생명이 그리스도와 함께 하나님 안에 감취였기" 때문이다. 그들의 생명이 그리스도와 연합된 채 그리스도의 재림의 날까지 하나님 안에 감취여 있기 때문이라는 것이다. 여기에서 "감취였다"(κέκρυπται)는 말은 현재완료 시상으로서 그리스도와 연합된 생명이 하나님 안에 계속해서 감취여 있다는 것이다. 그러므로 우리는 땅엣 것에 대해서 죽은 줄 알고 땅엣 것을 생각지 말아야 하고, 우리의 생명이 예수님과 연합되어 하나님 안에 감취여 있으므로 위엣 것을 애착해야 한다. 우리는 성도들의 나라는 하늘에 있음을 알고(빌 3:20) 끊임없이 위엣 것을 애착하고 찾아야 한다.

골 3:4. 우리 생명이신 그리스도께서 나타나실 그 때에 너희도 그와 함께 영광 중에 나타나리라.

여기에서 우리가 위엣 것을 생각하고 땅엣 것을 생각지 말아야 또 다른 이유가 나온다. 우리는 부활이요 생명이신 그리스도께서 재림하실 때 예수님과 함께 영광 중에 나타나게 될 것이므로 위엣 것을 생각하고 땅엣 것을 생각지 말아야 한다. 다시 말해, 예수님께서 재림하실 때 우리가 영광의 부활을 얻게 될 것이니, 우리는 이 땅에서 고상하게 살아야 한다는 것이다. 우리가 어떻게 땅엣 것에 애착하랴? 우리는 주야로 위엣 것을 추구하며 살아야 한다. 성경 봉독과 묵상, 그리고 기도와 간구로 우리의 심령이 고상해져야 하며 또 위엣 것을 추구하며 살아야 한다.

2. 성도가 버려야 할 것들 3:5-11

앞에서 바울은 골로새 교회 성도들이 고상한 삶을 살 것을 권장했다. 이제 그는 그들에게 버려야 할 것들을 버리라고 주문한다(5-11절).

골 3:5. 그러므로 땅에 있는 지체를 죽이라. 곧 음란과 부정과 사욕과 악한 정욕과 탐심이니 탐심은 우상 숭배니라.

성도는 고상한 삶을 살아야 한다(1-4절). 바울은 "그러므로 땅에 있는 지체를 죽이라"고 주문한다. 즉 성도의 생명은 예수님과 연합하여 하나님 안에 감취어 있을 뿐 아니라(3절), 예수님께서 재림하실 때에 부활할 것이므로(4절) 땅에 있는 지체를 죽이라는 것이다.

땅에 있는 지체란 "음란과 부정과 사욕과 악한 정욕과 탐심" 그리고 8-9절 상반 절에 나오는 악들을 의미한다. 바울이 이런 악들을 "지체"라고 말하는 이유는 이런 악들이 우리의 팔이나 다리처럼 우리에게 완전히 붙어 있기 때문이다. 바울은 이런 악들을 "죽이라(Νεκρώσατε)"고 말한다(롬 8:13; 갈 5:24). 우리는 땅에 있는 지체들을 죽여야 한다. "죽이라"는 말은 '제거하라'는 의미이다. 그리고 8절에서 바울은 이것을 "벗어버리라"는 말로 바꾸어 말한다.

우리는 "음란"을 죽여야 한다(엡 5:3; 살전 4:3). 다시 말해, 우리는 '불법적인 성행위'를 제거해야 한다(고전 6:18). 지금 동서양을 막론하고 합법적인 부부관계를 넘어선 불법적인 성행위가 얼마나 많은가? 이것을 벗어버리지 않으면 우리는 하나님의 나라를 유업으로 받지 못한다(고전 6:9-10). 우리는 또 "부정"을 죽여야 한다. 부정이란 "음란"보다 더 넓은 의미에서의 '성추행,' 곧 생각으로나 말로나 행위로 짓는 부정행위를 말한다. 지금 이런 성추행들은 지구상 도처에 만연해 있다. 우리는 또 "사욕"을 죽여야 한다(롬 1:26). 사욕이란 '격렬한 성충동'을 의미한다. 이 충동을 죽이지 않으면 결국은 성추행으로 이어질 수밖에 없다. 우리는 또 "악한 정욕"을 죽여야 한다(살전 4:5). 악한 정욕이란 사람 속에 잠재해 있는 '색욕'을 말한다. 우리는 잠재적인 색욕까지 제거해야 한다. 그러지 않으면 색욕이 짙어져서 문제를 일으킨다. 이상의 네 가지는 무서운 성적 죄악으로서 이것들을 제거하지 않으면 사람이 더럽게 된다(고전 6:15-20). 우선 하나님을 멀리하게 되고 나아가 실제적으로 성적 죄악을 범하게 된다.

우리는 또 "탐심"을 죽여야 한다. 탐심이란 '많이 가지고자 하는 마음'을 말한다. '필요 이상 가지고자 하는 따가운 마음'을 뜻한다. 바울은 탐심을 우상 숭배라고 정의한다(엡 5:5). 우리가 하나님을 탐해야 하는데 물질이나 세상 것을 탐하면 세상 것 자체가 우상이 된다. 우리는 두 주인을 섬길 수 없는데(마 6:24; 엡 5:5), 만약 우리가 세상 것을 탐한다면, 그것은 곧 우상숭배인 것이다.

우리가 자기 부인이나 남편 이외의 다른 이성을 향해 마음이 따가우면, 우리는 이미 우상숭배자가 된 것이다. 바로 그 여자나 남자가 우리의 우상이 된 것이다. 또한 우리가 돈을 필요 이상 갖고자 하는 마음이 따가우면, 돈이 우리의 우상이 된 것이다. 부동산이나 명예를 탐하는 마음도 마찬가지다. 만일 우리가 우상숭배에 빠지면 우리는 하나님을 기쁘시게 하지 못하게 된다. 따라서 우리는 하나님의 진노 아래 있게 된다. 우리는 영원히 하나님만 바라보고 예배하고 섬겨서 세상 것도 해결 받으며 살아야 한다.

골 3:6. 이것들을 인하여 하나님의 진노가 임하느니라.
바울은 "이것들," 곧 음란, 부정, 사욕, 악한 정욕과 탐심을 죽이지 못하면 "하나님의 진노가 임한다"고 말한다. 여기에서 "임하느니라"(ἔρχεται)는 말씀은 현재형이므로 하나님의 진노가 현재 임한다는 의미를 갖는다.

하나님의 진노가 현재 임하는 방법은 두 가지이다. 하나는 하나님께서 그런 죄를 범하는 자를 내버려 두시는 것이다(롬 1:18-28). 하나님은 그런 죄를 범하는 사람을 그냥 방치해 두신다. 하나님의 방치는 무서운 벌이다. 그리고 다른 방법은 그런 죄를 범하는 사람을 하나님께서 친히 벌하시는 것이다. 우리가 사생자가 아니고 하나님의 자녀라면 하나님께서 매를 들어 벌하신다는 것이 성경의 증언이다(히 12:5-13). 우리 주위에 수많은 실례들이 있다. 그 중에 한 가지를 들자면, 조강지처를 버리고 젊은 시절에 음란한 삶을 산 남자들은 늙어서는 예외 없이 비참하게 되는 것을 목격하게 된다. 우리가 혹시 지금 죄를 지어 벌을 받기 시작하였거나 이미 벌을 많이 받았다면 빨리 하나님 앞으로 돌아서야 한다. 그러면 용서를 받는다.

골 3:7. 너희도 전에 그 가운데 살 때에는 그 가운데서 행하였으나.
바울은 골로새 교인들이 "전에" 가졌던 옛 생활을 상기시킨다. 바울은 그들이 "그 가운데," 곧 위에(5절) 말씀한 죄악들 가운데 살 때에는 "그 가운데서 행하였다"고 말함으로써 이제는 그들이 죄악의 삶에서 벗어나야 할 것을 말한다(롬 6:19-20; 7:5-6; 고전 6:11; 엡 2:2-7; 딛 3:3-7). 우리도 역시 과거의 부끄러웠던 시절을 회상하며 앞으로 그 죄악에서 온전히 벗어날 각오를 하고 모든 죄를 자복해야 할 것이다(시 32:5; 51:2; 잠 28:13; 요일 1:9).

골 3:8. 이제는 너희가 이 모든 것을 벗어 버리라. 곧 분과 악의와 훼방과 너희 입의 부끄러운 말이라.
바울은 골로새 교인들에게 그들이 비록 과거에는 죄악 중에 살았을지라도(5절) "이제는," 곧 예수님 안에 살고 있는 지금은 "이 모든 것을 벗어버리라"고 권고한다(엡 4:22; 벧전 2:1; 히 12:1; 약 1:21). "이 모든 것"이란 5절에서 언급한 죄들만 아니라 본 절에 나오는 "분냄과 노함과 악의와 훼방과 …

부끄러운 말" 그리고 다음 절에 나오는 "거짓말"까지를 모두 다 포함한다. 성도들이라면 이 모든 죄악들을 벗어버려야 한다.

우리는 과거에 가지고 있던 "분냄"(ὀργήν – anger)을 벗어버려야 한다. "분냄"(忿怒)이란 마음속에 자리 잡고 있는 '분한 심리'를 말한다(마 3:7; 롬 2:5). "노함"(θυμόν – wrath)이란 '악독한 독기가 마음에 자리를 잡아서 습관적으로 표현되는 것'을 말한다. 우리 한글 개역 판 성경은 "분냄"과 "노함"이라는 단어를 합쳐서 그저 "분"이란 말로만 번역해 놓았다.30) 우리가 예수님을 믿기 전에는 분한 생각을 품거나 독기를 발했을지라도, 일단 믿은 후에는 마음속에 있는 분한 생각을 버려야 한다. 그래야 성내지 않을 수 있다. 어느 분은 화내는 것을 부끄럽게 생각하여 40일을 금식하여 끊었다고 한다. 우리는 또 본문에 나타난 "악의"(κακίαν)를 벗어버려야 한다. "악의"란 '남을 해하려는 악독한 생각'을 말한다. 우리는 또 "훼방"(βλασφημίαν)을 벗어버려야 한다. "훼방"이란 '남을 비방하는 것'을 뜻한다(롬 3:8; 14:16; 고전 4:13; 10:30; 엡 4:31; 딛 3:2).31) 사람이 악의를 버리지 않으면 그것이 밖으로 나타나서 남을 비방하기에 이르고 또 남을 향하여 부끄러운 말을 하게 된다. 다시 말해, 남들 앞에서 버릇없게 굴게 된다. 우리는 항상 버릇없는 독설적인 말을 금해야 한다. 우리의 개혁은 속을 깨끗이 하는 것이어야 한다. 개혁을 부르짖으면서 속을 청소하지 않아서 얼굴을 붉히고 싸운다면 부끄러운 일이다.

---

30) 우리 한역 개역 판은 두 단어(anger와 wrath)를 따로 번역하지 않고 그저 "분"으로만 번역했다. 필자는 anger를 "분냄"으로 wrath를 "노함"으로 번역해 놓았다(에베소서 4:31에 의한 번역임).

31) "훼방"이란 주로 하나님을 훼방하는 것을 말하나 때로는 사람을 비방한다는 뜻으로도 쓰인다.

골 3:9a. 너희가 서로 거짓말을 말라.
바울은 우리가 벗어야 할 죄악들을 열거하는 중에 "거짓말"을 들고 있다(엡 4:29; 5:4). 바울은 "서로 거짓말을 말라"고 잘라 말한다. 거짓말이란 사실(事實)에 어긋나는 말을 말한다. 믿은 후에도 거짓말을 일삼는 성도가 있다면, 그는 참 성도가 아니다. 성경은 그런 사람들은 천국의 유업을 받지 못한다고 말씀한다(계 21:8).

골 3:9b-10. 옛 사람과 그 행위를 벗어버리고 새 사람을 입었으니 이는 자기를 창조하신 자의 형상을 좇아 지식에까지 새롭게 하심을 받는 자니라.
앞에서 바울은 골로새 성도들에게 죄악들을 벗어버리라고 명령했다. 이제 그는 여기에서 그들이 그런 죄악들을 벗어버려야 할 이유를 분명하게 제시한다. 그들은 과거에 이미 "옛 사람과 그 행위를 벗어버리고 새 사람을 입었으니" 이제는 죄악들(분노, 성냄, 악의, 비방, 욕설, 거짓말 등)을 벗어 버려야 한다는 것이다. 만약 우리가 죄악들을 버리지 않는다면, 우리는 새 사람을 입은 사람이 아니다. 쉽게 말해서 성도가 아니라는 말이다.

"옛 사람"이란 중생하기 이전의 사람을 뜻하고, "새 사람"이란 중생한 사람을 말한다. 바울은 중생한 사람을 '새로운 피조물'이라고 표현하기도 했다(고후 5:17). 중생한 사람은 마땅히 옛 죄악들을 벗어 버려야 한다.

또한 바울은 골로새 교인들이 새 사람은 "자기를 창조하신 자(하나님)의 형상을 좇아 지식에까지" 새로워져야 한다고 말한다. 새 사람 혹은 새로운 피조물은 하나님의 형상[32]을 좇아 복음을 아는 지식에 이르도록 점점 더 새로워

---
32) 협의로 말하는 하나님의 형상은 세 가지인데 에베소서 4:24("하나님을 따라 의와 진리의 거룩함으로 지으심을 받은 새 사람을 입으라.")에 두 가지가 나온다. 하나는 의(義)이고, 다른 하나는

져야 한다는 것이다.

여기에서 "새롭게 하심을 받는"(ἀνακαινούμενον)이란 말은 현재 시제로
서 계속해서 새로워져야 한다는 뜻이다. 우리의 새 사람은 복음을 아는 지식,
곧 예수님을 아는 지식에 이르도록 계속해서 새로워져야 한다. 우리는 부단히
죄악들을 버려서 새로워짐으로 예수님을 더 잘 아는 지식에 이르러야 한다.
계속해서 성화됨을 통해 예수님을 아는 지식이 너무 중요하기 때문에 바울은
"예수님을 아는 지식이 가장 고상하다"(빌 3:8)고 했다.

**골 3:11. 거기는 헬라인과 유대인이나 할례당과 무 할례당이나 야인이나 스구디
아인이나 종이나 자유인이 분별이 있을 수 없나니 오직 그리스도는 만유시요
만유 안에 계시니라.**

"거기는" 곧 '새 사람의 세계에는' 민족적 장벽(헬라인과 유대인)도 없고,
종교적 장벽(할례당과 무할례당)도 없고, 문화적 장벽(야인이나 스구디아인)이
나 사회적 장벽(종이나 자유인)도 없다는 것이다. 그렇게 모든 장벽이 철폐된
이유는 다름 아니라 그리스도께서 "만유"(all)이시기 때문이다(엡 1:23). 그리
스도께서 전체의 원인, 곧 예수님께서 원인자가 되셔서 그렇게 되게 하셨다는
것이다. 예수 그리스도는 우리 중생의 원인자가 되셔서 새 사람의 세계에서
모든 장벽을 허무신다. 참 신자들의 세계에는 족벌주의도 없고 지역주의도
없으며 학벌주의도 없다. 그렇게 되게 하시는 분은 바로 예수 그리스도이시다.
그리고 예수 그리스도는 "만유 안에 계시다." 예수님은 예수님을 믿는

거룩함(聖)이다. 그리고 우리의 본문(골 3:10)에 하나님의 또 하나의 형상으로서 지식(知識)이 제시된다.
하나님께서는 인간을 창조하실 때 의롭게 창조하셨고, 거룩하게 창조하셨고, 하나님을 아는 지식이
있게 창조하셨다. 그런데 인간은 타락함으로써 이 형상을 잃어버렸다. 그러나 성도가 중생할 때 하나님의
이런 형상들(지·성·의)이 회복된다.

헬라인과 유대인 안에 계시고, 또한 예수님을 믿는 할례파와 무할례파 안에도
계셔서 사람들 사이의 모든 장벽을 허무신다. 또한 예수님은 그 분을 믿는
종들과 자유인들 안에 계셔서 모든 장벽을 허무시고 모두가 하나가 되게 하신다.
예수님은 지금도 우리들 안에 계셔서 장벽을 하나하나 허물어가고 계신다.

3. 성도가 갖추어야 할 것들 3:12-17

앞에서 바울은 골로새 교인들에게 땅에 있는 지체를 벗어버리라고 권했다.
이제 그는 그들에게 좋은 옷을 입으라고 권장한다.

**골 3:12. 그러므로 너희는 하나님의 택하신 거룩하고 사랑하신 자처럼 긍휼과
자비와 겸손과 온유와 오래 참음을 옷 입고.**
"그러므로"는 위엣 말을 받아 결론을 끌어내는 연결사다. 바울은 골로새 성도들
이 새 사람이 되었으므로 이제는 새 옷을 입어야 한다고 말한다. 새 사람이
되었어도 옛날 옷을 그냥 입고 살아서는 안 된다는 것이다.

바울은 골로새 교인들이 입어야 할 새 옷들(긍휼, 자비, 겸손, 온유, 오래
참음 등)에 대해 말하기에 앞서 그들의 신분이 어떠한가를 말한다. 즉 그들은
"하나님의 택하신 거룩하고 사랑하신 자"라는 것이다. 그들은 만세전에 하나님
의 "택함 받은" 사람들이기 때문에(엡 1:4; 살전 1:4; 벧전 1:2; 벧후 1:10)
"거룩한 사람들"이고 "사랑을 받은 사람들"이라는 것이다. 창세전에 구원을
받기로 택함을 받은 사람들은 어떤 행위와 관련 없이 이미 거룩히 구별된
사람이다. 또한 그들은 만세전에 그리스도 안에서 택함을 받았기 때문에 사랑을
받은 사람들이다. 바울은 그들이 "하나님의 택하신 거룩하고 사랑하신 자로

서"("~처럼"이라고 번역된 헬라어[ὡς]는 "~로서"라고 번역 되어야 한다.) 몇 가지 새 옷을 입어야 한다고 말한다.

첫째, 그들은 "긍휼"을 입어야 한다. 긍휼(σπλάγχνα οἰκτιρμοῦ)이란 '동 정어린 마음,' 혹은 '동정심'을 뜻한다. 성도는 남을 향하여 중심으로부터 우러나오는 동정심을 가져야 한다. 하나님으로부터 긍휼히 여김을 받은 성도들이 이웃을 긍휼히 여기지 않으면 불행해진다는 것이 예수님의 교훈이다(마 18:21-36). 또한 예수님은, 만일 우리가 다른 사람을 불쌍히 여기지 않고 정죄하며 비난하면, 그 행위가 우리 자신을 망치게 된다고 말씀하신다(마 7:2). 이 원리를 깨닫지 못하여 비참해지는 사람이 세상에 얼마나 많은가?

둘째, 그들은 "자비"라는 옷을 입어야 한다. "자비"(χρηστότητα)란 '인자함,' '상냥함, 혹은 '친절'을 의미한다. 자비는 긍휼이 밖으로 표출된 것이다. 성경은 믿음이 밖으로 표출되어야 한다고 말한다. 만약 밖으로 나타나는 행위가 없다면, 그 믿음은 죽은 믿음이다(약 2:14-26).

셋째, 그들은 "겸손"이라는 옷을 입어야 한다. 새 사람, 곧 중생한 사람은 반드시 겸손의 옷을 입어야 한다(엡 4:2; 빌 2:3; 벧전 5:5). 겸손은 자신이 하나님의 피조물이며 죄인임을 인식할 때 얻어지는 덕이다. 우리는 영원히 하나님과 사람 앞에서 겸손해야 한다. 성경은 우리 자신이 겸손한지를 아는 척도는 우리가 남을 나보다 낮게 여기고 있는가를 살피는 것이라고 말씀한다(빌 2:3; 벧전 5:5).

넷째, 그들은 "온유"라는 옷을 입어야 한다. "온유"란 '부드러움,' '포용' 혹은 '친절한 마음'을 뜻한다. 성도는 불신자에게나(빌 4:5; 딛 3:2) 범죄한 그리스도인들에게나 온유한 마음으로 대해야 한다(고전 4:21; 갈 6:1; 딤후 2:25). 또한 계속해서 자신을 괴롭히는 사람들을 향하여 친절하게 대해야 한다.

온유의 덕은 실행하기에 쉽지 않다. 그래서 많은 성도들이 누군가로부터 괴롭힘을 당할 때 화부터 내는 것이다. 그러나 성도는 기도하여 성령의 힘을 얻어 범사에 온유한 심령이 되어 있어야 한다.

다섯째, 그들은 "오래 참음"이라는 옷을 입어야 한다. "오래 참음"이란 열악한 환경에서 견디는 것을 말한다. 다시 말해, 다른 사람들로부터 상처를 받은 경우에도 오래 참고 덕을 행하는 것이며, 배반을 당한 경우에도 오래 참고 덕을 실행하는 것을 말한다(잠 14:29; 15:18; 16:32; 17:27). 현대는 배신의 시대다. 그리스도인들은 예수 그리스도로부터 힘을 얻어 오래 참는 덕을 실천해야 한다(갈 5:22).

골 3:13. 누가 뉘게 혐의가 있거든 서로 용납하여 피차 용서하되 주께서 너희를 용서하신 것과 같이 너희도 그리하고.

앞에서 바울은 중생한 성도들에게 필요한 다섯 가지 옷을 입으라고 말했다. 이제 그는 새 사람이 된 성도는 다른 사람들로부터 "혐의" 곧 '원망'이나 '불평,' 혹은 '비난'을 받았을 때 "용납해" 주고 "용서해" 주어야 한다고 권면한다. 이 두 가지 옷도 역시 새 사람이 입어야 할 옷들이다. "용납"이란 너그러운 마음을 가지고 상대방을 받아주는 것을 말하고, "용서"란 더 적극적으로 상대방에게 은혜를 베푸는 것을 말한다.

이렇게 성도들이 다른 사람을 용서해야 하는 이유는 "주께서 … 용서하셨기" 때문이다(막 11:25; 엡 4:2). 예수님은 십자가에서 우리의 모든 죄를 용서하셨다(1:22). 마땅히 그런 은혜를 입은 사람들은 다른 사람을 받아주고 용서해 주어야 한다. 그러지 않고 다른 사람들을 뻣뻣한 태도로 대한다면 하나님께서 그들을 기뻐하시지 않는다.

골 3:14. 이 모든 것 위에 사랑을 더하라. 이는 온전하게 매는 띠니라.

앞에서 바울은 새 사람이 입어야 할 옷들을 열거했다. 이제 그는 그 옷들을 몸에 붙들어 매는 띠가 있어야 한다고 말한다. 띠가 없으면 그 옷들이 몸에 붙어있지 못한다는 것이다. 그래서 사도는 새 사람이 행해야 할 모든 덕들 위에 띠 역할을 하는 "사랑을 더하라"고 말한다(요 13:44; 롬 13:8; 고전 13:1-7; 엡 5:2; 골 2:2; 살전 4:9; 딤전 1:5; 요일 3:23).

바울은 "사랑"을 "온전하게 매는 띠"라고 정의한다. 사랑이 있어야 다른 덕들을 실행할 수 있다. 사랑이 있어야 남들에게 긍휼과 자비를 베풀 수 있고, 겸손을 유지할 수 있고, 온유하게 대할 수 있게 된다. 또한 사람을 사랑하는 마음이 있어야 오래 참을 수도 있다. 그리고 사랑이 있어야 다른 사람들을 용납하고 용서할 수도 있다. 우리는 항상 사랑의 띠를 띠고 살아야 한다. 사랑이 없으면 우리는 아무것도 아니고 다른 사람들에게도 아무 유익을 주지 못한다(고전 13:1-3).

골 3:15. 그리스도의 평강이 너희 마음을 주장하게 하라.

골로새 교인들이나 우리가 입어야 할 옷이 한 가지가 더 있다. 그 옷은 다름 아니라 "평강"이라는 옷이다. 바울은 "그리스도의 평강이 너희 마음을 주장하게 하라"고 권고한다(롬 14:17; 빌 4:7). "그리스도의 평강"이란 하나님께서 그리스도를 통하여 주시는 평화이다. 바울은 이 평화가 "너희 마음을 주장하게 하라"고 권고한다. 이 평화가 성도들의 마음을 사로잡게 하라는 말이다. "주장하게 하라"(βραβευέτω)는 말은 '경기장에서 심판자의 역할을 하게 하라'는 말이다. 경기장에서 양측에 문제가 생겼을 때 경기장 심판자(umpire)가 문제를 해결하고 경기를 진행시키듯이, 성도의 심령 속에 무슨 갈등이 생겼을 때 평화의 마음이 주장하게 되면 기쁨으로 일을 할 수도 있고 기쁨으로 생활할 수도 있게 된다. 그러므로 성도는 평화의 마음이 마음을 주장하게 해야 한다.

평강을 위하여 너희가 한 몸으로 부르심을 받았나니.

앞에서 바울은 평화가 각 성도들의 마음을 주장하게 하라고 말했다. 이제 그는 평화의 삶을 살도록 하기 위하여 한 몸(교회) 안으로 부르심을 받은 사실에 대해 언급한다(고전 7:15). 모든 성도는 교회 공동체 안에서 상호 평화하도록 힘써야 할 것이다.

또한 너희는 감사하는 자가 되라.

성도는 서로 평화할 뿐 아니라 평화하도록 하나님께서 한 몸 된 교회로 불러주신 사실을 인하여 감사하라는 것이다(2:7; 3:17).

골 3:16. 그리스도의 말씀이 너희 속에 풍성히 거하여 … 마음에 감사함으로 하나님을 찬양하고.

바울은 새 사람의 마음에 "그리스도의 말씀이 … 풍성히 거하"게 해야 한다고 주문한다. "그리스도의 말씀"에는 '그리스도께서 친히 하신 말씀'은 물론이고 '그리스도에 대한 말씀'도 포함된다. 이유는 그리스도께서 친히 하신 말씀은 말할 필요도 없이 성도의 마음속에 거해야 하지만, 그리스도에 대한 성경 저자들의 해설 말씀도 성도의 마음속에 거해야 하기 때문이다. 성경 저자들의 그리스도에 대한 해설도 성도들의 심령에 큰 변화를 일으킨다.

그리스도의 말씀이 "풍성히 거하여"라는 말씀은 그리스도의 말씀이 심령을 '완전히 주장하게 하는 것'을 의미한다. 그리스도의 말씀이 성도의 심령을 완전히 주장하는 것은 성령님께서 그리스도인의 심령을 완전히 주장하시는 것과 동일하다. 다시 말해, 그리스도의 말씀 풍성은 성령 충만과 동일한 것이

다.33)

　바울은 그리스도의 말씀이 성도들의 마음속에 풍성히 거하게 함으로써 다음과 같은 일들을 하라고 부탁한다. 첫째, "모든 지혜로 피차 가르치며 권면하라"는 것이다. 그리스도의 말씀이 우리의 심령에 풍성히 거할 때, 다시 말해, 우리가 성령 충만에 이를 때, 우리는 다른 형제들을 지혜로 가르치고 권면할 수 있게 된다. "지혜로 가르친다"는 것은 하나님이 주시는 지혜의 방법으로 다른 사람들에게 영적 지식을 전달하는 것이고, "권면한다"는 것은 하나님의 말씀대로 실행하도록 북돋아 주는 것이다. 그리스도의 말씀이 우리의 심령에 풍성히 거하지 않고서 어찌 우리가 남들을 교육하고 북돋울 수 있겠는가? 둘째, "시와 찬미와 신령한 노래를 부르며 마음에 감사함으로 하나님을 찬양하라"는 것이다. 그리스도의 말씀이 심령에 풍성하게 거하게 될 때 시와 찬미와 신령한 노래를 부르게 된다. 여기에서 이 세 가지, 곧 시와 찬미와 신령한 노래가 정확하게 무엇을 의미하는지 구분하기는 쉽지 않다. 그러나 "시"는 '구약 시편'을 의미하고(엡 5:19), "찬미"는 '신약시대의 성도들이 영감으로 작곡하여 하나님을 향하여 부르는 성가'를 말하고, "신령한 노래"는 세상 노래와는 달리 '하나님을 찬양하는 노래 전체'를 일반적으로 일컬을 것이다. 아무튼 그리스도의 말씀으로 충만하여 세 가지 노래를 부르라는 것이다. 또한 바울은 그리스도의 말씀이 성도들의 심령에 풍성하게 거하게 함으로써 "감사함으로

---

33) 골로새서 3:16의 "그리스도의 말씀이 … 풍성히 거하여"라는 말씀과 에베소서 5:18의 "성령 충만을 받으라"는 말씀은 동일한 것으로 볼 수 있다. 이유는 골로새서 3:16의 "그리스도의 말씀이 … 풍성히 거하여'라는 말씀과 에베소서 5:18의 "성령 충만을 받으라"는 말씀 뒤에 따라오는 결과들이 동일하기 때문이다. 골로새서 3:16 이하의 결과들(성도 간의 피차 교육, 하나님 찬송, 하나님께 대한 감사, 남편 복종, 아내 사랑, 부모 순종, 자녀 교육, 상전에게 순종, 종들에게 의와 공평 시행)과 에베소서 5:18 이하의 결과들(성도 간의 피차 교육, 하나님 찬송, 하나님께 대한 감사, 남편 복종, 아내 사랑, 부모순종, 자녀교육, 상전에게 순종, 종들에게 의와 공평시행)이 동일하다. 그러므로 말씀 풍성이나 성령 충만이나 똑같은 것으로 보아야 한다.

하나님을 찬양하라"고 권한다. 그리스도의 말씀이 성도의 심령 속에 풍성히 거하지 않으면 감사하기가 어렵기 때문에 말씀 풍성은 성도의 생활에 필수적인 요소라고 할 수 있다.

골 3:17. 또 무엇을 하든지 말에나 일에나 다 주 예수의 이름으로 하고 그를 힘입어 하나님 아버지께 감사하라.

셋째, "무엇을 하든지 말에나 일에나 다 주 예수의 이름으로 하라"는 것이다(23절; 고전 10:31). 무슨 말을 하든지 또는 어떤 일을 하든지 "주 예수의 이름으로 하라"는 것이다. 여기에서 "주 예수의 이름으로 하라"는 말은 '주 예수를 믿는 믿음 안에서 하라'는 말이다. 헨드릭슨(William Hendriksen)은 "이름으로"라는 말을 여러 가지로 해설하였다. 즉 "이름으로라는 뜻은 '예수님과의 생명적인 관계 안에서,' '예수님께서 계시하신 뜻과 일치하여,' '예수님의 권위에 종속하여,' '예수님의 권능을 의지하여'라는 뜻"이라고 하였다.[34] 박윤선 목사는 주석하기를 "이 문구에는 이중의 의미가 포함되어 있다. (1) 그 언행(言行)이 그리스도 자신의 언행답게 하라는 것이니, 신자가 그 언행에 있어서 그리스도를 모본하는 것을 의미한다. (2) 그리스도를 위하는 언행을 의미한다"고 하였다.[35] 그리스도의 말씀이 풍성히 거하지 않으면 말을 할 때도 예수님을 믿는 믿음 안에서 하지 못하고 일을 할 때도 역시 예수님을 믿는 믿음 안에서 하지 못하게 된다.

---

34) William Hendriksen, *Exposition of Colossians and Philemon,* (Grand Rapids: Baker Book House, 1985), p. 164.

35) 박윤선, *바울서신* p. 355.

넷째, "그를 힘입어 하나님 아버지께 감사하라"는 것이다(롬 1:8; 엡 5:20; 골 1:12; 2:7; 살전 5:18; 히 13:15). 그리스도의 말씀이 성도들의 심령에 풍성히 거하여 예수님을 힘입어 아버지 하나님께 감사하라는 것이다.

　예수님의 말씀이 성도들의 심령 속에 풍성히 거하면, 그들은 다른 사람들을 잘 가르치고 권면할 수 있고, 시와 찬미와 신령한 노래를 부를 수 있고, 모든 언행을 예수님의 이름으로 할 수 있고, 예수님을 힘입어 하나님께 감사할 수 있게 된다. 성도가 예수 그리스도의 말씀으로 충만하다는 것은 성도의 신앙생활에 필수적인 것이다. 그래서 예수님은 그 발아래에서 말씀을 듣던 마리아를 극찬하셨던 것이다(눅 10:38-42).

4. 성도의 올바른 가정생활 3:18-4:1

　앞에서 바울은 모든 신앙생활을 그리스도의 말씀을 풍성하게 거하게 함으로써 수행하라고 권고했다. 이제 그는 성도의 올바른 가정생활에 대해 말한다. 종들은 옛날에 한 가정의 일원이었고 또 상전은 종들의 상전이었던 고로 가족의 일원이었다(22-4:1). 따라서 바울은 주종 관계의 문제 역시 가정생활의 한 부분으로서 취급한다.

골 3:18. 아내들아 남편에게 복종하라. 이는 주 안에서 마땅하니라.
바울은 먼저 아내들에게 "남편에게 복종하라"고 권한다(엡 5:22; 딛 2:5; 벧전 3:7). "복종하라"(ὑποτάσσεσθε)는 말은 중간태로서 '스스로 복종하라'는 말이다. 강요된 복종이 아니라 '자발적으로 복종하라'는 것이다. 구약성경의 잠언에서는 아내가 남편에게 복종하지 않는 경우 불행하게 된다고 말한다(잠 12:4;

21:9, 19; 25:24; 27:15). 바울은 자발적으로 복종하는 일은 "주 안에서 마땅하다"고 덧붙인다(엡 5:3). 주님을 믿는 아내가 남편에게 복종해야 하는 것은 그것이 하나님으로부터 온 제도이기 때문이라는 것이다. 다시 말해, 아내가 남편에게 복종해야 하는 것은 "(1) 남자가 먼저 창조된 까닭(딤전 2:13), (2) 여자는 남자를 위하여 창조된 까닭(고전 11:9), (3) 여자는 남자에게서 난 까닭(고전 11:8), (4) 여자가 솔선하여 범죄한 까닭(딤전 2:14), (5) 여자는 남자보다 연약한 그릇임으로 남자의 지도와 보호를 요구하는 까닭(벧전 3:7), (6) 하나님께서 남자를 여자의 머리로 정하신 까닭(창 3:16; 고전 11:3)이다."[36]

오늘날 아내들은 남편에게 자발적으로 복종하려고 하지 않는다. 남녀평등을 주장하다가 이제는 아예 남편들 머리 위에 올라가 앉아 있는 여자들이 많다. 인권은 동등하지만(고전 11:12; 벧전 3:7) 여자는 역할 면에서 남자에게 복종하도록 되어 있다. 그렇게 함으로써 두 사람이 하나님의 영광을 위해서 살아야 한다(고전 10:31).

골 3:19. 남편들아 아내를 사랑하며 괴롭게 하지 말라.

바울은 남편들에게는 두 가지를 권장한다. 첫째는 아내를 "사랑하라"는 것이다(엡 5:25, 28, 33; 벧전 3:7). "사랑하라"(ἀγαπᾶτε)는 말은 '나를 희생하고 남을 생각하라'는 뜻이다. 여기에서 말하는 사랑은 이성적인 사랑도 아니고 친하기 때문에 사랑하라는 말도 아니다. 이 사랑은 거룩한 사랑으로서 나 자신을 희생하고 아내를 잘 돌보아주는 것을 의미한다. 둘째는 "괴롭게 하지 말라"는 것이다(엡 4:31). "괴롭게 하지 말라"는 말은 '약한 아내를 괴롭히지

---

36) 박윤선, 『바울서신』, p. 356.

말라'는 뜻이다. 남편들은 아내를 괴롭히지 않는 것은 물론이고 적극적으로 돌보고 귀하게 여겨야 한다. 남편들은 아내가 남편보다 약한 그릇임을 항상 기억해야 한다(벧전 3:7).

남편들이 약한 아내를 사랑하지 않는 것은 엄청난 죄다. 아내를 괴롭히고 학대하는 것은 엄청난 죄이기 때문에 하나님은 현세에서도 남편들에게 그 대가를 지불하신다. 그것은 두 가지로 알 수 있다. 하나는 기도가 막힌다(벧전 3:7b). 그리고 다른 하나는 인생말로가 비참해진다. 하나님은 그런 남편들의 건강도 잃게 하시고, 아내와 함께 살지도 못하게 하시며, 자식까지도 멀리 떠나게 하시고, 때로는 재산도 다 없어지게 하신다. 남편들은 일찍부터 자기 아내를 하나님께서 주신 귀한 선물로 알아서 귀하게 여기고 나 자신보다 아내를 더 생각하면서 살아야 한다.

골 3:20. 자녀들아 모든 일에 부모에게 순종하라. 이는 주 안에서 기쁘게 하는 것이니라.

바울은 자녀들에게 "모든 일에 부모에게 순종하라"고 권장한다(출 20:12; 레 19:3; 신 5:16; 잠 23:22; 엡 6:1; 딛 2:9). 바울이 여기에서 사용한 "순종하라"(ὑπακούετε)는 말은 현재 능동태 명령법으로서 '항상 절대적으로 순종하라'는 말이다. 이것은 아내들이 남편에게 자발적으로 순종하는 것과는 달리 강제성을 띤 순종을 의미한다. 자녀는 항상 절대적으로 부모에게 순종해야 한다.

그리고 "모든 일에" 부모에게 순종하라고 한 것은 뒤따라오는 "주 안에서" 라는 말씀 때문에 주님의 뜻에 어긋나지 않는 범위에서 순종하라는 뜻이 된다. 부모의 잘못된 명령, 예를 들어 도둑질을 해오라는 명령까지도 순종하라는 것은 아니다.

바울은 부모에게 순종하라고 권하면서 "이는 주 안에서 기쁘게 하는 것이니라"라는 말씀을 덧붙인다. 부모에게 순종하는 것은 주 안에서 기쁘게 하는 것이다. 즉 주님의 표준으로 볼 때 합당하다는 말이다. 그러므로 부모에게 순종하는 것은 부모만 기쁘게 하는 것이 아니라 예수님을 기쁘시게 하는 것이란 뜻이다. 우리는 예수님을 기쁘시게 하기 위해서 부모에게 순종해야 한다. 예수님을 기쁘시게 하는 것이 우리의 목표가 되어야 한다(고전 10:31).

골 3:21. 아비들아 너희 자녀를 격노케 말지니 낙심할까 함이라.

바울은 여기에서 아비들에게 한 가지만 부탁한다. "자녀를 격노케 말라"는 것이다. 에베소서 6:4에는 좀 더 자세하게 말한다. "아비들아 너희 자녀를 노엽게 하지 말고 오직 주의 교양과 훈계로 양육하라"(엡 6:4).

부모들이 자기의 자녀들을 격노케 하는 원인은 몇 가지가 있다. 첫째, 주님의 교양과 훈계로 양육하지 않고 자기의 생각대로 교육하기 때문이다. 둘째, 자기의 기분과 감정 따라 자녀를 대하기 때문이다. 셋째, 자녀를 위해 기도하지 않고 교육하기 때문이다. 주님을 대신해서 자녀를 양육하는 부모는 전적으로 자녀를 주님께 맡기고 교육해야 한다. 자녀 교육 문제를 주님께 맡기지 않고 자녀들을 대할 때는 자녀들이 말을 잘 듣지 않는 수가 있다. 넷째, 부모가 하나님 앞에 범죄하고 자녀를 대할 때 자녀들이 격노하는 수가 있다. 많은 경우 자녀들의 문제는 부모들의 문제에서 비롯된다. 결국 그 부모는 그 자녀를 만든다. 그러므로 부모들은 하나님 앞에 철저히 회개하고 가정생활을 해야 한다.

바울은 자녀를 격노케 하면 자녀는 "낙심한다"고 말한다. 자녀의 낙심은 큰 해를 불러온다. 그 자녀들은 반항아가 될 수가 있다. 그리고 모든 일에 열의를 잃어버리고 사회생활에서 뒤떨어지게 된다. 부모들은 자녀들로 하여금 낙심케 할 것이 아니라 자녀들을 격려하고 힘을 북돋아주어야 한다.

골 3:22. 종들아 모든 일에 육신의 상전들에게 순종하되 사람을 기쁘게 하는 자와 같이 눈가림만 하지 말고 오직 주를 두려워하여 성실한 마음으로 하라. 바울은 본 절부터 25절까지 종들이 지녀야 할 자세에 관해서 말한다. 종들은 육신의 상전들에게 순종하되 소극적으로는 사람에게 하듯 하지 말고, 적극적으로는 예수님께 하듯 해야 한다(엡 6:5-7; 딤전 6:1; 딛 2:9-10; 벧전 2:18).

바울은 종들에게 순종하라고 권장하면서 그들의 상전들을 "육신의 상전들"이라고 지칭한다(몬 1:16). 다시 말해, 그들은 육신에만 관계된 상전들이라는 말이다. 바울은 이 말씀으로 종들의 영혼의 상전은 하늘에 계시다는 것을 암시한다.

바울은 종들을 향하여 육신의 상전들에게 순종하되 "사람을 기쁘게 하는 자와 같이 눈가림만 하지 말라"고 권한다. 사람을 기쁘게 하는 자와 같이 눈가림만 하는 종들은 예수님을 믿지 않는 세속적인 종들이라는 것이다. 세상에 믿지 않는 노예들은 주인이 보는 앞에서는 열심히 일을 해서 주인을 기쁘게 하지만 주인이 보지 않으면 일을 하지 않는다. 바울은 예수님을 신앙하는 종들은 그런 세상 종들과 같이 얼굴에 두 색깔을 칠하고 행동하지 말라고 권한다.

그러면서 바울은 예수님을 믿는 종들은 "오직 주를 두려워하여 성실한 마음으로 해야" 한다고 권한다. 크리스천 종들은 육신의 상전들이 현장에 없을 때라 할지라도 예수님을 두려워하는 마음으로 주인의 명령을 순종하되 "성실한 마음," 곧 '거짓 없는 마음,' '순결한 마음'으로 해야 한다. 크리스천 종들의 모든 행위는 다 주님 앞에서 하는 것이다. 구약 시대의 요셉은 애굽의 감옥에서도 하나님을 두려워하는 가운데서 최선을 다 했다(창 39:19-23).

골 3:23-24. 마음을 다하여 주께 하듯 하고 … 이는 유업의 상을 주께 받을 줄 앎이니 너희는 주 그리스도를 섬기느니라.

바울은 믿는 종들에게 부탁하기를 육신의 상전들을 위하여 무슨 일을 하든지 "마음을 다하여 주께 하듯하라"고 권한다(엡 6:6-7). "마음을 다하여(ἐκ ψυ-χῆς) 주께 하듯하라"는 말은 '영혼에서부터 주님께 하듯 하라'는 뜻이다. 즉 정성을 다하여 예수님께 하듯 하라는 것이다. 예수님께 하듯 하는 것이 어떻게 하는 것이냐를 좀 더 쉽게 말하자면 사람에게 하듯 하는 것의 반대를 의미한다. 즉 눈가림 하지 않고 일하는 것과 거짓이 없는 마음으로 일하는 것이다.

정성을 다하여 주님의 일로 알고 순종해야 할 이유는 "유업의 상을 주께 받을 것"이기 때문이다(엡 6:8). "유업의 상"이란 '유업이라고 하는 상'을 뜻한다. 여기에서 "유업"과 "상"은 동격이다. 그러므로 유업 자체를 말하는 것이다. 유업이란 다름 아니라 천국과 천국에서 누리는 영광이라고 성경은 말한다(1:12, 27; 3:1-4).

바울은 크리스천 종들이 장차 하늘 유업을 받을 이유는 그들이 "주 그리스도를 섬기고 있기" 때문이라고 말한다. 종들은 육신의 상전만을 위해서 수고하는 것처럼 보이지만 실제로는 예수님을 섬기고 있는 것이기 때문에 앞으로 하늘 유업을 받게 되리라는 것이다. 우리는 모두 사람을 위하여 수고하는 가운데 예수님을 섬기고 있다. 목사를 섬기고 장로를 섬기고 권사를 섬기고 집사를 섬기고 평신도의 발을 닦는 것이 곧 예수님을 섬기는 일인 것이다. 다시 말해,

다른 사람을 통하여 주님을 섬기고 있는 것이다.

오늘날 많은 크리스천들은 사람을 통하여 하나님을 섬기고 있다는 사실을 망각한다. 피고용자들이 고용인을 잘 섬기는 것이 곧 하나님을 섬기는 일이라는 사실을 망각하고 고용인에게 불성실하는 경우가 얼마나 많은가? 탁아소 직원들이 아이들을 잘 돌보는 것이 주님의 일인 줄 모르고 자기의 편리만을 위해서 아이들에게 수면제를 먹이고 불성실하게 대하는 경우가 얼마나 많은가? 오늘날 아파트나 집을 지어 파는 사람들이 그 일을 통하여 예수 그리스도를 섬기는 줄 모르고 불실공사를 하거나 분양원가를 턱없이 높게 책정하여 받는 경우가 얼마나 많은가? 노사(勞使)의 투쟁을 보라. 양쪽 모두 성경 말씀에서 멀리 떨어져 나간 것을 볼 수 있다. 노조는 사측에 맞서 투쟁하고, 사측은 노동자들을 착취한다. 때로는 직장이 전쟁터로 변하기도 한다.

바울이 크리스천 종들에게 육신의 상전들에게 순종해야 할 것을 권면한 사실을 두고 일부 학자들은 바울이 고통 받는 종들을 외면했다고 말하기도 한다. 그러나 우리는 바울 사도를 통한 하나님의 메시지를 포착해야 한다. 하나님의 의도는 믿는 종들이 이렇게 주인들에게 마음을 다하여 순종하고 정직하게 행할 때, 다시 말해, 종들이 믿는 자답게 행할 때 노예제도가 허물어진다는 것이다. 요셉은 애굽에 종으로 팔려갔으나 하나님 앞에서 올바른 신앙의 삶을 살았기에 결국은 종의 멍에를 벗고 애굽 사람들의 머리가 되었고, 훗날 다니엘과 세 친구들도 전쟁포로로 바벨론에 잡혀갔으나 그들의 경건생활로 말미암아 결국은 다니엘이 나라의 둘째 혹은 셋째 자리에게까지 올라갔으며 다른 친구들 역시 고급관리가 되었다. 이것은 신앙으로 사는 사람은 사회를 뒤집는다는 것을 보여 주는 사례들이다. 그러므로 바울은 종들에게 참으로 조용하게 신분을 뒤바꾸고 사회를 바꾸어 놓는 놀라운 비결을 말씀해준 것이다.

오늘도 누구든지 그리스도의 뜻을 따라 살면 이 사회를 놀랍게 개혁하게 될 것이다.

골 3:25. 불의를 행하는 자는 불의의 보응을 받으리니 주는 외모로 사람을 취하심이 없느니라.

앞 절에서 바울은 예수님을 믿고 순종하는 종들이 받을 복에 대해서 말씀했다 (24절). 이제 그는 본 절에서 "불의를 행하는 자," 곧 육신의 상전들에게 '순종하지 않는 자'가 받을 벌에 대해서 말한다. 육신의 상전들에게 순종하지 않는 자는 결국 예수 그리스도를 섬기지 않는 사람이며, 따라서 그들은 불의의 보응을 받을 것이라는 것이다. 곧 불순종에 대한 벌을 받을 것이라는 말이다. 여기에서 말하는 불의의 보응이란 앞 절에서 말씀한 순종의 종들이 받는 유업의 상과 정반대되는 것을 지칭한다. 즉 천국과 천국의 영광을 기업으로 받지 못하는 것을 지칭한다. 이유는 그들이 예수님을 믿지 않기 때문이다. 그들이 육신의 상전에게 불의를 하는 것은 곧 예수님을 믿지 않는 증거라는 것이다.

　여기에서 바울은 불의를 행하는 자가 불의의 보응을 받을 수밖에 없는 이유를 밝히고 있는데, 그것은 하나님께서 "외모로 사람을 취하심이 없으시기" 때문이다(롬 2:11; 엡 6:9; 벧전 1:17). 하나님은 종들이라고 해서 무조건 보아주시지 않으신다는 것이다. 상전이나 종이나 그리스도를 믿느냐 믿지 않느냐 하는 것으로 결정하시는 것이지 높은 지위에 있는 자라고 해서 덜 보아주시고 낮은 지위에 있는 사람이라고 해서 더 보아주시는 것은 아니라는 것이다.

　혹자는 이 "불의를 행하는 자"에 다음 절에 나오는 상전들까지 포함된다고 주장하나, 우리는 그것이 본 절에서 말하는 불순종하는 종들만을 지칭한다고 보는 것이 더 옳을 것이다. 그 이유 중에 하나는 사도가 지금까지 종들에 대해서 말해 왔으므로 일단 종들에 대해서 결론을 지어야 하기 때문이다. 또 다른 하나는 하나님께서 상전들에게 그 어떤 윤리도 말씀하지도 않고 갑자기 "사람을 외모로 취하심이 없다"고 미리 말씀하시지 않으실 것이기 때문이다. 상전들의 윤리에 대해서는 다음 절(4:1)이 말한다. 그러므로 상전들을 위해서 "사람을 외모로 취하심이 없느니라"고 말씀하시려면, 1절 바로 뒤에 말씀하셔야 할 것이다.

예수님을 믿는 것은 얼마나 중요한지 모른다. 하나님은 사람을 외모로 취하시지 않으신다. 하나님은 세상의 높은 사람도 낮은 사람도, 돈 있는 사람도 돈 없는 사람도, 많이 배운 사람도 적게 배운 사람도, 그 어떤 민족도 외모로 보시지 않으신다. 하나님은 일등국에 사는 미국인도 혹은 미개한 나라에서 사는 야만인도 외모로 취하시지 않으신다. 다만 한 가지 예수님을 믿느냐 안 믿느냐로 판단하신다. 우리는 그리스도의 대속을 믿고 그리스도에게 순종하는 사람들이 되어야 한다. 그 이외에 우리에게 다른 선택은 없다.

제4장

성도의 기도생활과 사회생활을 위한 권면 및 사도의 개인적인 추천

골 4:1. 상전들아 의와 공평을 종들에게 베풀지니 너희에게도 하늘에 상전이 계심을 알지어다.

이제 가족의 윤리를 다루는 단락에서 마지막으로 바울은 상전들에게 "의와 공평(τὸ δίκαιον καὶ τὴν ἰσότητα)을 종들에게 베풀라"고 권한다. 여기에서 "의"는 인간관계를 옳게 행하는 것을 말한다. 쉽게 말해서, 사람들에게 바르게 행하는 것을 말한다. 그리고 "공평"(고후 8:13-14)은 한 점 의혹이나 흑막 없이 행하는 것을 말한다. 상전들은 자기가 부리는 종들을 불의하게 혹은 불공평하게 대할 것이 아니라 바르게 대하고 또 한 점 의혹 없이 대해야 한다. 왜냐하면 상전들도 하늘에 그들의 상전이 되시는 하나님이 계시기 때문이다. 상전이 종들에게 불의하게 불공평하게 대하면, 하나님께서 그 상전의 하늘 기업을 제하실 것이며 또 불의의 보응을 받게 하실 것이다. 하나님은 사람을 외모로 취하시지 않는다.

우리나라에는 의와 공평이 거의 사라졌다. 불의와 불공평이 사회 각층에 너무 만연되어 있다. 자기 한 사람만 잘 살려고 한다. 남이야 죽든지 말든지 관심이 없다. 나라의 돈을 엄청나게 떼어먹는다. 남의 등을 쳐서 치부한다. 이런 사람들은 설령 교회에서 중직을 맡았다고 해도 불신자들과 다름없다. 그들은 불의의 보응을 지금도 받고 있고 앞으로 받을 것이다. 그들은 금생과 내세에 진노 아래 있는 사람들이다.

5. 성도의 기도생활 4:2-4

바울은 성도의 성숙한 삶(3:1-4:6)에 대해 언급하는 중에 이제는 마지막으로 성도가 어떻게 기도를 해야 하는지에 대해 지침을 준다(2-4절).

골 4:2. 기도를 항상 힘쓰고.

바울은 "기도를 항상 힘쓰라"고 권면한다(눅 18:1; 롬 12:12; 엡 6:18; 살전 5:17-18). "힘쓰라"(προσκαρτερεῖτε)는 말은 현재 명령형으로서 '끈질기게 매달리라'는 뜻이다. 즉 기도를 하되 끈질기게 매달리라는 뜻이다. 사냥개가 먹이를 발견하고는 끈질기게 추적해서 기어코 잡듯이, 성도는 기도가 이루어질 때까지 하나님께 끈질기게 매달려야 한다. 혹시 하나님께서 응답하시지 않으면 하나님의 뜻이 아니라서 그럴 수도 있으므로 기도 내용을 다시 점검하고 기도해야 한다. 일단 기도를 시작했으면 받은 줄로 확신하고(막 11:24) 기도를 계속해야 한다.

기도에 감사함으로 깨어 있으라.

바울은 항상 기도하라고 권면한 다음 이제는 기도할 때 취해야 할 두 가지의 주의 사항을 말한다. 첫째, '감사한 마음으로' 기도해야 한다는 것이다. 항상 강청(强請)하다가 보면 원망이 생길 수가 있다. 그러므로 기도하는 사람들은 감사를 잊지 않아야 한다. 기도하는 사람은 과거에 내려주신 은총에 대해서 감사하고, 지금 드리고 있는 기도를 하나님께서 이루어주실 줄 믿고 감사함으로 기도해야 한다. 둘째, '깨어 있어야' 한다는 것이다. 기도하는 중에 중요한 것 하나는 깨어 있는 것이다. 비록 다른 응답은 없다고 할지라도 깨어만 있어도 큰 복이다. 이유는 깨어 있지 못함으로 예수님의 재림을 맞이하지 못하기 때문이다(마 25:1-13). 깨어있지 못했던 다섯 처녀는 예수님을 맞이하지 못했다.

오늘 21세기 성도들 중에도 깨어 있지 못하고 잠자는 사람들이 얼마나 많은지 알 수 없다. 주일날 한번 교회에 참여하고 다른 날은 예수님 없이 살아간다. 다시 말해, 믿음 없이 살아가고 기도 없이 살아간다. 우리는 항상 기도하면서 성령의 주장과 인도 중에 깨어 있어야 한다.

골 4:3. 또한 우리를 위하여 기도하되 하나님이 전도할 문을 우리에게 열어 주사 그리스도의 비밀을 말하게 하시기를 구하라. 내가 이것을 인하여 매임을 당하였노라.

바울은 앞 절에서 성도들이 항상 기도할 것을 권장한 후 이제는 전도자(바울, 디모데, 에바브라)들을 위해서 기도할 것을 부탁한다(롬 15:30; 고후 1:11; 엡 6:19; 살전 5:25; 살후 3:1-2). 바울은 특히 전도자들을 위한 두 가지 기도를 부탁한다. 첫째, "전도할 문을 열어주시기"를 위해 기도하라고 부탁한다. 전도할 문을 열어주시기를 위해 기도하라는 말은 전도할 기회가 열리도록 기도해 달라는 말이다(고전 16:9; 고후 2:12). 바울은 감옥에서도 복음을 전하고 있었으나(행 28:30-31) 앞으로 자신이 석방되어 더 많은 사람에게 복음 전할 기회가 열리도록 해달라고 부탁한다. 그는 자나 깨나 복음 전하는 열망으로 가득 차 있었다(살후 3:1).

둘째, "그리스도의 비밀을 말하게 하시기를 구하라"고 부탁한다. "그리스도의 비밀"(마 13:11; 고전 4:1; 엡 6:19; 골 1:26; 2:2)은 '그리스도라고 하는 비밀'을 의미한다. 즉 이것은 자기가 복음을 말하게 되도록 기도해 달라는 부탁인 것이다. 복음도 하나님이 말하게 해주셔야 잘 전할 수 있다. 바울은 오래도록 복음을 전했고 로마 감옥에서도 복음을 전했지만, 자기는 앞으로도 하나님께서 허락해 주셔야만 계속해서 복음의 말씀을 전할 수 있다고 생각한 것이다. 바울은 그것을 위해 기도를 부탁했다. 우리는 기도 하지 않고 복음을 전하려고 시도해서는 안 된다.

바울은 "내가 이것을 인하여 매임을 당하였다"고 말한다(엡 6:20; 빌 1:7). 자신이 복음을 전하다가 매임을 당하였으니 계속해서 복음 전할 기회를 위해서 기도해 주어야 하고 또 복음의 말씀을 잘 전할 수 있도록 기도해야 한다는 것이다.

우리는 복음 전도의 기회를 끊임없이 하나님께 구해야 한다. 어느 전도자는 교회에서 정년 은퇴하고 난 후 1,000번의 집회의 기회를 얻기 위해서 기도했더니 계속해서 전도의 문이 열렸다고 간증한다. 우리는 그리스도를 온 세상에 말할 수 있도록 기도해야 한다. 그러면 열린다. 예수님은 지금도 말씀하시기를 "구하라, 찾으라, 두드리라"고 하신다(마 7:7). 오늘 우리에게는 전도할 곳이 없는 것이 아니라 기도가 없는 것이다.

골 4:4. 그리하면 내가 마땅히 할 말로써 이 비밀을 나타내리라.
바울은 골로새 교회 성도들이 자신을 위해 기도해 주면 자신이 "마땅히 할 말로써 이 비밀을 나타내리라"고 말한다. "마땅히 할 말로써 이 비밀을 나타내리라"는 말씀은 '복음전파로써 이 비밀, 곧 그리스도를 나타내리라'는 뜻이다.

"마땅히 할 말로써"(as I ought to speak.)라는 말은 '복음 전파로써' 혹은 '설교로써'라는 뜻이다. 바울은 골로새 교인들이 자신을 위하여 전도의 문이 열리도록 기도해 주고 또한 그리스도의 비밀을 말 할 수 있도록 기도해 준다면, 자기는 마땅히 할 말로써, 곧 복음전파로써 예수님을 나타내겠다는 것이다. 우리는 내 자신이 마땅히 할 말, 곧 설교를 하기 전에 내 자신이 기도해야 하고 또 다른 이들에게 기도를 부탁해야 한다. 기도가 있을 때 성령님이 역사하셔서 설교를 잘 할 수 있게 된다.

6. 성도의 사회생활 4:5-6

앞에서 바울은 성도들이 개인적으로 항상 기도할 것을 권하고 또 전도자들을 위해서 기도할 것을 부탁했다(2-4절). 이제 그는 성도가 어떻게 불신 사회 사람들을 대해야 할 것인가에 대해 말한다.

골 4:5. 외인을 향하여서는 지혜로 행하여 세월을 아끼라.
바울은 성도의 주위에 있는 "외인," 곧 '믿지 않는 사람'(고전 5:12-13; 살전 4:12; 딤전 3:7)을 향하여서는 "지혜로 행하여 세월을 아끼라"고 권한다. 이 말씀은 '지혜롭게 행동하여(엡 5:15; 살전 4:12) 시간을 값있게 쓰라'는 말이다 (엡 5:16). 성도들이 불신자들 중에서 행동할 때 지혜롭게 처신하는 것은 대단히 중요하다. 그렇지 않으면 그리스도의 영광이 크게 훼손되기 때문이다.

지혜롭게 행동하여 "세월을 아끼라"는 말은 '시간을 값있게 쓰라'는 말이다. 지혜롭게 행동하지 못하면 시간을 보람 있게 쓰지 못한다. 불신자와 함께 있을 때 그들에게 그리스도를 전하거나 그들을 위하여 기도해 주면 불신자가 은혜를 받아 그리스도를 영접하고 믿게 될 것이다. 그러면 그 일 때문에 우리 성도는 하나님으로부터 영광의 상급을 받게 된다(빌 4:1). 그러나 불신자와 함께 있을 때에 불신자에게 동화되어 함께 죄를 지으면 신자에게도 엄청난 손해이고 불신자에게도 유익할 것이 없다. 더 나아가 그 불신자는 뒤돌아서서 신자를 향해서 욕을 퍼부을 것이다. 결국 세월을 낭비하는 꼴이 된다. 그러므로 성도는 항상 하나님께 지혜를 구하여 시간을 값있게 써야 할 것이다.

골 4:6. 너희 말을 항상 은혜 가운데서 소금으로 고루게 함같이 하라. 그리하면 각 사람에게 마땅히 대답할 것을 알리라.
본 절은 성도가 언어를 어떻게 구사해야 할지에 대하여 말한다. 성도는 "말을 항상 은혜 가운데서 소금으로 고루게 함같이 하라"는 것이다. 여기에서 "말을 은혜 가운데서 하라"는 말씀과 "소금으로 고루게 함같이 하라"는 말씀은 동격이며 또 내용도 비슷하다. "말을 항상 은혜 가운데서 하라"는 말씀은 '말을 항상 은혜롭게 하라'는 것이고, "소금으로 고루게 하라"는 말씀은 '소금으로 음식을 맛나게 하는 것처럼 말을 할 때 상대방에게 유익이 되고 은혜가 되도록 하라'는 것이다. 성도가 교회 안에서 말을 할 때 항상 은혜롭게 하고, 언어에도 소금을 쳐서 맛나게 그리고 부패치 않게 하는 것을 연습하다 보면, "그리하면 각 사람에게 마땅히 대답할 것을 알게 된다"는 것이다. '각 사람, 곧 불신자들 한 사람 한 사람에게 마땅히 어떻게 말해야 할지를 알게 된다'는 것이다(벧전 3:15). 다시 말해, 불신자들에게 어떻게 말해야 할지를 성령이 가르쳐 주셔서 복음을 효과적으로 전할 수 있게 된다는 것이다.

성도는 언어를 구사할 때 항상 조심해야 한다. 성령의 인도를 따라서 은혜롭게 말해야 하고, 부패한 말을 하지 않고 상대방에게 유익한 말을 해야 한다.

이사야는 자기의 입술이 부정한 것을 발견하고 탄식했을 때 하나님께서 그의 입술을 숯으로 지져주셨다(사 6:6-7). 오늘 우리는 말을 은혜롭게 하지 못하고 상대방 듣기에 너무 더럽게 해서 자기의 한 생애를 망쳐버리는 수가 있다. 우리는 탄식해야 한다. 그리고 뼈를 깎는 자복을 해야 한다. 그러면 하나님께서 변화를 주신다. 그렇게 할 때 우리는 비로소 불신자들에게 복음을 전할 수 있게 될 것이다.

VI. 결론 4:7-18

성도의 성숙한 삶(3:1-4:6)에 대해 언급한 바울은 이제 본 서신을 마감하기 전에 여러 가지 말을 한다. 두기고와 오네시모 두 사람을 골로새 교회로 보내는 이유를 말하고(7-9절), 자신의 동역자들의 인사말을 전하며(10-14절), 라오디게아 교회와 눔바의 집에 있는 교회에 문안하도록 부탁하고(15절), 본 서신과 또 다른 서신을 골로새 교회와 라오디게아 교회가 회람할 것을 부탁하며(16절), 마지막으로 아킵보라는 사람에게 개인적인 부탁을 전한다(17절). 그리고 축도로 서신을 끝낸다(18절).

1. 두기고와 오네시모를 보내는 이유 4:7-9

골 4:7. 두기고가 내 사정을 다 너희에게 알게 하리니 그는 사랑을 받는 형제요 신실한 일군이요 주 안에서 함께 된 종이라.

바울은 자신이 두기고(행 20:4)를 골로새 교회에 보내는 이유 두 가지를 말한다.

그 하나는 두기고가 자신의 사정을 골로새 교우들에게 알리는 것이다(엡 6:21). 바울은 두기고를 보내면서 그를 세 가지로 칭찬한다. 첫째, 두기고는 "사랑을 받는 형제"였다. "사랑 받는 형제"라는 말은 '예수님으로부터 사랑을 받는 한 가족'이라는 뜻이다. 하나님을 믿는 사람은 예수님의 한 가족이라고 예수님께서 말씀하신다(마 12:49-50). 예수님을 신앙하는 사람은 모두 형제자매이다. 우리는 외로울 것이 없는 사람들이다. 둘째, 두기고는 "신실한 일군"이었다. "신실한 일군"이란 말은 '예수님께 충성스러운 일군'이라는 뜻이다. 여기에서 "일군"(διάκονος)이란 말은 '티끌(κον)을 통과하여(δια) 다니는 사람'(os)이라는 뜻이다. 교회의 일군들은 모두 교회의 궂은일을 하는 사람들이다. 그러므로 교회의 일군들은 대접받으려는 생각을 아예 버려야 한다. 셋째, 두기고는 "주 안에서 함께 된 (신실한) 종"이었다(1:7). 여기에서 한 가지 유의할 것은 바로 이 "신실한 일군"이라는 말씀 중에 '신실한'이라는 단어가 뒤에 나오는 "주 안에서 함께 된 종"이란 표현에도 걸린다는 점이다. 그러므로 "주 안에서 함께 된 (신실한) 종"(σύνδουλος ἐν κυρίω)이란 말씀은 '바울 사도도 주님을 믿는 충실한 종이고 두기고도 주님을 믿는 신실한 종'이라는 뜻이다. 두 사람 모두 주님을 믿는 신실한 종이라는 뜻이다. 우리는 주님을 떠나지 않는 충실한 종들이 되어야 한다.

골 4:8. 내가 저를 특별히 너희에게 보낸 것은 너희로 우리 사정을 알게 하고 너희 마음을 위로하게 하려 함이라.
바울이 두기고를 보내는 또 다른 이유는 골로새 교우들이 자신의 사정을 알게 되어 위로를 얻게 하려는 것이었다. 바울은 자기가 옥중에서도 기쁨을 누리고 있고 또 많은 사역을 하는 것을 알림으로써 골로새 교우들을 위로하기를 원했다.

바울은 남을 위로하기를 좋아하는 사도였다. 그는 그리스도를 통하여 하나님으로부터 엄청난 위로를 받은 후 다른 사람을 위로하는 사람이 되었다(고후 1:4).

골 4:9. 신실하고 사랑을 받는 형제 오네시모를 함께 보내노니 그는 너희에게서 온 사람이라. 저희가 여기에서 일을 다 너희에게 알게 하리라.

바울은 자신이 두기고 이외에 오네시모를 함께 보낸다고 말한다(몬 1:10). 바울은 오네시모를 보내면서 그를 두 가지로 칭찬한다. 첫째, 오네시모는 "신실한 일군"이었다. 옛날에는 신실치 못하였고 말썽을 피었던 사람이었지만(몬 1:11) 이제는 "신실한" 사람이 되었다는 것이다. "신실하다"는 말씀은 '그리스도께 딱 붙어 있다'는 뜻이다. 오네시모는 이제 그리스도께 붙어서 떨어지지 않는 새 사람이 되었다. 그는 가출했다가 바울을 만나 새 사람이 되었다. 하나님의 놀라운 섭리이다. 둘째, 오네시모는 "사랑을 받는 형제"였다. "사랑 받는 형제"란 말은 '예수님으로부터 사랑을 받는 동일한 가족'이라는 말이다(7절). 우리 모두는 오네시모처럼 예수 그리스도에게 딱 붙어서 떨어지지 않는 신실한 일군이 되어야 하고, 예수님으로부터 사랑을 받는 예수님의 가족이 되어야 할 것이다.

2. 바울의 동역자들의 인사말 4:10-14

바울은 동역자들의 인사말을 전한다. 바울은 동역자들, 곧 아리스다고, 마가, 유스도라고 하는 예수, 에바브라, 의원 누가와 데마 등 여섯 사람의 문안 인사를 쓰고 있다. 바울은 혼자 일하는 사람이 아니었다. 그는 동역자들을

귀하게 여겨 그들의 문안 인사를 적어 보낸다. 기독교는 예의가 없는 종교가
아니라 오히려 예의를 갖춘 종교이다.

골 4:10-11. 나와 함께 갇힌 아리스다고와 바나바의 생질 마가와 … 유스도라
하는 예수도 너희에게 문안하니 저희는 할례당이라. 이들만 하나님 나라를 위하
여 함께 역사하는 자들이니 이런 사람들이 나의 위로가 되었느니라.
바울은 아리스다고(행 19:29; 20:4; 27:2; 몬 1:24), 바나바의 생질 마가(행
15:37; 딤후 4:11)와 유스도라고 하는 예수가 골로새 교회에 문안한다고 말한다.
그리고 바울은 이 사람들이 할례당이라고 밝히고 하나님 나라를 위하여 함께
수고한 사람들이라고 밝힌다. 그리고 이 사람들이 바울 사도의 위로가 되었다고
말한다.
　　"아리스다고"는 바울을 돕기 위해 자발적으로 바울과 함께 로마 옥에 "갇혔
는데" 그는 데살로니가에 거주하던 유대인이었고(행 20:4), 바울과 함께 에베소
의 소요를 겪었으며(행 19:29), 에베소에서 아시아까지 바울과 함께 여행하였고
(행 20:1-4), 가이사랴에서 로마로 잡혀갈 때 바울과 누가와 동행한 일이 있었다
(행 27:2). 그는 오랫동안 바울과 함께 고생한 사람이었다. 우리는 전도자와
함께 복음을 전하기 위하여 고생해야 한다. 우리는 앞으로 복음을 전하기
위하여 고생을 하는 일이라면 사양치 말아야 한다.
　　바나바의 생질(누님이나 혹은 여동생의 아들) "마가"는 바울의 제1차 선교
여행에서 바울을 시중하다가 선교여행팀에서 빠진 일이 있었다(행 13:13).
마가의 도중하차는 훗날 바울과 바나바의 싸움의 원인이 되었다(행 15:36-40
).37) 그러나 훗날 마가는 바울의 협조자로 쓰임 받았다(딤후 4:11). 그리고
바울은 지금 마가의 문안을 골로새 교회에 전하고 있으며 훗날 마가가 그

교회를 방문하는 경우 잘 대접하라고 부탁까지 한다. 처음에 불성실하였던 마가는 다시 쓰이는 영광을 받았고 오늘의 본문에서처럼 바울의 큰 천거까지 받게 되었다.

많은 경우 전도자는 초년보다는 만년에 더욱 누추한 이름을 남기는데, 마가는 오히려 훗날에 더 아름다운 모습을 보여 주었다. 전도자는 성령을 의지하여 성령의 사람으로 살고 성령의 힘으로 사역해서 훗날이 더욱 아름다워야 할 것이다.

바울은 "유스도라 하는 예수"의 문안까지 적어 보낸다. 이 "유스도라 하는 예수"는 히브리 이름 "예수"(여호수아)에다가 로마 이름 "유스도"('정의'라는 뜻)를 덧붙인 이름인데, 이 사람에 대해서는 더 이상 알 길이 없다.

바울은 이 세 사람(아리스다고, 마가, 유스도라고 하는 예수)에 대해서 두 가지 설명을 붙인다. 첫째, 이들은 "할례당"이었다. 할례를 받은 순수한 유대인이라는 말이다. 유대인 중에도 예수님을 영접하고 복음을 위해서 수고하는 사람들이 있다는 것을 골로새 교회에 알리고 있는 것이다. 둘째, 이들은 "하나님 나라를 위하여 함께 역사하는 자들"이었다. 이 세 사람은 할례를 받은 유대인들이었지만 할례를 주장하지 않고 복음을 위해서 바울 사도와 함께 수고했다는 것이다. 다른 유대인들은 대부분 예수님을 배척했고 또 일부 믿는 사람이 있어도 할례만은 꼭 받아야 한다고 주장했는데, 이 세 사람은 비록 자신들은 할례를 받았지만 모두가 할례를 받아야 한다고 주장하지도 않았고 복음을 위하여 바울 사도와 함께 수고함으로써 바울 사도에게 놀라운

---

37) 바나바의 도중하차(행 13:13)는 바울과 바나바의 싸움의 원인이 되어 서로 갈라서게 되었으나(행 15:36-40) 그로 말미암아 선교 팀은 두 팀이 된 셈이다. 복음 사역 면에서 보면 더욱 유익한 결과를 가져왔다. 모든 것이 합력하여 선이 된 것이다(롬 8:28).

위로를 끼쳤다.

골 4:12. 그리스도 예수의 종인 너희에게서 온 에바브라가 너희에게 문안하니 저가 항상 너희를 위하여 애써 기도하여 너희로 하나님의 모든 뜻 가운데서 완전하고 확신 있게 서기를 구하나니.

앞에서 바울은 세 사람의 문안을 전했는데, 이제는 골로새 교회로부터 온(7절) 에바브라가 골로새 교회의 성도들에게 문안하는 말을 전한다. 에바브라(1:7; 몬 1:23)는 바울의 눈에 비친 대로 "그리스도 예수의 종"이었다. 그리고 그는 항상 골로새 교인들을 위하여 "애써 기도하는" 사람이었다(롬 15:30). "애쓴 다"(ἀγωνιζόμενος)는 말은 경기장에서 힘을 다해 싸우는 것을 나타낼 때 사용하던 단어이다. 에바브라는 예수님께서 겟세마네 동산에서 애써 기도하시 듯(마 26:36-44) 최선을 다해 기도하는 사람이었다. 에바브라는 항상 골로새 교인들을 위하여 애써 기도하여 그들이 "하나님의 모든 뜻 가운데서 완전하고 확신있게 서기를 구했다." 하나님의 모든 뜻 가운데서 "완전하게 … 서기를" 위해 기도한다는 것은 하나님의 모든 뜻을 '온전하게 알게 되기'를 위해 기도한 다는 뜻이다. 모든 성도는 하나님의 모든 뜻을 온전하게(perfect) 알기 위해 매일 기도해야 한다(롬 12:2).

에바브라가 골로새 교인들이 하나님의 모든 뜻 가운데서 "확신 있게 서기 를" 위해 기도한다는 말은 골로새 교인들이 하나님의 모든 뜻을 온전하게 파악한 후에는 그 파악한 진리를 확실히 신뢰하고 의지하여 굳건히 서기를 위해 기도한다는 말이다. 여기에서 주의할 것은 "서기를"(σταθῆτε)이란 말이 수동태라는 점이다. 즉 에바브라는 골로새 교인들이 하나님의 모든 뜻을 온전히 파악하고 그것을 의지하여 서게 되기를 위해 기도했는데 그것도 스스로 홀로 서기를 위해 기도한 것이 아니라 하나님께서 세워주시기를 위해 기도한 것이다. 우리는 하나님께서 세워주시는 만큼 서는 것이다. 우리 홀로 설 수가 없다. 우리는 하나님께서 세워주실 때에만 서게 된다.

우리는 하나님의 뜻을 알기 위해 매일 기도해야 하고 또 그 뜻을 확신하고 하나님의 뜻 위에 서게 되기 위해 기도해야 한다. 우리는 자신이 혼자 설 수 없는 줄로 알고 세움 받기를 위해 간절히 기도해야 한다.

골 4:13. 그가 너희와 라오디게아에 있는 자들과 히에라볼리에 있는 자들을 위하여 많이 수고하는 것을 내가 증거하노라.

바울은 에바브라가 골로새 교인들만을 위하여 애써 기도하는 것이 아니라 라오디게아 교인들과 히에라볼리에 있는 자들을 위하여 많이 수고한다고 증거한다. (라오디게아에 대하여는 2:1절의 주해를 참조하라.) 히에라볼리는 루커스 계곡(Lycus Valley)에 위치한 도시로서 골로새, 라오디게아와 함께 삼각 도시를 이루고 있다. 에바브라는 이 세 곳에 교회를 창립한 전도자로서 이 세 곳 교회에 이단들이 침입한 것을 알고 이단 퇴치를 위하여 영적으로 많이 "수고하게" 되었다. 특히 그는 이단을 물리치기 위해서 애써 기도했다. 바울은 다른 사람들이 수고하는 것을 밝히 드러내기를 좋아하였다. 우리는 남들을 내세우기를 즐겨해야 한다. 그것이 결코 손해가 아니다. 오히려 나에게 복이 된다.

골 4:14. 사랑을 받는 의원 누가와 또 데마가 너희에게 문안하느니라.

바울은 또 두 전도자, 곧 누가와 데마의 문안을 적는다. 누가(딤후 4:11)는 일차적으로 예수님으로부터 "사랑을 받았고" 다음으로는 바울로부터 "사랑을 받는" 전도자였다. 누가는 바울의 선교여행의 대부분을 동행한 사람이었다. 그는 바울을 따라 다니면서 사도행전을 저술하여 교회 역사에 놀라운 공적을 남겼다(눅 1:1-4; 행 1:1). 누가는 "의원"으로서 누가복음과 사도행전을 기록하면서 의학적인 관찰을 보여 주었다. 하나님은 성경을 기록하실 때 여러 종류의 사람을 들어 쓰셨다.

데마(딤후 4:10; 몬 1:24)는 바울의 동역자였으나 바울이 재차 투옥되자 세상을 사랑하여 고향으로 떠나가고 말았다. 대부분의 전도자는 초년에는 잘 감당하다가 만년에 와서는 믿음과 열정이 식어진다. 끝까지 충성하는 전도자가 별로 없다. 데마가 대표적인 사람이었다.

3. 라오디게아 교회와 눔바의 집에 있는 교회에 문안하라 4:15

골 4:15. 라오디게아에 있는 형제들과 눔바와 그 여자의 집에 있는 교회에 문안하고.

바울은 골로새 교회의 지도자에게 골로새 근처에 위치한 라오디게아 교회의 "형제들", 곧 '교인들'과 눔바와 그 여자의 집에 있는 교회에 문안해 달라고 부탁한다. 그런데 여기에서 문제가 되는 것은, 과연 바울 당시에 라오디게아라고 하는 도시에 두 교회가 있었느냐 하는 것이다. 다시 말해, 라오디게아 교회가 있었고 또 눔바의 집에서 모이는 회중이 있었느냐 하는 것이다. 더 쉽게 말해서, 한 도시 안에 두 회중이 있었느냐 하는 문제이다. 사실 바울 사도 당시 조그마한 도시에 두 교회가 있었던 실례는 없었다. 그러므로 여기에서 "라오디게아의 형제들"은 라오디게아 도시에 있었던 성도들을 개별적으로 부른 이름이었을 것이고, "눔바와 그 여자의 집에 있는 교회"는 "교회"라는 이름을 붙여 부른 이름이었을 것으로 보아야 할 것이다.

4. 두 서신을 회람하라 4:16

골 4:16. 이 편지를 너희에게서 읽은 후에 라오디게아인의 교회에서도 읽게 하고 또 라오디게아로서 오는 편지를 너희도 읽으라.

바울은 골로새서를 골로새 교인들이 먼저 읽은 후에 라오디게아 교인들도 읽도록 하고, 라오디게아 교회에서 오는 편지를 골로새 교인들도 읽으라고 권장한다. 그러므로 골로새 교회는 골로새서를 먼저 읽은 후에 라오디게아에서 오는 편지를 읽고, 라오디게아 교회는 먼저 라오디게아서를 읽은 후에 골로새 교회로부터 오는 골로새서를 읽으라는 것이다.

그런데 문제는 라오디게아서의 존재에 대한 것이다. 라오디게아서의 존재에 대하여 학자들은 여러 가지 학설(學說)을 내 놓았다. 그 중에 가장 수용할 만한 것은 사도의 라오디게아서가 분실되었다는 주장이다. 즉 그 서신을 두 교회가 읽은 후에 분실해서 훗날 성경이 편집될 때 그것이 성경 안에 가입되지 못했다는 것이다.

그러나 하나님의 말씀이 분실되었다는 학설은 성경의 지지를 받지 못한다. 구약 사무엘상 3:19에 보면 "사무엘이 자라매 여호와께서 그와 함께 계셔서 그 말로 하나도 땅에 떨어지지 않게 하셨다"고 말한다. 하나님께서 사무엘과 함께 계셨기 때문에 사무엘을 통하여 하신 하나님의 말씀이 모두 성취되었다는 말이다. 하나님은 또 세례 요한을 통하여 하신 말씀도 다 성취하셨다(요 10:41-42). 마찬가지로 우리는 하나님께서 바울 사도를 통하여 하신 말씀, 곧 라오디게아서가 분실되지 않고 세상에 그냥 남아서 사람들에 의해 읽혀지고 있다고 보아야 할 것이다. 그러므로 라오디게아서가 분실되었다고 보는 학설보다는 에베소서가 회람서신으로서 라오디게아 교회를 통하여 골로새 교회에까지 전달되었다는 학설을 받아야 할 것이다(박윤선, Lightfoot, Carson, Abbott, Peake). 다시 말해, 에베소서가 라오디게아 교회를 통하여 골로새 교회에까지 왔다는 학설을 받아야 한다는 것이다. 여기에도 한 가지 약점이 있기는 하다. 그 이유는 헬라어 본문이 "라오디게아로부터 오는 편지"(τὴν ἐκ Λαοδικείας)라고 한 점이다. 다시 말해, '라오디게아를 통하여 오는 편지'라고 기록되어 있지 않다는 점이다. 그러나 달리 생각하면, 라오디게아에 이미 도착한 서신이 골로새 교회로 오기 위해서는 "라오디게아로부터"라고 써야 할 것이다. 아무튼 이 학설이 가장 옳다고 주장하기는 쉽지 않으나, 우리는 하나님의 말씀은 영원히 존재해야 한다(사 40:8; 눅 16:17; 벧전 1:25)는 성경말씀에 의지해 그것을 가장 믿을만한 학설로 수용하는 수밖에 없을 것이다.

5. 아킵보에 대한 분부 4:17

골 4:17. 아킵보에게 이르기를 주 안에서 받은 직분을 삼가 이루라고 하라. 바울은 골로새 교회의 빌레몬과 압비아에게 부탁하기를 주님의 사역자 아킵보(몬 1:2)를 격려해서 주님으로부터 받은 직분(딤전 4:6), 곧 설교 사역을 조심하여 실행하도록 독려하라고 부탁한다. 아킵보는 빌레몬과 압비아의 아들로서 당시 에바브라를 대신하여 설교 사역을 감당하고 있었던 것 같다. 빌레몬서 1:1-2에 보면 "그리스도 예수를 위하여 갇힌 자 된 바울과 및 형제 디모데는 우리의 사랑을 받는 자요 동역자인 빌레몬과 및 자매 압비아와 및 우리와 함께 군사 된 아킵보와 네 집에 있는 교회에게 편지하노니"고 말한다. 바울은 제일 먼저 빌레몬의 이름을 쓰고, 다음으로 빌레몬의 아내 압비아의 이름을 쓰고, 마지막으로 그들의 아들인 아킵보의 이름을 쓴 것으로 보인다.

바울은 아킵보의 부모 빌레몬과 압비아에게 편지를 쓰면서 부탁하기를 아들 아킵보에게 이르기를 "주 안에서 받은 직분," 곧 설교하는 직분을 조심하여 성취하도록 하라고 부탁하고 있는 것이다. 바울은 부모를 제쳐놓고 아들에게 편지를 쓰기보다는 아버지 빌레몬에게 편지를 쓰면서 아들 아킵보로 하여금 주님에게 충성하도록 부탁하라고 말씀한 것이다.

우리는 주님으로부터 받은 직분을 삼가 이루어야 한다. 목사 직분이든지 장로 직분이든지 혹은 집사의 직분이든지 조심하여 이루어야 한다. 성령님의 지혜와 능력을 받아 충성스럽게 수행해 나가야 한다. 마구잡이로 하다가는 매를 맞는다(마 24:42-51).

6. 축도 4:18

골 4:18. 나 바울은 친필로 문안하노니.
바울은 대서자(代書者)를 통하여 편지를 쓰다가 이제 편지의 끝에 와서는 친히 붓을 들어 골로새 교회에 문안한다. 바울은 예의를 지키는 사도였다.
　　나의 매인 것을 생각하라.
　　바울은 골로새 교인들에게 자신의 "매인 것을 생각하라"고 부탁한다. 여기에서 "생각하라"(μνημονεύετε)는 말은 '기억하라,' 혹은 '회상하라'는 뜻이다. 바울은 골로새 교인들에게 자신이 여전히 로마 감옥에 투옥되어 있다는 사실을 항상 기억하고 이단들을 대적하며 그리스도의 복음에 굳게 설 것을 부탁하는 것이다. 그리스도는 이단들이 주장하는 것들과는 비교도 할 수 없이 위대하신

분이므로 그분의 복음에 굳게 서기를 부탁한다.

오늘도 우리는 우리 앞에 바울 사도와 같은 고난의 증인이 있는 것을 생각하고 믿음의 경주에 매진하며 그리스도로부터 힘을 얻어 하루하루 그리스도를 향해 전진해야 할 것이다(히 12:1-2). 그리고 우리 자신들도 바울 사도처럼 다른 이들에게 모본이 되며 기억의 대상이 되는 성도가 되어야 할 것이다.

은혜가 너희에게 있을지어다.

바울은 서신 맨 마지막에 와서 "은혜가 너희에게 있을지어다"라고 짧은 축복기도를 한다. 바울이 이렇게 짧은 축복기도를 한 경우는 디모데전서 6:21; 디모데후서 4:22; 디도서 3:15에서 발견된다. 은혜란 그리스도를 통하여 오는 하나님의 호의(好意)를 말한다. 우리들처럼 죄 많은 사람들에게는 그리스도를 통하여 오는 하나님의 호의가 있어야 한다. 이 은혜가 없이는 우리는 단 하루도 평안하게 살 수 없고 기쁨으로 살 수도 없다. 우리는 또 우리의 이웃들에게 은혜를 구해 주어야 한다. 우리의 이웃들이 은혜가 넘치는 성도들이 되도록 넉넉한 은혜를 간구해야 한다.

- 골로새서 주해 끝 -

빌레몬서 주해
Philemon

총론

저작자 본 서신의 저작자가 바울 사도라는 사실은 본 서신 자체에 분명하게 나타나 있다(1:1, 19). 본 서신은 여러 곳에서 바울이 본 서신을 썼다는 암시를 하고 있다. 가령, 본 서신의 저자가 자신이 옥에 갇힌 사람이라는 것을 말하고 (1:1, 9, 10 ,13, 23), 수신자들에게 기도를 부탁하고(1:22), 동역자들의 안부를 전하는 것(1:23-24) 등을 들을 수 있다.

본 서신이 바울의 저작이라는 주장은 성경 밖에서도 발견된다. 초대 교회의 익나티우스(Ignatius－Eph., II; Mag., XII; Polyc., VI.), 터툴리안(Tertullian －Adv. Marc., V, 42), 오리겐(Origen) 등은 그들의 글에서 바울이 본 서신을 쓴 것으로 인정하였다.

기록한 장소와 때 본 서신은 바울이 감옥에 갇혀 있다고 다섯 차례나 말씀한다 (1:1, 9, 10, 13, 23). 이것을 통해 우리는 바울이 본 서신을 감옥에서 썼다는 것을 알 수 있다. 또 사도행전은 바울이 로마 감옥에서 본 서신을 기록했을 것이라는 암시를 주고 있다(행 28:14-16, 23, 30-31). 빌레몬서와 거의 같은 시기에 기록된 것으로 보이는 골로새서도 바울이 본 서신을 로마 감옥에서 기록했다고 여러모로 증거한다. 골로새서 4:7-9은 빌레몬서와 골로새서 두 서신을 두기고가 전한 것으로 말씀한다. 또한 두 편지에 아킵보의 이름이 쓰여 있고(골 4:17; 몬 1:2), 두 서신 모두 바울과 디모데가 공동으로 발신한 편지임을 말한다(골 4:18; 몬 1:1). 그리고 빌레몬서와 거의 같은 시기에 기록된 것으로 보이는 빌립보서 1:13과 4:22은 바울이 로마 감옥에 갇혀서 복음을 증거하고 있었다는 것을 말한다. 그러므로 본 서신은 골로새서 및 빌립보서와 함께 주후 61-63년 사이에 로마에서 기록된 것으로 보아야 한다.

편지를 쓴 이유 바울은 골로새 지방의 빌레몬 집에서 도망쳐 나온 노예 오네시모를 만난다. 오네시모는 바울 사도를 만나 복음을 듣고 중생하여 새사람이 된다. 바울은 그 당시 사회의 관습에 따라 오네시모를 주인 빌레몬에게 일단 돌려보내려고 한다. 바울은 빌레몬에게 오네시모를 영접하라고 최선을 다하여 권장한다. 바울은 빌레몬이 그의 노예였던 오네시모를 이제 형제로서 영접하도록 하기 위해 애틋한 사랑으로 본 서신을 쓴다.

내용분해

  I. 인사 1:1-3
  II. 감사 1:4-7
  III. 오네시모를 위한 바울의 부탁 1:8-21
        1. 명령 대신 간구한다 1:8-10
        2. 오네시모는 유익한 사람이다 1:11-12

빌레몬서 주해를 위한 참고도서

1. 박윤선. 『바울서신: 성경주석』. 서울: 영음사, 1985.

2. 이상근 『옥중서신: 신약성서주해』. 서울: 대한예수교장로회총회교육부, 1971.

3. 『에베소서-빌레몬서: 호크마종합주석 8』. 강병도 편. 서울: 기독지혜사, 1992.

4. Barclay, W. *The Letters to Timothy, Titus, Philemon*. Edinburgh: Saint Andrew Press, 1956.

5. Bengel, J. A. 『에베소서-빌레몬서: 벵겔신약주석』. 오태영 역. Seoul: 도서출판 로고스, 1991.

6. Bruce, F. F. *The Epistles to the Colossians, to Philemon*: NICNT. Grand Rapids: Eerdmans, 1984.

7. Calvin, John. *The Epistle of Paul the Apostle to Timothy, Titus, Philemon*. Trans. J. Pringle, Grand Rapids: Eerdmans, 1948.

8. Deibler Edwin C. "Philemon," *The Bible Knowledge Commentary*. ed. John F. Walvoord & Roy B. Zuck. Wheaton, Ill: Victor Books, 1987.

9. Ellis, Earle, E. "Philemon," *The Wycliffe Bible Commentary*. Chicago: Moody Press, 1981.

10. Fausset, A. R. "I Corinthians-Revelation," *A Critical, Exegetical, and Practical Commentary on the Old and New Testaments*. Grand Rapids: Eerdmans.

11. Hendriksen, William. *Commentary on Philemon*: New Testament Commentary. Grand Rapids: Baker Book House, 1984.

12. Lenski, R. C. H. *The Interpretation of St. Paul's Epistles to the Colossians, to the Thessalonians, to Timothy, to Titus and to Philemon*. Columbus, Oh: Wartburg, 1937.

13. Lightfoot, J. B. *St. Paul' Epistles to the Colossians and to Philemon*. Grand Rapids: Zondervan, 1957.

14. Maclaren, A. *The Epistles of St. Paul to the Colossians and Philemon*. New York: Armstrong, 1903.

15. Martin, R. P. 『에베소서, 골로새서, 빌레몬서』. 김춘기 역. 한국장로교출판사, 2002.

16. Moule, H. C. G. *Studies in Colossians and Philemon*. Grand Rapids: Kregel, 1977.

17. O'Brien, P. T. *Colossians, Philemon*: The Word Biblical Commentary 44. Waco, Texas: Word Books, 1982.

18. Plummer, A. *The Pastoral Epistles*: The Expositor's Bible. ed. Nicoll, W. R. New York: Armstrong, 1898.

19. Rupprecht Arther A. "Philemon," *The Expositor's Bible Commentary*. ed. Frank E. Gaebelein, Grand Rapids: Zondervan, 1978.

20. Vincent, M. R. *A Critical and Exegetical Commentary on the Epistles to the Philippians and to Philemon*: International Critical Commentary. Edinburgh: T. & T. Clark, 1979.

제1장

바울은 빌레몬에게 오네시모를
영접해 달라고 부탁한다

I. 인사 1:1-3

바울은 빌레몬서에서도 다른 서신들에서처럼 송신자가 누구인지를 말하고 (1a), 수신자들의 이름을 열거하며(1b-2절), 축원을 한다(3절).

몬 1:1a. 그리스도 예수를 위하여 갇힌 자 된 바울과 및 형제 디모데는. 여기에 두 사람의 송신자가 나타난다. 먼저, 바울은 자신이 "그리스도 예수를 위하여 갇힌 자된" 사도라는 것을 말한다(엡 3:1; 4:1; 딤후 1:8; 몬 1:9). 바울은 오네시모가 바울의 투옥 중에서 중생했음을 말하기 위해(10절), 또한 그가 자신이 옥중에서 복음을 전하는 일에 필요함을 말하기 위해 자신이 갇혀 있음을 말하는 것인지도 모른다(13절). 아무튼 복음 전도자로서 옥에 갇혔다는 사실은 영광스러운 일이다. 오늘 복음을 전하기 위하여 갇히는 사람이 있는가? 혹 있다면 몇이나 되는가?

이어서 바울은 디모데를 "형제"라고 소개한다. 바울은 때로는 디모데를

'아들'이라고도 불렀으나(고전 4:17; 딤전 1:2; 딤후 1:2; 2:1; 딛 1:4), 본 서신에서는 '형제'라고 부르고 있다. 아마도 바울은 빌레몬에게 예수님을 믿는 사람은 누구든지 다 형제임을 알리기 위해서, 그리고 빌레몬이 오네시모를 형제로 부르도록 권장하고 싶어서 디모데에게도 이런 칭호를 붙였을 수도 있을 것이다(16절). 바울은 똑 같은 시기에 골로새 교회로 보낸 서신에서도 역시 "형제 디모데"라고 말한다(골 1:1).

몬 1:1b-2. 우리의 사랑을 받는 자요 동역자인 빌레몬과 및 자매 압비아와 및 우리와 함께 군사 된 아킵보와 네 집에 있는 교회에게 편지하노니.

여기에 네 사람의 수신자가 나타난다. 첫째는 빌레몬이다. 빌레몬은 사도의 "사랑을 받는 자요 동역자"로 소개되고 있다. 바울은 오네시모를 뜨겁게 사랑하는 그 사랑을 빌레몬에게도 적용하여 "우리의 사랑을 받는 자요"라고 쓰고 있다. 또 빌레몬은 실제로 사랑을 실천한 사람이었으니 바울은 빌레몬을 뜨겁게 사랑하는 마음이 있었다(5절, 7절). 바울은 사랑의 사도였다(롬 1:7; 고전 10:14; 15:59; 고후 7:1; 12:19; 빌 2:12; 4:1). 그리고 바울은 빌레몬을 "동역자"라고 말한다(빌 2:25). 동역자라는 말은 '복음을 위하여 함께 수고하는 사람'을 뜻한다. 빌레몬은 과거에 복음을 위하여 바울과 함께 수고했었다. 아마도 바울이 에베소에서 3년간 복음을 전할 때였을 것이다. 빌레몬은 바울이 에베소를 떠나 로마 감옥에 온 후 골로새 지방에 와서 복음을 전했던 것으로 보인다.

두 번째 수신자는 "자매 압비아"이다. 압비아는 빌레몬 이름 다음에 나오는 것으로 보아 그의 아내일 것이다. 압비아에게 붙인 "자매"라는 칭호는 복음을 믿고 또 복음을 위해 수고하는 여성에게 붙이는 칭호이다. 압비아도 역시 복음을 위해 빌레몬과 함께 수고한 것 같다.

세 번째 수신자는 아킵보이다(골 4:17). 아킵보에게는 "우리와 함께 군사된" 이라는 칭호가 붙여져 있다(빌 2:25). 군사라는 용어는 예수님에게 부름 받아 훈련받고 복음 전파를 위해서 고난 받는 사람에게 붙이는 칭호이다(딤후 2:3). 아킵보는 골로새 교회의 말씀 전파자였을 것이다. 에바브라가 로마로 파송된 후 골로새 교회를 위해 수고하는 젊은 사역자였을 것이다.

네 번째 수신자는 빌레몬의 "집에 있는 교회"였다. 다시 말해, 빌레몬 집에 모여 예배하고 있는 성도들이었다. 초대교회는 공식 예배당 건물이 아니라 어떤 가정집에 모여 예배했다(롬 16:5; 고전 16:19; 골 4:15). 초대교회는 현대교회와는 두 가지 측면에서 달랐다. 하나는 건물 중심이 아니라는 것이고, 또 하나는 교인들의 신앙의 질이 사뭇 달랐다는 것이다. 오늘날의 교회는 예배당 자체는 크고 화려하지만 교인들의 신앙은 초대교회와 너무 달라 경건의 모양은 있으나 경건의 힘이 없는 것이 특징이다.

몬 1:3. 하나님 우리 아버지와 주 예수 그리스도로 좇아 은혜와 평강이 너희에게 있을지어다.

바울은 다른 서신에서와 마찬가지로 여기에서 빌레몬 개인에게 보내는 편지에서도 역시 수신자를 위한 기원을 한다. 바울은 "하나님 우리 아버지와 주 예수 그리스도로 좇아 은혜와 평강이 있을지어다"라고 기원한다(엡 1:2). "은혜와 평강" 두 가지는 "하나님 우리 아버지"와 "주 예수 그리스도"로부터 온다. 하나님은 우리 공동의 아버지시며(마 6:9; 눅 11:2) 우리 모두는 아버지의 양자들이다(롬 8:15). "은혜"는 우리들의 아버지로부터 우리들의 '주 예수 그리스도를 통하여' 우리에게 온다. 주 예수 그리스도를 통하지 않고는 우리 모두는 하나님께 나아갈 수도 없고 좋은 것들을 받을 수도 없다(요 14:6;

딤전 2:5). 우리는 바울 사도와 같이 우리 자신들을 위하여, 그리고 다른 사람들을 위하여 "은혜와 평강"을 구해야 한다. "은혜"란 구원받은 자에게 필요한 사랑과 긍휼이다. 예수님을 믿고 구원을 체험한 성도에게도 계속해서 하나님의 자비와 긍휼이 필요하다. 우리는 매일 자비와 긍휼을 구해야 한다. 그리고 은혜를 받은 결과 마음에 "평강"이 있어야 한다. 즉 마음에 안정, 기쁨, 희락, 그리고 평화가 있어야 한다는 말이다. 세상 사람들은 하나님으로부터 은혜는 구하지 아니하고 그저 마음에 평화만 깃들기를 소원한다. 불가능한 일이다. 먼저 은혜가 임해야 평강이 임하게 된다.

II. 감사 1:4-7

바울은 기도 중에 빌레몬을 생각하면서 감사한다(4-5절). 또한 빌레몬의 사랑이 더욱 활발해지기기를 위해서 기도하고(6절), 빌레몬의 사랑 때문에 온 교우들이 새 힘을 얻은 사실을 생각하며 감사한다(7절).

몬 1:4-5. 내가 항상 내 하나님께 감사하고 기도할 때에 너를 말함은 주 예수와 및 모든 성도에 대한 네 사랑과 믿음이 있음을 들음이니.
바울은 기도하는 중에 항상 하나님께 감사하는 것이 있었다(엡 1:16; 살전 1:2; 살후 1:3). 그것은 다름 아니라 "주 예수와 및 모든 성도에 대한 네(빌레몬의) 사랑과 믿음이 있음"을 들었기 때문이었다. 빌레몬은 '주 예수에 대한 믿음이 있었고 또 모든 성도에 대한 사랑'이 있었다. 우리는 5절의 문장배열에서 교차대구법(交叉對句法, chiasmus)을 볼 수 있다. 다시 말해, "주 예수와 및 모든 성도에 대한 네(빌레몬의) 사랑과 믿음"이라고 하는 문장 배열은 교차대구법으로 되어 있다. 맨 처음에 나오는 "주 예수"라는 말씀은 맨 마지막 단어 "믿음"과 관련되어 있고 중간에 나오는 "모든 성도에 대한"이라는 말씀은 바로 뒤따라 나오는 "네 사랑"과 관련되어 있다. 빌레몬은 예수님을 믿는 믿음이 있었고 또 모든 성도에 대한 사랑이 있었다. 그는 자기의 아내 압비아와 아들 아킵보와 자기의 집에서 모이는 회중들을 사랑하고 있었다.

우리도 예수님을 믿는다면 예수님의 유언을 따라(요 13:34) 모든 성도에 대한 사랑이 있어야 한다. 가족을 사랑하고 친척들을 사랑하며 성도들을 사랑해야 한다. 그런데 오늘 우리는 조그마한 문제로 서로 갈라져서 등진 상태로 몇 년씩, 아니 한 평생 지내지는 않는지, 그리고 사람이 죽어도 장례식에도 참석하지 않고 욕하며 살고 있지는 않는지 살펴야 할 것이다. 만약 우리가 형제와 등을 지고 인사도 하지 않고 말도 하지 않고 교제도 하지 않는다면, 우리는 예수님을 믿는 사람이 아닐 것이다.

몬 1:6. 이로써 네 믿음의 교제가 우리 가운데 있는 선을 알게 하고 그리스도께 미치도록 역사하느니라.

본 절을 다시 번역해 보면, "네 안에 있는 모든 좋은 것들을 인식함으로써 네 믿음의 교제가 그리스도를 위하여 더욱 활발하여지기를 바란다"가 된다. (헬라어—ὅπως ἡ κοινωνία τῆς πίστεώς σου ἐνεργὴς γένηται ἐν ἐπιγνώσει παντὸς ἀγαθοῦ τοῦ ἐν ἡμῖν εἰς Χριστόν). (영어—That the communication of thy faith may become effectual by the acknowledging of every good thing which is in you in Christ Jesus.—KJV). 바울은 빌레몬이 그 동안에도 믿음에 의한 사랑의 교제를 많이 펼쳐 왔는데, 이제는 하나님께서

그에게 주신 좋은 것들, 예를 들어 구원, 지혜, 지식, 은사 등을 깨달아서 그리스도를 위하여 믿음에서 나온 사랑의 교제를 더욱 활발하게 펼치기를 바라고 있다. 다시 말해, 바울은 빌레몬의 "믿음의 교제," 곧 '믿음에서 나온 교제, 믿음으로 하는 교제, 믿음을 바탕삼아 나오는 사랑의 교제'가 그리스도를 위하여 더욱 활발해지기를 바라고 있다. 그렇게 되기 위해서 빌레몬은 자기가 받은 좋은 것들을 깨달아야 했다. 바울은 빌레몬이 오네시모를 사랑으로 영접하기를 바라는 간절한 마음으로 이런 기도를 드렸다. 바울은 노예였던 오네시모에 대한 사랑이 뜨거웠기에 그의 주인인 빌레몬의 마음이 달라지기를 위해 기도한 것이다. 우리는 별 볼일 없는 한 사람을 위하여 이렇게 기도하고 있는가?

몬 1:7. 형제여 성도들의 마음이 너로 말미암아 평안함을 얻었으니 내가 너의 사랑으로 많은 기쁨과 위로를 얻었노라.

앞에서 바울은 자신이 하나님께 기도하는 중에 감사한다고 말했는데, 본 절에서는 빌레몬의 사랑 때문에 감사한다고 말하고 있다. 바울은 빌레몬의 믿음의 교제, 곧 성도들에 대한 사랑 때문에 성도들이 힘을 얻은 것을 생각하고 하나님께 감사한다.

바울은 빌레몬을 향하여 "형제"라고 부른다. 오네시모를 위한 부탁을 하기 전에 그의 주인인 빌레몬을 향하여 애정 어린 호칭을 사용하고 있는 것이다. 그리고 바울은 빌레몬이 행한 좋은 일들을 들어 말한다. "성도들의 마음이 너로 말미암아 평안함을 얻었다"고 말한다(고후 7:13; 딤후 1:16; 몬 1:20). '성도들의 마음이 빌레몬의 사랑으로 말미암아 힘을 얻었다'는 말이다.

성도들의 마음이 빌레몬의 사랑으로 말미암아 힘을 얻었기에 바울 자신도 빌레몬의 "사랑으로 많은 기쁨과 위로를 얻었다"고 말한다. 빌레몬이 가난한 사람들을 구제하고 사랑하여 성도들이 힘을 얻었으므로 바울 자신도 빌레몬의 사랑을 생각하고 기쁨에 이르렀고 위로를 받게 되었다는 것이다.

한 사람의 활동, 한 사람의 역량, 한 사람의 사랑은 전체에 큰 영향을 끼친다. 우리는 성도들에게 힘을 주고 있는가? 아니면 실망을 주고 있는가? 우리는 주님께 힘을 구하여 수많은 사람들에게 힘을 끼치는 사람들이 되어야 하겠다.

III. 오네시모를 위한 바울의 부탁 1:8-21

바울은 빌레몬에게 오네시모를 영접하라고 간절히 여러 가지로 부탁한다. 사실 바울은 자신이 그에게 오네시모를 영접하라고 명령할 수도 있으나 그렇게 하지 않고 오히려 정중히 요청한다고 말한다(8-10절). 또 오네시모가 옛날과는 달리 누구에게나 유익을 끼치는 사람이 되었으니 영접하라고 권한다(11-12절). 더 나아가 바울은 자기가 오네시모를 데리고 그냥 복음 사역을 할 수도 있으나 빌레몬의 허락을 받겠다고 말한다(13-14절). 그리고 이제 더욱 간절하게 부탁하기를, 오네시모를 형제로 영접할 뿐 아니라(15-16절), 영접하되 자신을 영접하듯 해달라고 부탁한다(17절). 또한 바울은 빌레몬에게 혹시 오네시모가 지은 빚이 있다면 자신이 갚겠다고 말하며(18-19절), 그가 오네시모를 영접함으로써 자신을 기쁘게 해달라고 부탁한다(20절). 마지막으로 바울은 빌레몬에게 바울 자신의 기대를 저버리지 말라고 간청한다(21절).

1. 명령하는 대신 간구한다 1:8-10

바울은 빌레몬에게 오네시모를 영접하라고 명령할 수도 있었으나(8절) 빌레몬의 많은 사랑을 생각해서 정중히 간구한다(9-10절).

몬 1:8-10. 이러므로 내가 그리스도 안에서 많은 담력을 가지고 네게 마땅한 일로 명할 수 있으나 사랑을 인하여 도리어 간구하노니 … 오네시모를 위하여 네게 간구하노라.

바울은 빌레몬이 믿음과 사랑을 실천하는 사람"이므로"(4-7) 이제 자신이 "그리스도 안에서 많은 담력을 가지고(고후 3:12; 7:4; 엡 6:20; 딤전 3:13) 마땅한 일로 명할 수 있으나 도리어 간구한다"고 말한다. 바울도 그리스도 안에 있고 빌레몬도 그리스도 안에 있으니 담대한 마음을 가지고 "마땅한 일" 곧 오네시모를 마땅히 영접해야 하는 문제를 가지고 영접하라고 명령할 수도 있으나 도리어 정중히 간청한다는 것이다.

바울은 자신이 빌레몬에게 오네시모를 영접하라고 명령하는 대신 오히려 간청하게 된 세 가지 이유를 들고 있다. 첫째, "사랑을 인하여," 즉 빌레몬의 '사랑이 크기 때문에' 오네시모를 영접할 것을 예상하고 간청한다는 것이다. 둘째, 바울이 빌레몬보다 "나이가 많다"는 이유, 즉 바울이 빌레몬보다 나이가 많음으로 빌레몬이 나이 많은 바울의 간청을 물리치지 않을 것을 예상하고 오네시모를 영접하기를 간청한다는 것이다. 셋째, 바울이 예수 그리스도를 위하여 로마 옥에 "갇힌 중에서" 오네시모에게 복음을 전하여 중생시켰기 때문에 빌레몬은 바울의 옥중(獄中)의 수고를 생각하고 오네시모를 영접할 것이기에 빌레몬에게 간청한다는 것이다(고전 4:15; 갈 4:19). 바울은 이런 세 가지 이유를 들어 빌레몬에게 그의 노예였던 사람을 형제로서 영접하라고 정중히 부탁한다. 아마도 빌레몬은 바울 사도의 이 말씀 때문에 오네시모를 영접할 마음을 더욱 가졌을 것이다.

오늘 우리는 어느 비천한 사람을 위하여 이런 배려를 할 수 있는가? 아니면 물량주의에 물들어 '미물 같은 한 사람쯤이야' 하고 생각하며 거들떠보지도 않는 입장이 되었는가? 한 영혼이 천하보다 귀하다는 예수님의 말씀에 귀 기울여야 할 것이다.

2. 오네시모는 유익한 사람이다 1:11-12

바울은 오네시모가 중생하기 전에는 빌레몬의 재산이나 축내는 무익한 사람이었으나 이제 새 사람이 된 후에는 모두에게 유익을 끼치는 사람이 되었으니 그를 영접하라고 권한다.

몬 1:11-12. 저가 전에는 네게 무익하였으나 이제는 나와 네게 유익하므로 네게 저를 돌려보내노니 저는 내 심복이라.
바울은 오네시모가 복음을 듣고 중생하기 "전에는" 빌레몬에게 해나 끼치는 사람으로서 무익하였으나 이제는 바울 사도에게는 "심복"(σπλάγχνα)이 되었고 빌레몬을 위해서는 정직하게 일을 할 것임으로 유익을 끼치는 사람이 되었으니 영접하라고 부탁한다. 여기에서 "심복"이란 말은 인체의 '내장,' 곧 간장, 폐, 심장 등을 뜻한다. 바울은 오네시모를 자기의 내장처럼 귀하게 생각하고 있었다.

새 생명을 받은 사람들은 가족과 친척들, 나라와 민족, 그리고 무엇보다 교회에 유익한 존재가 되어야 한다. 오늘날에는 교인들은 많으나 참 성도는 적다. 지금 우리는 주위 사람들에게 유익을 끼치는 존재들인가, 아니면 해를 끼치며 사는 존재들인가?

3. 승낙을 받고자 한다 1:13-14

바울은 오네시모를 그냥 로마에 머물러 두어 자신의 복음 사역에 시중을 들게 하고 싶지만 빌레몬의 허락을 얻고자 편지를 한다고 말한다. 바울은 정중한 예의를 갖춘 사도였다.

몬 1:13-14. 저를 내게 머물러 두어 내 복음을 위하여 갇힌 중에서 네 대신 나를 섬기게 하고자 하나 다만 네 승낙이 없이는 내가 아무 것도 하기를 원치 아니하노니 이는 너의 선한 일이 억지 같이 되지 아니하고 자의로 되게 하려 함이로라.

바울은 오네시모를 자기 곁에 두고 여러 사람이 함께 수고해야 하는 복음 사역에 시중들게 하고 싶었다(고전 16:17; 빌 2:30). 그러나 그는 그 일과 관련해 빌레몬의 승낙을 얻고 싶었다. 그 이유는 빌레몬의 "선한 일," 곧 '바울 사도에게 오네시모를 두고 시중하게 하는 일'이 바울 사도의 강압 때문이 아니라 빌레몬 자신의 뜻에 의한 것이 되기 위해서였다(고후 9:7). 모든 일은 순리대로 되는 것이 바람직하다. 우리는 비록 선한 일일지라도 무리하게 진행시키지는 말아야 할 것이다.

4. 형제로 받아라 1:15-16

바울은 빌레몬에게 오네시모를 형제로 여겨 받아달라고 부탁한다. 오네시모
는 바울에게도 형제일 뿐 아니라 빌레몬에게는 더욱 형제가 된다는 것이다.
그 이유는 오네시모는 빌레몬에게 옛날부터 종이었으니 그렇고 또 주 안에서
형제가 되었으니 더욱 그렇다는 것이다.

**몬 1:15. 저가 잠시 떠나게 된 것은 이를 인하여 저를 영원히 두게
함이니.**
바울은 오네시모가 "잠시 떠나게 된 것," 곧 '빌레몬의 집을 탈출하여
도망한 것'은 이 일로 말미암아 하나님께서 오네시모를 영원히 빌레몬의
형제로 두게 하시기 위함이었다고 말한다(창 45:5, 8). 오네시모는 잠시
빌레몬의 집을 떠났다가 예수님을 만나게 되어 빌레몬의 영원한 형제가
되었는데(마 23:8; 딤전 6:2) 이것은 순전히 하나님의 섭리라는 것이다.
가출자(家出者)가 형제가 된 것은 하나님의 섭리가 아니면 불가능한 일이었
다. 인간사에서 일어나는 일들이 때로는 이상하게 돌아가서 복이 되는
때가 많다. 자살하려던 사람이 자살에 실패하고 주의 종이 되는 경우도
있고, 사업에 실패해서 실망에 빠졌다가 예수님을 만나 새사람이 되어
헌신적으로 교회를 섬기는 경우도 많이 있다. 하나님의 섭리에 대해서는
우리가 다 헤아릴 수가 없다.

**몬 1:16. 이 후로는 종과 같이 아니하고 종에서 뛰어나 곧 사랑 받는
형제로 둘 자라. 내게 특별히 그러하거든 하물며 육신과 주 안에서 상관된**

네게랴.

빌레몬과 오네시모는 주 안에서 영원한 형제가 되었으므로 이제 후로는 빌레몬이 오네시모를 종으로부터 승격시켜 사랑받는 형제로 대우하라고 바울은 말한다. 오네시모가 바울 사도에게 형제가 된다면, "하물며" 빌레몬에게는 더더욱 형제가 된다는 것이다. 빌레몬과 오네시모는 육신적으로도 주종관계이고 또 주 안에서 형제가 되었으니 말할 것도 없이 형제라는 것이다.

주님 안에 있는 사람들은 다 형제자매이다. 예수님을 참으로 믿는 사람들은 모두 다 참 형제요 자매이다. 이것은 영원한 관계이다. 우리는 영원한 가족이 된 것이다.

5. 나를 영접하듯 영접하라 1:17

몬 1:17. 그러므로 네가 나를 동무로 알진대 저를 영접하기를 내게 하듯 하고.

바울은 앞에서 오네시모에 대한 여러 가지 변증을 하고난 후 이제 "그러므로"라는 말을 사용해 결론으로 넘어가려고 한다. 바울은 빌레몬에게 그가 자신을 "동무," 즉 '동료'(partner)로 안다면 오네시모를 용서하고 영접하되 마치 자기를 대하듯 해달라고 부탁한다. 사실은 빌레몬은 바울 사도로부터 복음을 듣고 새 생명을 얻은 사람이므로(19절) 바울은 빌레몬에게는 영의 아버지뻘이었다. 하지만 바울은 빌레몬에게 자신을 동료, 동역자로 알아 달라고 말한다. 다시 말해, 바울은 빌레몬을 자신의 동료로 추대한다. 그러면서 그에게 오네시모를 자기를 대하듯 하라고 간권한다(고후 8:23). 우리는 여기에서 나이 많은 바울 사도의 겸손을 실감한다.

높은 사람은 자꾸 낮게 처신해야 한다. 우리는 자신의 제자나 후배들 앞에서도 자신과 그들을 동일시 할 수 있어야 할뿐 아니라, 오히려 그들을 우리 자신보다 낮게 여겨야 한다(빌 2:3).

6. 빚은 내가 갚는다 1:18-19

몬 1:18-19. 저가 만일 네게 불의를 하였거나 네게 진 것이 있거든 이것을 내게로 회계하라. 나 바울이 친필로 쓰노니 내가 갚으려니와 너는 이 외에 네 자신으로 내게 빚진 것을 내가 말하지 아니하노라.
바울은 빌레몬이 오네시모를 영접하는 데 걸림돌이 될 만한 것들을 모두 찾아서 제거한다. 오네시모가 빌레몬 집에서 도망쳐 나올 때 혹시 무엇을 훔친 것이 있든지 혹은 오네시모가 빌레몬에게 재산상 손해를 끼친 것이 있든지 그 모든 것을 자신이 갚겠다고 말한다. 바울은 자신이 갚겠다고 하는 말에 힘을 주기 위해 "나 바울이 친필로 쓰노니"라고 덧붙여 말한다. 참으로 갚겠다는 것이다. 그냥 말잔치가 아니라는 것이다.

그러면서 바울은 빌레몬이 자신에게 빚진 것에 대해서는 전혀 말하지 않겠다고 말한다. 빌레몬이 바울에게 빚진 것은 오네시모가 빌레몬에게 빚진 것보다 더 크기 때문에 바울은 그것을 아예 말하지 않겠다고 말한다. 빌레몬이 바울에게 빚진 것은 재산상의 빚이 아니라 영적인 빚으로서 그가 바울이 전하는 복음을 듣고 새 사람, 천국의 사람이 된 것을 뜻한다. 이 빚이야 말로 일생을 두고도 다 갚을 수 없는 빚이다. 빌레몬은 아마도 에베소에서 바울이 3년이나 복음을 전할 때 중생의 체험을 했거나, 아니면 에바브라의 복음 전도를 통하여 중생의 체험을 했는지도 모른다. 그러나 문맥으로 보아 빌레몬은 직접 바울이 전하는 복음을 듣고 회개한 것 같다. 아무튼 빌레몬은 바울에게 너무나 큰 빚을 졌다. 그는 바울을 통하여 천국의 사람, 영생의 사람이 된 것이다.

전도자는 수많은 사람을 빚쟁이로 만든다. 그러나 전도자는 그 빚을 말해서도 안 되고 혹은 그 빚을 갚으라고 말해서도 안 된다. 심지어 돈이나 물질로 갚으라고 은근하게 암시해서도 안 된다.

7. 나를 기쁘게 해 달라 1:20

몬 1:20. 오 형제여! 나로 주 안에서 너를 인하여 기쁨을 얻게 하고 내 마음이 그리스도 안에서 평안하게 하라.

바울은 빌레몬을 향하여 한 번 더 "형제여"라는 애칭을 쓰면서 오네시모를 영접해 달라고 간권한다. 바울은 오네시모를 영접해 달라는 말씀을 이중적으로 표현한다. "나로 주 안에서 너를 인하여 기쁨을 얻게 하고"와 "내 마음이 그리스도 안에서 평안하게 하라"는 것이 그것이다. 빌레몬이 오네시모를 영접하면 바울이 기쁨을 얻게 되고 또 평안하게(새 힘을 얻게) 될 것이라는 말이다(7절). 바울은 자기의 영의 아들 오네시모가 빌레몬으로부터 영접을 받는 것을 마치 자기가 영접 받는 것처럼 생각하였다.

바울은 여기에서 보통 사람들이 이해하기 힘든 표현을 사용한다. 곧 "주 안에서" 그리고 "그리스도 안에서"라는 표현들이다. 바울은 빌레몬이 그리스도가 아니면 자신을 기쁘게 할 수 없고, 그리스도가 아니면 자신에게 힘을 제공 수 없다고 생각했다. 빌레몬은 오직 '주님 안에서' 자신을 기쁘게 할 수 있는 것이며 '그리스도 안에서' 자신에게 새 힘을 공급할 수 있다는 것이다. 그러므로 빌레몬 개인으로서는 바울에게 기쁨을 줄 수 없으며 바울을 평안하게 할 수 없다는 것이다.

하나님은 많은 경우 사람을 사용하셔서 일하신다. 그러나 반드시 그리스도 안에서, 다시 말해, 그리스도를 통하여 일하신다. 우리는 예수님을 통하지 않고서는 사람으로부터 기쁨도 능력도 얻을 수 없는 것이다. 그러므로 우리는 언제나 예수님을 바라보고 그 이름을 불러야 한다.

8. 말보다 더 기대하는 바울 1:21

몬 1:21. 나는 네가 순종함을 확신하므로 네게 썼노니 네가 나의 말보다 더 행할 줄을 아노라.

바울은 본문에서 두 가지를 말한다. 하나는 빌레몬이 자신의 말에 순종할 것을 확신한다는 것이다(고후 7:16). 빌레몬은 신실한 사람이었으므로 바울은 사랑의 사람으로서 빌레몬을 신임한다는 것이다. 사랑은 모든 것을 믿는 것이 특징이므로 바울은 빌레몬의 인격을 신임하고 있었다(고전 13:7). 우리는 사람을 신임해야 한다. 결코 의심하고 불안하게 생각해서는 안 된다. 사람을 항상 의심하는 사람들은 사랑이 결여된 사람들이다.

다른 하나는 빌레몬이 자신이 한 말보다 더 잘 행할 줄로 믿는다는 것이다. 바울은 빌레몬이 오네시모를 용서하고 받아들일 뿐 아니라 계속해서 그를 형제로 대우하거나 혹은 노예 신분에서 해방시켜 줄 것을 원하고 있는 것 같다. 바울은 빌레몬의 신실성을 보았고 또 더 행할 사람으로 보았다.

우리는 다른 사람을 신임해 주되 우리가 말한 것 이상으로 행할 것으로 믿어 주어야 한다. 오늘 우리는 온 세상을 불신할만한 불신의 시대를 살아가고 있지만, 우리는 주위에 있는 사람들을 신임해 주어야 한다. 그러면 그것이 현실화된다. 이유는 그리스도께서 그렇게 되게 해주시기 때문이다. 그렇게 하지 않고 모든 사람과 모든 사건을 의심하면 부정적인 결과를 만나게 된다.

IV. 처소를 준비해 달라 1:22

몬 1:22. 오직 너는 나를 위하여 처소를 예비하라. 너희 기도로 내가 너희에게 나아가게 하여 주시기를 바라노라.

바울은 본문에서 두 가지를 부탁한다. 하나는 빌레몬 개인에게 바울이 석방된 후 있을 곳을 준비해 달라는 것이고, 다른 하나는 자신이 여러 사람의 기도를 통하여(고후 1:11) 골로새 교회의 성도들에게 나아가게 되도록 "너희"(빌레몬, 압비아, 아킵보, 성도들)가 기도해 달라는 것이다(빌 1:25; 2:24). 바울은 자신의 석방을 확신하고 있었다. 하지만 그는 그 확신이 이루어지기 위해서는 많은 사람의 기도가 필요하다고 믿었다. 우리의 확신이 이루어지기 위해서는 기도가 필요하다(막 11:20-25; 겔 36:37).

우리가 여기에서 유의할 것은 바울이 "너(빌레몬)는 나를 위하여 처소를 예비하라"고 부탁하는 데는 오네시모를 꼭 영접해 달라는 뜻이 내포되어 있다는 것이다. 자신은 오네시모가 빌레몬에게 영접된 후에 오네시모를 뒤따라 가겠다는 의미인 것이다. 바울은 빌레몬에게 오네시모를 꼭 영접해 줄 것을 이런 식으로도 말한다. 우리가 사람을 사랑하려면 끝까지 사랑해야 한다(요 13:1).

V. 문안 1:23-24

몬 1:23-24. 그리스도 예수 안에서 나와 함께 갇힌 자 에바브라와 또한 나의 동역자 마가, 아리스다고, 데마, 누가가 문안하느니라.

바울은 다섯 사람의 동역자의 문안을 골로새 교회에 전한다. 에바브라는 "예수 안에서 나와(바울) 함께 갇힌 자"이다. '예수님 때문에' 스스로 바울과 "함께 갇힌 자"(συναιχμάλωτός)라는 말이며 예수님을 위하여 함께 갇힌 자라는 말이다. 에바브라는 또 골로새 교회의 파송을 받은 대표자이며 골로새 교회의 사역자이다. 또한 그는 골로새 교회를 창립한 사람이었다(골 1:7; 4:12). 바울은 에바브라 이외에 네 사람의 동역자의 문안을 전한다. 마가(행 12:12, 25; 15:37; 골 4:10), 아리스다고(행 19:29; 27:2; 골 4:10), 데마(골 4:14; 딤후 4:10), 누가(행 16:10; 20:5-6; 21:14; 딤후 4:11)가 그들이다. 바울은 항상 동역자들을 생각하는 사도였다. 오늘 우리는 마치 자기 홀로 모든 일을 성취한 것같이 자신을 내세우지 말아야 한다.

VI. 축도 1:25

몬 1:25. 주 예수 그리스도의 은혜가 너희 심령과 함께 할지어다.

바울은 마지막으로 빌레몬과 압비아, 아킵보, 그리고 모든 성도들에게 예수 그리스도의 은혜, 곧 예수님을 통하여 임하는 하나님의 호의가 임하기를 기원한다. 이 은혜가 없이는 우리는 하루도 살 수가 없다. 예수님의 은혜는 우리에게도 임해야 하며 다른 사람들에게도 매일 임해야 한다. 우리는 예수님의 은혜가 임하도록 항상 기도하며 살아야 한다. 우리는 매일 일용할 양식을 구하듯이(마 6:11) 은혜도 구하고 평강도 구해야 한다. 그 외에 다른 것들(예를 들어, 지혜와 능력 등)도 매일 구해서 써야 한다.

여기에서 "너희 심령과 함께 할지어다"라는 말씀은 '너희와 함께 할지어다' 라는 말과 똑같은 뜻이다. "심령(πνεύμα, spirit)은 인격의 중심이므로 거기에 그리스도의 은혜가 있으면, 그것이 그 온 인격과 행동에까지 영향을 미친다."38)

– 빌레몬서 주해 끝 –

---

38) 박윤선, 『바울서신』, p. 707.

옥중서신 주해
– 에베소서, 빌립보서, 골로새서, 빌레몬서

2012년 2월 10일   1판 1쇄 발행 (기독교연합신문사)
2024년 7월 23일   2판 1쇄 발행

지은이 | 김수홍
발행인 | 박순자
펴낸곳 | 도서출판 언약
주   소 | 수원시 영통구 중부대로 271번길 27-9, 102동 1303호
전   화 | 031-212-9727
E-mail | kidoeuisaram@naver.com
등록번호 | 제374-2014-000006호

　정가 17,000원

ISBN : 979-11-89277-00-0 (94230)(세트)
ISBN : 979-11-89277-09-3 (94230)